満点ゲットシリーズ

ちびまる子ちゃんの漢字辞典 ③

小学五、六年生の漢字を完全収録

キャラクター原作／さくらももこ

著／川嶋 優
学習院名誉教授

問題提供／Z会

もくじ

第《だい》2章《しょう》▼六年生《ろくねんせい》で習《なら》う漢字《かんじ》

この本《ほん》に出《で》てくる人《ひと》たち

たまちゃんのお母《かあ》さん
たまちゃん
まる子《こ》の親友《しんゆう》。
まる子《こ》ちゃん
おっちょこちょいでなまけ者《もの》。
たまちゃんのお父《とう》さん
お姉《ねえ》ちゃん
まる子《こ》に迷惑《めいわく》をかけられることが多《おお》い。
父《ちち》ヒロシ のんき者《もの》。
おばあちゃん
友蔵《ともぞう》の妻《つま》。
おじいちゃん（友蔵《ともぞう》）
まる子《こ》のいちばんの味方《みかた》で仲良《なかよ》し。
お母《かあ》さん
まる子《こ》の世話《せわ》を焼《や》く。
みまつやのおやじ
ブー太郎《たろう》
「ブー」と言《い》うのが口《くち》ぐせ。
ブー太郎《たろう》の妹《いもうと》
戸川先生《とがわせんせい》
クラスの担任《たんにん》。やさしくて人気者《にんきもの》。
笹山《ささやま》さん
藤木《ふじき》に好《す》かれている。
佐々木《ささき》のじいさん
三十年間町《さんじゅうねんかんまち》の木《き》を世話《せわ》し続《つづ》けている。
長山《ながやま》くん
かしこくてやさしい男《おとこ》の子《こ》。
城ヶ崎《じょうがさき》さん
美人《びじん》なのでみぎわさんに意地悪《いじわる》されている。
とし子《こ》ちゃん
女《おんな》の子《こ》らしいやさしい子《こ》。
前田《まえだ》さん
短気《たんき》でいばっている。でも反撃《はんげき》されるとすぐ泣《な》く。

校長先生《こうちょうせんせい》
集会《しゅうかい》での話《はなし》が長《なが》い。
大野《おおの》くん
正義感《せいぎかん》が強《つよ》い。
プサディー
南《みなみ》の島《しま》の友《とも》だち。
杉山《すぎやま》くん
さっぱりしている。
ヒデじい
花輪《はなわ》クンの世話係《せわがかり》。
中野《なかの》さん
おじいちゃんの友《とも》だち。
ケン太《た》
サッカーが好《す》き。
花輪《はなわ》クン
お金持《かねも》ちのおぼっちゃま。
みぎわさん
花輪《はなわ》クンにお熱《ねつ》。
丸尾《まるお》くん
「ズバリ」が口《くち》ぐせ。
かよちゃん
杉山《すぎやま》くんを好《す》き。
冬田《ふゆた》さん
大野《おおの》くんを好《す》き。
藤木《ふじき》
ひきょう者《もの》と言《い》われる。
山田《やまだ》
いちばん明《あか》るい男子《だんし》。
永沢《ながさわ》くん
暗《くら》い。
川田《かわだ》さん
川《かわ》をきれいにしている。
はまじ
おもしろい男子《だんし》。
野口《のぐち》さん
お笑《わら》い好《ず》きな暗《くら》い少女《しょうじょ》。
野口《のぐち》さんのおじいさん
山根《やまね》くん
胃腸《いちょう》が弱《よわ》い。
小杉《こすぎ》
食《く》いしんぼう。
藤木《ふじき》のお父《とう》さん
関口《せきぐち》
いたずらっ子《こ》でやんちゃ。
藤木《ふじき》のお母《かあ》さん
小杉《こすぎ》のお母《かあ》さん
はまじのじいさん
よし子《こ》さん
お姉《ねえ》ちゃんの友《とも》だち。

漢字《かんじ》の勉強《べんきょう》は楽《たの》しい!!

「鳩」――この字《じ》は、なんと読《よ》むのでしょう。どこかで見《み》た字《じ》ですね。「はと」です。「はと」という読《よ》み方《かた》は、日本語《にほんご》の呼《よ》び名《な》からできました。「訓読《くんよ》み」ですね。

では、中国語《ちゅうごくご》の呼《よ》び名《な》「音読《おんよ》み」では、なんと読《よ》むのでしょうか? そう質問《しつもん》されると、みんな困《こま》ってしまいます。特《とく》に、大人《おとな》の人《ひと》は頭《あたま》をかかえます。難《むずか》しく考《かんが》えるからです。

小学校《しょうがっこう》一年生《いちねんせい》なら答《こた》えられます。「キュウ」です。「九《きゅう》」があるから、「キュウ」と読《よ》むのです。「なぁんだ、そうか」と思《おも》うでしょう。そうなのです。

「はと」はキューキュー、ククク……と鳴《な》く鳥《とり》です。そこで「九《きゅう》と鳴《な》く鳥《とり》」で「鳩《はと》」の字《じ》ができたのです。鳩小屋《はとごや》は「鳩舎《きゅうしゃ》」です。

漢字《かんじ》には、このようなおもしろい知恵《ちえ》がつまっています。だから、クイズを解《と》くように漢字《かんじ》のしくみを解《と》いていくと、たとえ習《なら》っていない字《じ》でも、どんどん読《よ》めるようになり、使《つか》えるようになります。

さっそく応用《おうよう》してみましょう。ほかに「九《きゅう》」のつく字《じ》はないかな……。あります。「究《きゅう》」です。三年生《さんねんせい》で習《なら》う字《じ》ですが、一年生《いちねんせい》でも読《よ》めますね。

では、「九《きゅう》」の次《つぎ》の「十《じゅう》」のつく字《じ》を探《さが》してみましょう。「汁」は、訓読《くんよ》みでは「しる」です。「氵=さんずい」が液体《えきたい》を表《あらわ》します。そして、音読《おんよ》みは「十《じゅう》」がつ

著者《ちょしゃ》からのメッセージ

いているので「ジュウ」です。習《しゅう》字《じ》で使《つか》う墨《すみ》の汁《しる》は「墨汁《ぼくじゅう》」ですね。

今度《こんど》は、字《じ》の組《く》み合《あ》わせから、日本語《にほんご》の読《よ》み（訓読《くんよ》み）を当《あ》ててみましょう。

日《ひ》と月《つき》が並《なら》んで「明《あか》るい」……、鳥《とり》が口《くち》で「鳴《な》く」……。これらは知《し》っているでしょう。では、文《ぶん》ブンと音《おと》を立《た》てて飛《と》んでくる虫《むし》は？「蚊《か》」です。米《こめ》を細《こま》かく分《わ》けていくと「粉《こな》」になります。人《ひと》（イ＝にんべん）が動《うご》くと「働《はたら》く」になります。なんと、この「働《どう》」の字《じ》は日本人《にほんじん》が発明《はつめい》し、中国《ちゅうごく》へ輸出《ゆしゅつ》しました。

漢字《かんじ》は、もともと「鳥《とり》」や「米《こめ》」のように物《もの》の形《かたち》からできたものです。これを象形文字《しょうけいもじ》といいます。

さらに、それらの文字《もじ》をいろいろに組《く》み合《あ》わせる方法《ほうほう》が発明《はつめい》され、「鳩《はと》」や「粉《こな》」など、たくさんのことがらを表《あらわ》す漢字《かんじ》が作《つく》り出《だ》されました（漢字《かんじ》の成《な》り立《た》ちには、次《つぎ》のページに紹介《しょうかい》する「四書《ししょ》」の四《よっ》つがあります。楽《たの》しんで読《よ》んでみましょう）。

長《なが》い年月《ねんげつ》を経《へ》て、何万《なんまん》という人《ひと》の知恵《ちえ》でできた漢字《かんじ》は、このように奥《おく》が深《ふか》く、奥《おく》へ入《はい》っていけばいくほど、「四書《ししょ》」のようなおもしろいしくみもわかり、楽《たの》しさが増《ふ》えていきます。

勉強《べんきょう》で大切《たいせつ》なことは、まず楽《たの》しむことです。漢《かん》字《じ》を楽《たの》しみましょう。漢《かん》字《じ》を好《す》きになりましょう。おもしろいおもしろいと楽《たの》しんでいるうちに、いつのまにか「漢字《かんじ》の知識《ちしき》」という大《おお》きな財産《ざいさん》が身《み》についていきます。これが漢字《かんじ》の勉強《べんきょう》です。

川嶋《かわしま》 優《ゆたか》先生《せんせい》

学習院名誉教授《がくしゅういんめいよきょうじゅ》

1932年《ねん》生《う》まれ。東京学芸大学《とうきょうがくげいだいがく》卒業《そつぎょう》。元《もと》学習院初等科長《がくしゅういんしょとうかちょう》。著書《ちょしょ》に『ことばの達人《たつじん》になる辞典《じてん》』（三省堂《さんせいどう》）、「ちびまる子《こ》ちゃんの満点《まんてん》ゲットシリーズ」（集英社《しゅうえいしゃ》）から『四字熟語教室《よじじゅくごきょうしつ》』『続四字《ぞくよじ》熟語教室《じゅくごきょうしつ》』『慣用句教室《かんようくきょうしつ》』など。

これが四書《ししょ》だよ！

漢字《かんじ》の成《な》り立《た》ちには次《つぎ》の四《よっ》つがありこれらを四書《ししょ》といいます

象形文字《しょうけいもじ》

物《もの》の形《かたち》を象《かたど》った絵《え》から生《う》まれた字《じ》よ

鳥《とり》
魚《さかな》
目《め》
口《くち》

指事文字《しじもじ》

絵《え》には表《あらわ》しにくい数《かず》や状態《じょうたい》を表《あらわ》した字《じ》だブー

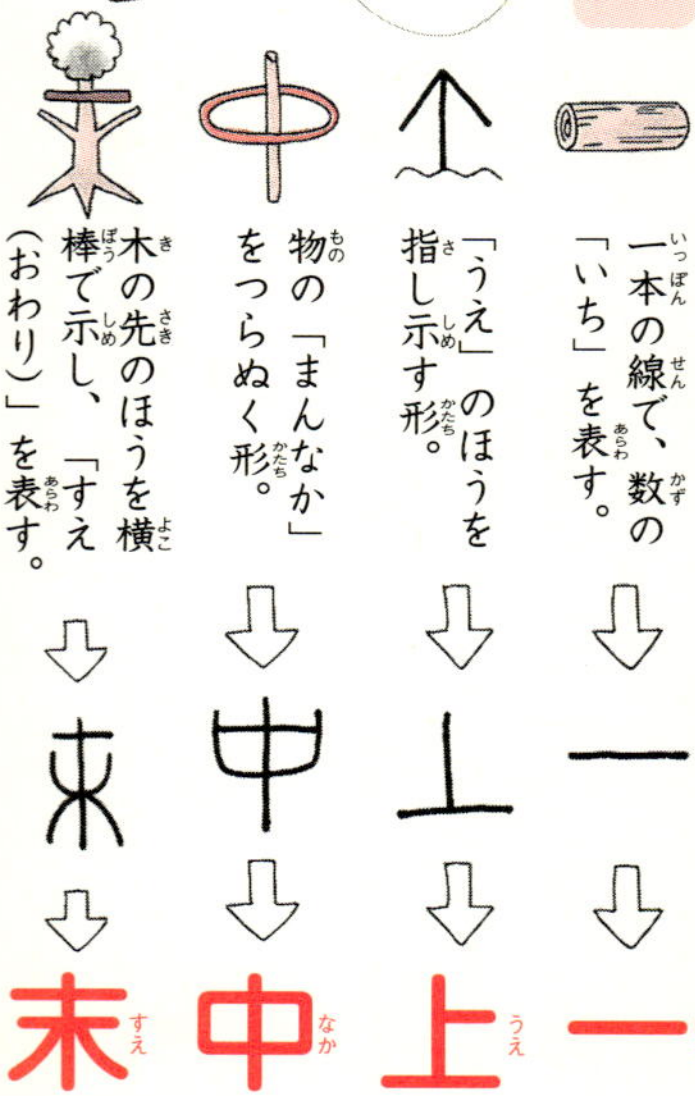

一本《いっぽん》の線《せん》で、数《かず》の「いち」を表《あらわ》す。 → 一《いち》

「うえ」のほうを指《さ》し示《しめ》す形《かたち》。 → 上《うえ》

物《もの》の「まんなか」をつらぬく形《かたち》。 → 中《なか》

木《き》の先《さき》のほうを横《よこ》棒《ぼう》で示《しめ》し、「すえ（おわり）」を表《あらわ》す。 → 末《すえ》

会意《かいい》文字《もじ》

象形《しょうけい》文字《もじ》や指事《しじ》文字《もじ》の意味《いみ》を会《あ》(合《あ》)わせてできた字《じ》でしょう!

隹《ふるとり》が  木《き》に＝**集《あつ》まる**

人《ひと》と  人《ひと》が背《せ》を＝**比《くら》べる**

刀《かたな》で 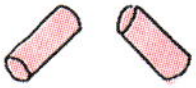 切《き》って＝**分《わ》ける**

木《き》が  囲《かこ》みの中《なか》で伸《の》びられなくて＝**困《こま》る**

日《ひ》と  月《つき》で＝**明《あか》るい**

形声《けいせい》文字《もじ》

「形《けい》(意味《いみ》を表《あらわ》す)」と「声《せい》(音読《おんよ》みを表《あらわ》す)」の部分《ぶぶん》が組《く》み合《あ》わさってる字《じ》ね

と読《よ》む 反《はん》と 木《き》で木《き》の…**板《いた》** ハン

と読《よ》む 云《うん》と 雨《あめ》で雨《あめ》をふらす…**雲《くも》** ウン

と読《よ》む 青《せい》と 水《みず》(氵《さんずい》)で、水《みず》が…**清《きよ(らか)》** セイ

と読《よ》む 非《ひ》と 心《こころ》で、心《こころ》が…**悲《かな(しい)》** ヒ

と読《よ》む 未《み》と 口《くち》で、口《くち》で…**味《あじ(わう)》** ミ

この本《ほん》の表記《ひょうき》のしかた

☆音読《おんよ》みは片仮名《かたかな》、訓読《くんよ》みは平仮《ひらが》名《な》で表記《ひょうき》してあります。

☆訓読《くんよ》みの赤《あか》い文字《もじ》は送《おく》り仮名《がな》です。

☆書《か》き順《じゅん》は一画《いっかく》ずつ、赤《あか》で表記《ひょうき》してあります。十三画《じゅうさんかく》以上《いじょう》の字《じ》で二画《にかく》以上《いじょう》まとめて表《あらわ》したところは、バックを赤《あか》くしてあります。

☆部首《ぶしゅ》には複数《ふくすう》の呼《よ》び名《な》を持《も》つものがあり、呼《よ》び名《な》が大《おお》きく異《こと》なる場合《ばあい》のみ、（　）に異《こと》なる呼《よ》び名《な》も記《しる》しました。
　また、どの部分《ぶぶん》を部首《ぶしゅ》とするかは本《ほん》によって異《こと》なります。

第《だい》1章《しょう》

五《ご》年《ねん》生《せい》で習《なら》う漢《かん》字《じ》

圧

（5画《かく》）

音読《おんよ》み アツ

訓読《くんよ》み

部首《ぶしゅ》 土／つち

成《な》り立《た》ちと意味《いみ》

古《ふる》い字《じ》は壓《あつ》で、厭《えん》には「おさえる」の意味《いみ》があり、エンがアツと変《か》わって読《よ》み方《かた》を示《しめ》します。土《つち》をおしかためるということから、「おさえる、おしつぶす」意味《いみ》に使《つか》われている字《じ》です。

使《つか》い方《かた》

圧縮《あっしゅく》・圧倒《あっとう》・圧力《あつりょく》・気圧《きあつ》（高気圧《こうきあつ》・低《てい》気圧《きあつ》）・血圧《けつあつ》・水圧《すいあつ》

「小杉《こすぎ》の食欲《しょくよく》には、ただただ、圧倒《あっとう》されるばかりだね。」

「低気圧《ていきあつ》が近《ちか》づくと天気《てんき》が悪《わる》くなり、高気圧《こうきあつ》だと天気《てんき》が良《よ》くなるよ。」

圧 圧 圧 圧 圧

チェックポイント

「土《つち》」が「士《し》」にならないように。

×圧 ○圧

移

（11画《かく》）

音読《おんよ》み イ

訓読《くんよ》み うつる・うつす

部首《ぶしゅ》 禾／のぎへん

成《な》り立《た》ちと意味《いみ》

禾（のぎへん）は穀物《こくもつ》の穂《ほ》がたれさがった形《かたち》からできました。もとはイと読《よ》んだ多《た》が読《よ》み方《かた》を示《しめ》します。なよなよした、イネの様子《ようす》を表《あらわ》す字《じ》でしたが、「迻《い》（＝うつる）」の字《じ》の代《か》わりとして借《か》りて用《もち》いられたため、「うつる」という意味《いみ》になりました。

使《つか》い方《かた》

移行《いこう》・移住《いじゅう》・移出《いしゅつ》・移植《いしょく》・移転《いてん》・移動《いどう》・移民《いみん》・転移《てんい》・変移《へんい》・移《うつ》り変《か》わり

「みなさん、机《つくえ》といすを後《うし》ろに移《うつ》して、そうじを始《はじ》めてください！」

移 移 移 移 移 移 移 移 移 移 移

チェックポイント

「うつす」を区別《くべつ》して使《つか》おう。

・写真《しゃしん》を写《うつ》す。
・映画《えいが》を映《うつ》す。
・場所《ばしょ》を移《うつ》す。

因

（6画《かく》）

音読《おんよ》み イン

訓読《くんよ》み よる

部首《ぶしゅ》 口／くにがまえ

因 おさえてからしたに

成《な》り立《た》ちと意味《いみ》

もとは、人《ひと》がふとんの上《うえ》に大《だい》の字《じ》にねている形《かたち》を示《しめ》す囙でした。ふとんに身《み》をまかせるということから、「たよる、もとづく」の意味《いみ》を持《も》ち、「わけ」の意味《いみ》にも使《つか》われます。

使《つか》い方《かた》 因果《いんが》・因子《いんし》・原因《げんいん》・勝因《しょういん》・敗因《はいいん》・要因《よういん》

対語《たいご》 果《か》 原因《げんいん》⇔結果《けっか》

「天気《てんき》に因《よ》っては、遠足《えんそく》が延期《えんき》になる場合《ばあい》もあります。」

「良《よ》いことをすれば報《むく》われ、悪《わる》いことをすれば、ばつを受《う》ける。これが因果応報《いんがおうほう》じゃ。」

「夜《よ》ふかしが原因《げんいん》でちこくして、しかられるようなもんだな。」

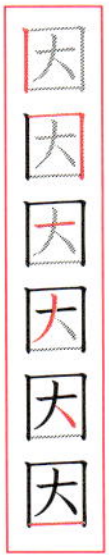

チェックポイント

似《に》ている字《じ》に注意《ちゅうい》しよう。

困 コン こまる

まちがえちゃ困《こま》るよ
ちっちっちっ

意地《いじ》きたないわね
お どうした?
そっちこそ
ほっときなさいよ
まあ待《ま》てケンカの原因《げんいん》は何《なん》なんだ?
まる子《こ》がわたしのヨーグルト食《た》べたのよ
いいじゃんケチ
なぁんだそんなことかくだらねぇケンカだなぁ
ハハハ
くだらない?
ひどいよ——
なによ人《ひと》の気《き》も知《し》らないで!
う…
さらに二人《ふたり》を おこらせる原因《げんいん》を作《つく》ってしまったヒロシである——

永

（5画《かく》）

音読《おんよ》み　エイ
訓読《くんよ》み　ながい
部首《ぶしゅ》　水／みず

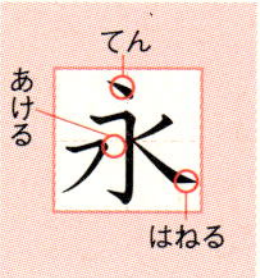

てん
あける
はねる

成《な》り立《た》ちと意味《いみ》

川《かわ》の本流《ほんりゅう》から支流《しりゅう》が分《わ》かれている形《かたち》（⺢）からできました。多《おお》くの支流《しりゅう》を持《も》つ、ながい川《かわ》を表《あらわ》し、「ながい」を意味《いみ》している字《じ》です。

使《つか》い方《かた》　永遠《えいえん》・永久《えいきゅう》・永住《えいじゅう》・永世《えいせい》・永続《えいぞく》・永眠《えいみん》

「永《なが》い間《あいだ》、会《あ》ってないけど、まるちゃん、元《げん》気《き》かな。すごく、会《あ》いたいよ。」

「花輪《はなわ》ク～ン、わたしと、花輪《はなわ》クンの愛《あい》は永遠《えいえん》よね。」

「……。」

チェックポイント　似《に》ている字《じ》に注《ちゅう》意《い》しよう。

氷　ヒョウ　こおり　ひ

なるほど似《に》ている

営

（12画《かく》）

音読《おんよ》み　エイ
訓読《くんよ》み　いとなむ
部首《ぶしゅ》　⺍／つかんむり

ツにしない
おおきく

成《な》り立《た》ちと意味《いみ》

古《ふる》い字《じ》は營《えい》で、𤇾《えい》には「囲《かこ》む」意味《いみ》があり、エイの読《よ》み方《かた》を示《しめ》しています。呂は家《いえ》が並《なら》んだ形《かたち》で、四方《しほう》を囲《かこ》まれた住居《じゅうきょ》ということから「すまい、いとなむ」を意味《いみ》するようになりました。

使《つか》い方《かた》　営業《えいぎょう》・営利《えいり》・運営《うんえい》・経営《けいえい》・私営《しえい》・公営《こうえい》・国営《こくえい》・都営《とえい》・県営《けんえい》・市営《しえい》・町営《ちょうえい》・村営《そんえい》

「私《わたくし》は、みまつやという、雑貨店《ざっかてん》を営《いとな》んでいる、松岡三郎《まつおかさぶろう》です。」

チェックポイント　似《に》ている字《じ》に注意《ちゅうい》しよう。

栄　エイ　さかえる　はえ　はえる

栄光《えいこう》の「えい」だ

衛

（16画《かく》）

音読《おんよ》み エイ

訓読《くんよ》み

部首《ぶしゅ》 行／ぎょうがまえ（ゆきがまえ）

成《な》り立《た》ちと意味《いみ》

もとの形《かたち》はです。が「道《みち》」、が「両足《りょうあし》」、○が「まわること」を示《しめ》しています。両足《りょうあし》で、道《みち》を歩《ある》きまわって、見張《みは》るということから、「まわる、まもる」として使《つか》われる字《じ》です。

使《つか》い方《かた》

衛生《えいせい》・衛星《えいせい》・衛兵《えいへい》・警衛《けいえい》・護衛《ごえい》・自衛《じえい》・守衛《しゅえい》・前衛《ぜんえい》・後衛《こうえい》・門衛《もんえい》・防衛《ぼうえい》

「夏《なつ》は、特《とく》に衛生面《えいせいめん》に注《ちゅう》意《い》するように。外《そと》から帰《かえ》ったら、手《て》を洗《あら》うなど、自衛《じえい》してください。」

※

チェックポイント

「五」が「五《ご》」にならないように。

× 衛　○ 衛

易

（8画《かく》）

音読《おんよ》み エキ・イ

訓読《くんよ》み やさしい

部首《ぶしゅ》 日／ひ

成《な》り立《た》ちと意味《いみ》

もとは、トカゲ（）の皮膚《ひふ》が光《ひか》っている（）様子《ようす》を表《あらわ》すでした。トカゲの皮膚《ひふ》の光《ひかり》が変《か》わるということから、「かわる」の意味《いみ》だったのが、「やさしい」を意味《いみ》するエキの言葉《ことば》に借《か》りて用《もち》いられたため、「やさしい、とりかえる、うらない」の意味《いみ》を持《も》つようになりました。

使《つか》い方《かた》

易者《えきしゃ》・貿易《ぼうえき》・安易《あんい》・簡易《かんい》・平易《へいい》・容易《ようい》

対語《たいご》

易《やさ》しい⇕難《むずか》しい

難《むずか(しい)》

「ズバリ！　こんな易《やさ》しい問題《もんだい》、私《わたくし》なら容易《ようい》に解《と》けるでしょう！」

チェックポイント

まん中《なか》に「一」が入《はい》らないように。

× 易　○ 易

※この本《ほん》の書《か》き順《じゅん》で、バックが赤《あか》くなっているのは、二画以上《にかくいじょう》まとめて表《あらわ》したところです。

益

（10画《かく》）

音読《おんよ》み　エキ・ヤク
訓読《くんよ》み
部首《ぶしゅ》　皿／さら

成《な》り立《た》ちと意味《いみ》

皿《さら》の上《うえ》から水《みず》（氵）があふれる様子《ようす》（益）からできました。「ふえる」ことを表《あらわ》し、「ます」や「ためになる、もうけ」の意味《いみ》に使《つか》われる字《じ》です。

使《つか》い方《かた》

益虫《えきちゅう》・公益《こうえき》・収益《しゅうえき》・損益《そんえき》・有益《ゆうえき》・無益《むえき》・利益《りえき》・御利益《ごりやく》

対《たい》語《ご》

害《がい》　益鳥《えきちょう》⇔害鳥《がいちょう》

「テントウムシは、人間《にんげん》や作物《さくもつ》に害《がい》を与《あた》える害《がい》虫《ちゅう》を食《た》べてくれる、益《えき》虫《ちゅう》なんだよ。」

「むだに生《い》き物《もの》を殺《ころ》すことを、無益《むえき》な殺生《せっしょう》というんじゃ。」

チェックポイント

「丷」が「䒑」にならないように。

× 益
○ 益

益益益益益益益益益益

液

（11画《かく》）

音読《おんよ》み　エキ
訓読《くんよ》み
部首《ぶしゅ》　氵／さんずい

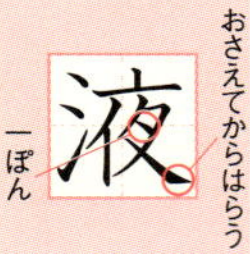

成《な》り立《た》ちと意味《いみ》

氵（さんずい）は水《みず》を表《あらわ》します。もとはセキと読《よ》んだ夜《や》がエキと変《か》わって読《よ》み方《かた》を示《しめ》し、セキの音《おん》には「しみ出《で》る」意味《いみ》があります。しみ出《で》る水《みず》ということから、「しみ出《で》る」を表《あらわ》している字《じ》です。

使《つか》い方《かた》

液化《えきか》・液体《えきたい》・胃液《いえき》・血液《けつえき》・樹液《じゅえき》・乳液《にゅうえき》・溶液《ようえき》・消化液《しょうかえき》

「液体《えきたい》と聞《き》いて思《おも》いうかぶのは、ビールか日本《にほん》酒《しゅ》だな。まる子《こ》たちは、やっぱりジュースか。」

「オレは、じょうぶな胃《い》と強力《きょうりょく》な胃液《いえき》の持《も》ち主《ぬし》さ。」

チェックポイント

「夜《よる》」と似《に》ているので注意《ちゅうい》しよう。

液　夜　ヤ　よ　よる

液液液液液液液液液液液

演

（14画《かく》）

音読《おんよ》み エン

訓読《くんよ》み

部首《ぶしゅ》 氵／さんずい

だす
そろえる

成《な》り立《た》ちと意味《いみ》

氵（さんずい）は水《みず》を表《あらわ》し、寅《いん》がエンと変《か》わって読《よ》み方《かた》を示《しめ》します。エンの音《おん》には「のびる」という意味《いみ》があり、のびた川《かわ》の流《なが》れを表《あらわ》す字《じ》でした。現在《げんざい》は「のべる、行《おこな》う」意味《いみ》に使《つか》われます。

使《つか》い方《かた》

演技《えんぎ》・演芸《えんげい》・演劇《えんげき》・演出《えんしゅつ》・演説《えんぜつ》・演奏《えんそう》・開演《かいえん》・共演《きょうえん》・公演《こうえん》・講演《こうえん》・実演《じつえん》・出演《しゅつえん》・上演《じょうえん》・熱演《ねつえん》・閉演《へいえん》

「丸尾《まるお》くん、学級委《がっきゅうい》員選挙《いんせんきょ》の演説《えんぜつ》、張《は》り切《き》ってるね。」

「毎年《まいとし》、気合《きあ》い入《はい》ってるねぇ。」

チェックポイント

「こうえん」を区別《くべつ》して使《つか》おう。

・公演《こうえん》…劇《げき》・踊《おど》りなど。

・講演《こうえん》…話《はなし》。

応

（7画《かく》）

音読《おんよ》み オウ

訓読《くんよ》み

部首《ぶしゅ》 心／こころ

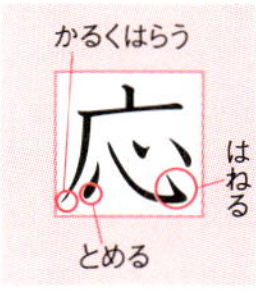

かるくはらう
はねる
とめる

成《な》り立《た》ちと意味《いみ》

古《ふる》い字《じ》は應《おう》で、雁《おう》がオウの読《よ》み方《かた》を示《しめ》します。心《こころ》でむかえ入《い》れることを表《あらわ》し、「おうじる（＝しょうちする、こたえる、あてはまる）」を意味《いみ》する字《じ》です。

使《つか》い方《かた》

応援《おうえん》・応急《おうきゅう》・応接《おうせつ》・応戦《おうせん》・応対《おうたい》・応答《おうとう》・応用《おうよう》・相応《そうおう》・対応《たいおう》・適応《てきおう》・順応《じゅんのう》・反応《はんのう》

「みんな、あしたの試合《しあい》、応援《おうえん》してくれよ！」

「お父《とう》さん、うちも、ソファーがある応接間《おうせつま》が欲《ほ》しいよー。」

「その話《はなし》になると、お父《とう》さん、急《きゅう》に反応《はんのう》悪《わる》くなるね。」

チェックポイント

「順応」「反応」は特《とく》別《べつ》に「じゅんのう」「はんのう」と読《よ》む。

反応《はんのう》

往

（8画《かく》）

音読《おんよ》み オウ

訓読《くんよ》み

部首《ぶしゅ》 彳／ぎょうにんべん

ながく
そろえる

成《な》り立《た》ちと意味《いみ》

彳（ぎょうにんべん）は道《みち》（亅亻）を表《あらわ》し、「ゆく」意味《いみ》を持《も》ちます。主のもとの形《かたち》は𡳿で、ㄓが足《あし》を表《あらわ》し、王《おう》がオウの読《よ》み方《かた》を示《しめ》します（「主《しゅ》」とは関係《かんけい》ありません）。「足《あし》で歩《ある》いてゆく」ことから、「ゆく」を意味《いみ》します。

使《つか》い方《かた》

往生《おうじょう》・往信《おうしん》・往復《おうふく》・往来《おうらい》・右往左往《うおうさおう》

対語《たいご》 復《ふく》

往路《おうろ》⇕復路《ふくろ》

「すごくあわてることを右往左往《うおうさおう》っていうよ。あたしゃ、めったにないけどね。」

「あきらめが悪《わる》いことを、往生際《おうじょうぎわ》が悪《わる》いっていうんだよ、まるちゃん。」

往往往往往往往往

チェックポイント 似《に》ている字《じ》に注意《ちゅうい》しよう。

住 ジュウ すむ すまう

へんがちがうね

これ何《なに》？
葉書《はがき》が二《ふた》つくっついてるよ
ああそれは往復葉書《おうふくはがき》よ
出欠《しゅっけつ》の確認《かくにん》をする時《とき》に使《つか》うのよ返信用《へんしんよう》の葉書《はがき》を切《き》りとって出《だ》すの
同窓会《どうそうかい》に
ご出席《しゅっせき》
ご欠席《けっせき》
名前《なまえ》
数日後《すうじつご》——
たまえまるちゃんから往復葉書《おうふくはがき》よ
往復葉書《おうふくはがき》？

返信
さくらももこ行
今度の日曜日わたしのたんじょう会にきてください
まる子
どうして？学校《がっこう》で言《い》えばすむのに

まる子《こ》の気《き》まぐれにまた悩《なや》まされるたまちゃんであった—

桜

（10画《かく》）

音読《おんよ》み　オウ
訓読《くんよ》み　さくら
部首《ぶしゅ》　木／きへん

にしない
はねない

成《な》り立《た》ちと意味《いみ》　もとの字《じ》は「櫻《おう》」です。「嬰《えい》」がオウと変《か》わって読《よ》み方《かた》を示《しめ》し、「さくらの木《き》」を表《あらわ》す字《じ》です。

使《つか》い方《かた》　桜花《おうか》・桜色《さくらいろ》・桜貝《さくらがい》・桜《さくら》もち・葉桜《はざくら》・山桜《やまざくら》・夜桜《よざくら》・八重桜《やえざくら》

「今年《ことし》の桜《さくら》は、すごくきれいだねえ、おじいちゃん。」

「桜《さくら》もちの味《あじ》も、格《かく》別《べつ》じゃよ。まる子《こ》も食《た》べたらどうじゃ。」

「今夜《こんや》はビールで夜《よ》桜《ざくら》だ。」

ちょっとひとこと　「葉桜《はざくら》」は、花《はな》が散《ち》って若葉《わかば》が出始《ではじ》めたころの桜《さくら》をいう。

恩

（10画《かく》）

音読《おんよ》み　オン
訓読《くんよ》み
部首《ぶしゅ》　心／こころ

囚にしない
はねる

成《な》り立《た》ちと意味《いみ》　因《いん》には「隠《いん》（＝あわれむ）」の意味《いみ》があり、インがオンと変《か》わって読《よ》み方《かた》を示《しめ》します。あわれに思《おも》う心《こころ》ということから、「めぐみ」を表《あらわ》し、特《とく》に「うけたなさけ」の意味《いみ》で使《つか》われる字《じ》です。

使《つか》い方《かた》　恩師《おんし》・恩賜《おんし》・恩情《おんじょう》・恩人《おんじん》・謝恩《しゃおん》・報恩《ほうおん》・恩返《おんがえ》し

「花輪家《はなわけ》から受《う》けたご恩《おん》は絶対《ぜったい》忘《わす》れません。一生《いっしょう》かけても恩返《おんがえ》しさせていただきます。あつい恩情《おんじょう》に心《こころ》から感《かん》謝《しゃ》しております。」

チェックポイント　似《に》ている字《じ》に注意《ちゅうい》しよう。

思　シ　おもう

恩《おん》は大《おお》きなおんと覚《おぼ》える

可

（5画《かく》）

音読《おんよ》み カ

訓読《くんよ》み

部首《ぶしゅ》 口／くち

成《な》り立《た》ちと意味《いみ》

もとの形《かたち》は𠀀で、丂《か》は「よい」意《い》味《み》を表《あらわ》し、カの読《よ》み方《かた》を示《しめ》します。口《くち》で「よい」と許《ゆる》すことから、「よい、許《ゆる》す、できる」の意味《いみ》に使《つか》われる字《じ》です。

使《つか》い方《かた》

可決《かけつ》・可能《かのう》・可燃性《かねんせい》・許可《きょか》・裁可《さいか》・認可《にんか》・不可《ふか》・不可能《ふかのう》

対語《たいご》

否《ひ》　可決《かけつ》⇔否決《ひけつ》

「三十分《さんじっぷん》でラーメンを五《ご》はい？　オレなら、じゅうぶん可能《かのう》さ。」

「ぼくにはとても不可《ふか》能《のう》だな。たぶん、二《に》はいでも無理《むり》だよ。」

チェックポイント

「可《か》」のつく字《じ》は、どれもカと読《よ》む。

仮

（6画《かく》）

音読《おんよ》み カ・ケ

訓読《くんよ》み かり

部首《ぶしゅ》 イ／にんべん

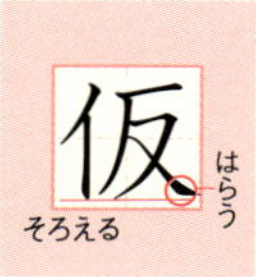

成《な》り立《た》ちと意味《いみ》

古《ふる》い字《じ》は假《か》です。叚《か》はカの読《よ》み方《かた》を示《しめ》し、「にせ」の意味《いみ》を持《も》っていました。人《ひと》（イ＝にんべん）がついて、にせの人《ひと》という意味《いみ》になり、「かり」を表《あらわ》す字《じ》になりました。

使《つか》い方《かた》

仮死《かし》・仮説《かせつ》・仮装《かそう》・仮定《かてい》・仮名《かめい》・仮分数《かぶんすう》・仮病《けびょう》・仮寝《かりね》・仮小屋《かりごや》・仮名《かな》

「仮《かり》に本能寺《ほんのうじ》で討《う》たれなければ、織田信長《おだのぶなが》は天下《てんか》を統一《とういつ》していたかもしれないよ。」

「お父《とう》さん、まる子《こ》がいい子《こ》だと仮定《かてい》して、おこづかい上《あ》げてよ。」

「仮病《けびょう》で学校《がっこう》を休《やす》んでいるようじゃな。」

チェックポイント

「仮名《かな》」は特別《とくべつ》に許《ゆる》された読《よ》み方《かた》。

平仮名《ひらがな》…あいうえお

片仮名《かたかな》…アイウエオ

価

（8画《かく》）

音読《おんよ》み　カ

訓読《くんよ》み　あたい

部首《ぶしゅ》　亻／にんべん

価
まっすぐしたに

成《な》り立《た》ちと意味《いみ》

古《ふる》い字《じ》は價《か》です。賈《か》がカの読《よ》み方《かた》を示《しめ》し、貝《かい》が品物《しなもの》を表《あらわ》します。品《しな》物《もの》を売《う》る人《ひと》（亻＝にんべん）の意味《いみ》だったのが、後《のち》に「ねだん」の意味《いみ》に変《か》わっています。

使《つか》い方《かた》　価格《かかく》・価値《かち》・安価《あんか》・高価《こうか》・原価《げんか》・定価《ていか》・特価《とっか》・評価《ひょうか》・物価《ぶっか》

「それでは、商品《しょうひん》一《ひと》つあたりの価《あたい》を、割《わ》り算《ざん》で求《もと》めてください。」

「イセエビなんて高価《こうか》なもの、なんで買《か》ってきたのよ!?」

「ああん、価値《かち》のわからない人《ひと》だねぇ。」

価 価 価 価 価 価 価 価

チェックポイント

「襾」が「西《にし》」にならないように。

×価　○価

こっちだよ
西

全品大安
大特価
ワゴンセール
定価3900円
1000円
あら
子供服
大特価
セール
これいいわね
うん
タイムセールだよ!
お値打ち価格
¥980
バーゲンには欠《か》かせない「価《か》」の文字《もじ》である―

もっとくわしく

「あたい」の使《つか》い分《わ》け

価《あたい》…商品《しょうひん》のねだん。
・品物《しなもの》の価《あたい》。

値《あたい》…そのものに相当《そうとう》するねうち。
・尊敬《そんけい》に値《あたい》する人《ひと》。

300えん

河

（8画《かく》）

音読《おんよ》み　カ

訓読《くんよ》み　かわ

部首《ぶしゅ》　氵／さんずい

成《な》り立《た》ちと意味《いみ》

氵（さんずい）が水《みず》を表《あらわ》し、可《か》がカの読《よ》み方《かた》を示《しめ》します。「かわ」の意味《いみ》で、特《とく》に中国《ちゅうごく》の黄河《こうが》を指《さ》す字《じ》でした。しかし、同《おな》じ「かわ」の意味《いみ》の「川《かわ》」があったため、「河《かわ》」は「大《おお》きいかわ」、「川《かわ》」は「小《ちい》さいかわ」と使《つか》い分《わ》けるようになりました。

使《つか》い方《かた》

河口《かこう》・河川《かせん》・運河《うんが》・銀河《ぎんが》・山河《さんが》・大河《たいが》・氷河《ひょうが》・河岸《かし》・河原《かわら》

「天《あま》の川《がわ》みたいに、星《ほし》が何千億《なんぜんおく》も集《あつ》まったものを銀河《ぎんが》っていうの。たしかに、夜空《よぞら》を流《なが》れる大《おお》きな河《かわ》みたいね。」

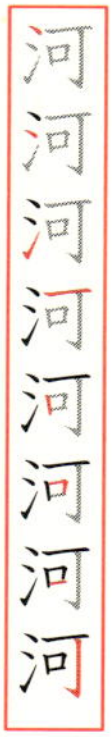

チェックポイント

「河岸《かし》」「河原《かわら》」は特別《とくべつ》に許《ゆる》された読《よ》み方《かた》。

・河岸《かし》
・河原《かわら》

過

（12画《かく》）

音読《おんよ》み　カ

訓読《くんよ》み　すぎる・すごす・あやまつ・あやまち

部首《ぶしゅ》　辶／しんにょう

成《な》り立《た》ちと意味《いみ》

辶（しんにょう）は道《みち》（亍）と足《あし》（止）からでき、道《みち》を歩《ある》くことを表《あらわ》します。咼《か》はカの読《よ》み方《かた》を示《しめ》し、カの音《おん》には「夥《か》（＝多《おお》い）」の意味《いみ》があります。よぶんに行《い》くということから、「通《とお》りすぎる、度《ど》をこす、あやまち」の意味《いみ》に使《つか》われる字《じ》です。

使《つか》い方《かた》

過激《かげき》・過去《かこ》・過失《かしつ》・過信《かしん》・過程《かてい》・過度《かど》・過分《かぶん》・過熱《かねつ》・過労《かろう》・過半数《かはんすう》・過不足《かふそく》・経過《けいか》・超過《ちょうか》・通過《つうか》

「楽《たの》しい時間《じかん》は、なぜ早《はや》く過《す》ぎて過去《かこ》になっちゃうの?」

「過《あやま》ちはすぐに認《みと》めたほうがいいぞ。」

チェックポイント

二《ふた》つの訓《くん》は、「やりすぎはあやまちのもと」と覚《おぼ》える。

Z《ゼット》会《かい》の「漢字《かんじ》の覚《おぼ》え方《かた》紹介《しょうかい》①」

漢字《かんじ》を覚《おぼ》えるための効果的《こうかてき》な方法《ほうほう》には、いろいろなものがあります。

①ふだんから漢字《かんじ》に親《した》しむ。

◆漢字《かんじ》にふれる機会《きかい》を多《おお》く持《も》つために、多《おお》くの本《ほん》を読《よ》んだり、日記《にっき》を書《か》いたりする。

◆わからない字《じ》があったら、すぐに漢和辞典《かんわじてん》を引《ひ》いて、調《しら》べながら覚《おぼ》える。

◆漢字《かんじ》を練習《れんしゅう》する時《とき》は、大《おお》きな字《じ》で一点一画《いってんいっかく》、ていねいに、正《ただ》しい書《か》き順《じゅん》で書《か》く。

◆ふだんから、できるだけ漢字《かんじ》を使《つか》うようにする。

②へんごとに、まとめて覚《おぼ》える。

◆へんを見《み》て何《なに》に関係《かんけい》する字《じ》か考《かんが》え、まとめて覚《おぼ》えると効果的《こうかてき》。

言（ごんべん）がつく字《じ》
「語《ご》」「話《わ》」「詩《し》」「誌《し》」など

言葉《ことば》に関係《かんけい》ある字《じ》が多《おお》いね

忄（りっしんべん）がつく字《じ》
「快《かい》」「情《じょう》」「忙《ぼう》」「慣《かん》」など

心《こころ》や気持《きも》ちに関係《かんけい》ある字《じ》だね

木（きへん）がつく字《じ》
「樹《じゅ》」「松《しょう》」「板《はん》」「根《こん》」など

どれも木《き》に関係《かんけい》ある

③つくりが似《に》た字《じ》をまとめて覚《おぼ》える。

◆つくりが似《に》た字《じ》は意味《いみ》のちがいを理解《りかい》し、一緒《いっしょ》に覚《おぼ》えておくとまちがいにくい。

義《ぎ》 正《ただ》しいこと、意味《いみ》。
●異義《いぎ》…ちがう意味《いみ》。

議《ぎ》 話《はな》し合《あ》い、意見《いけん》。
●異議《いぎ》…ちがう意見《いけん》。

副《ふく》 ひかえのもの。
●副会長《ふくかいちょう》…会長《かいちょう》の次《つぎ》の職《しょく》。

福《ふく》 おめでたいこと、幸《さいわ》い。
●祝福《しゅくふく》…幸《しあわ》せを祝《いわ》う。

復《ふく》 帰《かえ》る、返《かえ》す。
●往復《おうふく》…行《い》きと帰《かえ》り。

複《ふく》 重《かさ》なる。
●複雑《ふくざつ》…重《かさ》なり合《あ》い、入《い》り組《く》んでいること。

賀

（12画《かく》）

音読《おんよ》み　ガ

訓読《くんよ》み　—

部首《ぶしゅ》　貝／かい

成《な》り立《た》ちと意味《いみ》

貝《かい》は「お金《かね》」を表《あらわ》し、加《か》がガと変《か》わって読《よ》み方《かた》を示《しめ》します。ガの音《おん》には「よろこぶ」意味《いみ》があり、おいわいのお金《かね》を表《あらわ》す字《じ》だったのが、「いわう、よろこぶ」として使《つか》われるようになりました。

使《つか》い方《かた》

賀正《がしょう》・年賀《ねんが》・謹賀新年《きんがしんねん》・祝賀会《しゅくがかい》

「まる子《こ》、今年《ことし》は年賀状《ねんがじょう》出《だ》すの、忘《わす》れるんじゃないよ。」

「まる子《こ》が絵画展《かいがてん》で金賞《きんしょう》をとったのか！　じゃあ、今夜《こんや》は家族《かぞく》で祝賀会《しゅくがかい》じゃのう。」

ちょっとひとこと

「賀正《がしょう》」は正月《しょうがつ》をいわう意味《いみ》。

快

（7画《かく》）

音読《おんよ》み　カイ

訓読《くんよ》み　こころよい

部首《ぶしゅ》　忄／りっしんべん

成《な》り立《た》ちと意味《いみ》

忄（りっしんべん）が心《こころ》を表《あらわ》し、夬《かい》がカイの読《よ》み方《かた》を示《しめ》します。カイの音《おん》には「開《かい》（＝ひらく）」の意味《いみ》があり、「心《こころ》がのびのびして気持《きも》ちよい」様子《ようす》を表《あらわ》します。

使《つか》い方《かた》

快活《かいかつ》・快感《かいかん》・快勝《かいしょう》・快晴《かいせい》・快走《かいそう》・快速《かいそく》・快調《かいちょう》・快適《かいてき》・快楽《かいらく》・全快《ぜんかい》・痛快《つうかい》・愉快《ゆかい》・不快《ふかい》

「ズバリ！　今回《こんかい》の学級委員選挙《がっきゅういいんせんきょ》は私《わたくし》の快《かい》勝《しょう》だったから、みなさんからのたのみごとには快《こころよ》くこたえるでしょう！」

チェックポイント

似《に》ている字《じ》に注意《ちゅうい》しよう。

決　ケツ　きめる　きまる

解

（13画《かく》）

音読《おんよ》み カイ・ゲ

訓読《くんよ》み とく・とかす・とける

部首《ぶしゅ》 角／つのへん

角《かく》がカイと変《か》わって読《よ》み方《かた》を示《しめ》します。カクの音《おん》には「といてしらべる」の意味《いみ》があり、牛《うし》を刀《かたな》でばらばらにすることを表《あらわ》します。「とく、さとる」の意味《いみ》に使《つか》われます。

クにしない
だす
ださない

成《な》り立《た》ちと意味《いみ》

使《つか》い方《かた》 解決《かいけつ》・解散《かいさん》・解説《かいせつ》・解答《かいとう》・解放《かいほう》・誤解《ごかい》・図解《ずかい》・正解《せいかい》・読解《どっかい》・分解《ぶんかい》・理解《りかい》・解毒《げどく》・雪解《ゆきど》け

「お姉《ねえ》ちゃん、この問題《もんだい》、わたしにも理解《りかい》できるように、易《やさ》しく解説《かいせつ》してよ。」

「こんな簡単《かんたん》な問題《もんだい》が解《と》けないの？　しょうがないわね、図解《ずかい》してあげるから、よく見《み》てなさい。」

チェックポイント
「牛《うし》の角《つの》を刀《かたな》でばらばらに解《と》く」と覚《おぼ》える。

いやな字《じ》だ

テスト中《ちゅう》ー
「解答《かいとう》らんに答《こた》えを書《か》きなさい」…か…
解答《かいとう》らんに書《か》かなかったらどうなるんだろう……
解答《かいとう》らんに書《か》い・と・(う)・ら・ん・なんちゃって……プッ
ククク
一人《ひとり》で考《かんが》えたダジャレにウケる野口《のぐち》さんであったー

もっとくわしく
「とける」の使《つか》い分《わ》け

解《と》ける…氷《こおり》や雪《ゆき》が水《みず》になる。
・雪《ゆき》が解《と》ける。
・氷《こおり》が解《と》ける。

溶《と》ける…どろどろになる。
・バターが溶《と》ける。
・砂《さ》糖《とう》を溶《と》かす。
・絵《え》の具《ぐ》を溶《と》かす。

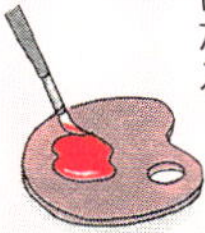

格

（10画《かく》）

音読み《おんよ》 カク・コウ

訓読み《くんよ》

部首《ぶしゅ》 木／きへん

成《な》り立《た》ちと意味《いみ》

各《かく》は「高《たか》い」意味《いみ》を持《も》ち、「高《たか》い木《き》」のことを表《あらわ》す字でした。しかし、「おきて」を表《あらわ》すカクの言葉《ことば》の字《じ》として借《か》りて用《もち》いられるようになり、「きまり、くらい、みぶん、どうり」の意味《いみ》を持《も》つようになりました。

使《つか》い方《かた》

格言《かくげん》・格別《かくべつ》・価格《かかく》・規格《きかく》・厳格《げんかく》・合格《ごうかく》・骨格《こっかく》・資格《しかく》・失格《しっかく》・人格《じんかく》・性格《せいかく》・体格《たいかく》・風格《ふうかく》・格子《こうし》・格下《かくさ》げ

「藤木《ふじき》くんのひきような性格《せいかく》を直《なお》すのは、絶対《ぜったい》に無理《むり》だな。」

「今日《きょう》のきみは、やけに厳格《げんかく》だね。」

チェックポイント

「格子」はカクシではなく、コウシと読《よ》む。

確

（15画《かく》）

音読み《おんよ》 カク

訓読み《くんよ》 たしか・たしかめる

部首《ぶしゅ》 石／いしへん

成《な》り立《た》ちと意味《いみ》

隺《かく》がカクという読《よ》み方《かた》を示《しめ》します。カクの音《おん》には「かたい」という意味《いみ》があり、かたい石《いし》のことから、「かたい、たしか」の意味《いみ》を表《あらわ》す字《じ》になりました。

使《つか》い方《かた》

確実《かくじつ》・確信《かくしん》・確定《かくてい》・確認《かくにん》・確立《かくりつ》・確率《かくりつ》・正確《せいかく》・的確《てきかく》・明確《めいかく》

「家《いえ》を出《で》る前《まえ》にハンカチとちり紙《がみ》を持《も》ったか、確《たし》かめましょう。」

「まる子《こ》は、いつか、大物《おおもの》になる。わしは、確信《かくしん》しておるぞ。」

チェックポイント

「冖」の書《か》き方《かた》に注意《ちゅうい》しよう。

×確　○確

額

（18画《かく》）

音読《おんよ》み ガク

訓読《くんよ》み ひたい

部首《ぶしゅ》 頁／おおがい（いちのかい）

成《な》り立《た》ちと意味《いみ》

頁（おおがい）が顔《かお》を表《あらわ》し、客《かく》がガクと変《か》わって読《よ》み方《かた》を示《しめ》します。顔《かお》にある広《ひろ》い「ひたい」を表《あらわ》し、書《しょ》や絵《え》を門《もん》やかべにかける「がく」や「お金《かね》や品物《しなもの》のねだん」の意味《いみ》にも使《つか》われる字《じ》です。

使《つか》い方《かた》

額縁《がくぶち》・金額《きんがく》・差額《さがく》・全額《ぜんがく》・多額《たがく》・少額《しょうがく》

「額《ひたい》をボールにたたきつけるのが、ヘディングシュートの基本《きほん》さ。」

「お寿司《すし》の代金《だいきん》は、わしが全額《ぜんがく》、しはらうぞ。」

ちょっとひとこと

非常《ひじょう》にせまいことを「猫《ねこ》の額《ひたい》のよう」という。

刊

（5画《かく》）

音読《おんよ》み カン

訓読《くんよ》み

部首《ぶしゅ》 リ／りっとう

成《な》り立《た》ちと意味《いみ》

干《かん》がカンの読《よ》み方《かた》を示《しめ》し、カンの音《おん》には「きずつける」という意味《いみ》があります。昔《むかし》は刀《かたな》（リ＝りっとう）で木《き》に字《じ》をほって印刷《いんさつ》したため、「本《ほん》を出版《しゅっぱん》する」意味《いみ》に使《つか》われる字《じ》です。

使《つか》い方《かた》

刊行《かんこう》・新刊《しんかん》・創刊《そうかん》・増刊《ぞうかん》・発刊《はっかん》・年刊《ねんかん》・月刊《げっかん》・週刊《しゅうかん》・日刊《にっかん》・朝刊《ちょうかん》・夕刊《ゆうかん》・休刊《きゅうかん》

「今日《きょう》は新聞休刊日《しんぶんきゅうかんび》だから、朝刊《ちょうかん》も夕《ゆう》刊《かん》も休《やす》みだったっけね。」

「まる子《こ》が週刊誌《しゅうかんし》を買《か》ってくるね。」

チェックポイント

まちがいやすいので注意《ちゅうい》しよう。

×週間誌

○週刊誌《しゅうかんし》

幹

（13画《かく》）

音読《おんよ》み　カン

訓読《くんよ》み　みき

部首《ぶしゅ》　干／かん（いちじゅう）

ださない
幹
そろえる

成《な》り立《た》ちと意味《いみ》

もとの字《じ》は榦《かん》です。倝《かん》には「まっすぐ」の意味《いみ》があり、カンの読《よ》み方《かた》を示《しめ》します。まっすぐな木《き》ということから、「みき」を表《あらわ》し、「おもな部分《ぶぶん》」の意味《いみ》にも使《つか》われます。

使《つか》い方《かた》

幹事《かんじ》・幹部《かんぶ》・幹線《かんせん》・根幹《こんかん》・新幹線《しんかんせん》

「スギの木《き》は大《おお》きなもので、幹《みき》の太《ふと》さが十《じゅう》メートル以上《いじょう》も、あります。」

「交通《こうつう》の大《おお》もとになる重要《じゅうよう》な道路《どうろ》や鉄道《てつどう》が幹線《かんせん》だブー。」

ちょっとひとこと

「みき」は、「身木《みき》」（木《き》の体《からだ》の部分《ぶぶん》）からできた言葉《ことば》。

幹幹幹幹幹幹幹幹幹幹幹幹幹

慣

（14画《かく》）

音読《おんよ》み　カン

訓読《くんよ》み　な**れる**・な**らす**

部首《ぶしゅ》　忄／りっしんべん

母にしない
慣

成《な》り立《た》ちと意味《いみ》

忄（りっしんべん）は心《こころ》を表《あらわ》します。貫《かん》がカンの読《よ》み方《かた》を示《しめ》し、カンの音《おん》には「つみ重《かさ》ねる」という意味《いみ》があります。「心《こころ》にくりかえし重《かさ》ねてなれる」ことを表《あらわ》し、「なれる、ならわし、そのまま」の意味《いみ》に使《つか》われます。

使《つか》い方《かた》

慣行《かんこう》・慣習《かんしゅう》・慣性《かんせい》・慣例《かんれい》・慣用句《かんようく》・習慣《しゅうかん》

「慣《な》れない早起《はやお》きなんかするから、学校《がっこう》でいねむりするのよ。ふだんから、早《はや》く寝《ね》る習慣《しゅうかん》をつけなきゃね。」

「……。」

チェックポイント

「毌」が「母《はは》」にならないように。

×慣

○慣

慣慣慣慣慣慣慣慣慣慣慣慣慣慣

眼

音読《おんよ》み ガン・ゲン
訓読《くんよ》み まなこ
部首《ぶしゅ》 目／めへん

（11画《かく》）

成《な》り立《た》ちと意味《いみ》

艮《こん》がガンと変《か》わって読《よ》み方《かた》を示《しめ》し、ガンの音《おん》には「丸《がん》（＝まるい）」の意味《いみ》があります。「まるい目玉《めだま》」を表《あらわ》し、「め」の意味《いみ》に使《つか》われる字《じ》です。

使《つか》い方《かた》

眼球《がんきゅう》・眼帯《がんたい》・眼病《がんびょう》・開眼《かいがん》・近眼《きんがん》・検眼《けんがん》・肉眼《にくがん》・老眼《ろうがん》・方眼紙《ほうがんし》・千里眼《せんりがん》・開眼《かいげん》・血眼《ちまなこ》・眼鏡《めがね》

「肉眼《にくがん》で見《み》えないほど小《ちい》さな生《い》き物《もの》を、微生《びせい》物《ぶつ》というでしょう！ズバリ、バイキンなんかでしょう！」

チェックポイント

「眼鏡《めがね》」は特別《とくべつ》に許《ゆる》された読《よ》み方《かた》。

基

音読《おんよ》み キ
訓読《くんよ》み もと・もとい
部首《ぶしゅ》 土／つち

（11画《かく》）

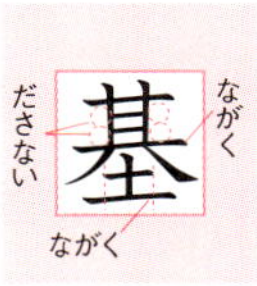

成《な》り立《た》ちと意味《いみ》

其《き》には「はじめ」の意味《いみ》があり、キの読《よ》み方《かた》を示《しめ》します。土《つち》がついて「物事《ものごと》をはじめる土台《どだい》」ということから、「もと」の意味《いみ》に使《つか》われる字《じ》です。

使《つか》い方《かた》

基金《ききん》・基準《きじゅん》・基礎《きそ》・基地《きち》・基点《きてん》・基本《きほん》

「漢字《かんじ》は、国語《こくご》の勉強《べんきょう》の基《もと》になるものですから、基礎《きそ》からしっかり学《まな》んでおきましょう。」

「今日《きょう》は、おじいちゃんと落語《らくご》を聞《き》きに行《い》くよ。落語《らくご》は、お笑《わら》いの基本《きほん》だね。」

チェックポイント

「土《つち》」が「士《し》」にならないように。

×基
○基

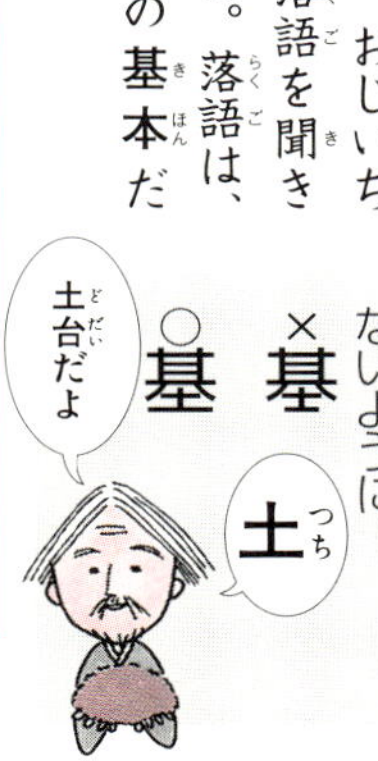

寄

（11画《かく》）

音読《おんよ》み キ

訓読《くんよ》み よ**る**・よ**せる**

部首《ぶしゅ》 宀／うかんむり

だす
はねる

成《な》り立《た》ちと意味《いみ》

奇《き》がキの読《よ》み方《かた》を示《しめ》し、キの音《おん》には「よる」の意味《いみ》があります。家《いえ》（宀＝うかんむり）に身《み》をよせることを表《あらわ》し、「よる、たよる、おくる」意味《いみ》に使《つか》われる字《じ》です。

使《つか》い方《かた》 寄港《きこう》・寄付《きふ》・寄宿舎《きしゅくしゃ》・寄生虫《きせいちゅう》・寄《よ》せ手《て》・寄《よ》り道《みち》・年寄《としよ》り・身寄《みよ》り・寄席《よせ》・最寄《もよ》り

「東京《とうきょう》へ行《い》ったら、ぜひ浅草《あさくさ》に寄《よ》りたいよ。寄席《よせ》にも行《い》ってみたいし。」

「おじいちゃん、こんなまる子《こ》に寄付《きふ》してよ。」

「わしは年寄《としよ》りだから、あまり、お金《かね》を持《も》っていないんじゃよ。」

チェックポイント 「寄席《よせ》」「最寄《もよ》り」は特別《とくべつ》に許《ゆる》された読《よ》み方《かた》。

お姉《ねえ》ちゃんかまる子《こ》おしょうゆ買《か》ってきてくれない？
あわたし行《い》く
寄《よ》り道《みち》しないで帰《かえ》るのよ
おかしとか買《か》っちゃだめよ
はーい行《い》ってきまーす
いやに素直《すなお》だったねえ…
ぐあい悪いのかしら…
どうせ何《なに》か後《うし》ろめたいことでもあるんでしょ
さすがお姉《ねえ》ちゃんその通《とお》りであったー
あの子《こ》ゴミ箱《ばこ》に二十点《にじってん》のテスト捨《す》ててる

キ

規

（11画《かく》）

音読《おんよ》み　キ

訓読《くんよ》み　見／みる

部首《ぶしゅ》　見

貝にしない
とめる
はねる

成《な》り立《た》ちと意味《いみ》

夫のもとの形《かたち》は夫で、円《えん》をかく道具《どうぐ》を表《あらわ》しています。見《けん》がキと変《か》わって読《よ》み方《かた》を示《しめ》し、「コンパス、きまり、てほん」として使《つか》われる字《じ》です。

使《つか》い方《かた》

規制《きせい》・規則《きそく》・規模《きぼ》・規約《きやく》・規律《きりつ》・定規《じょうぎ》

「まる子《こ》、今年《ことし》こそラジオ体操《たいそう》で**規則**《きそく》正《ただ》しい生活《せいかつ》を身《み》につけてね。」

「しまった、**定規**《じょうぎ》とコンパス、持《も》ってくるの、忘《わす》れた！」

「今日《きょう》は算数《さんすう》の授業《じゅぎょう》ないよ。」

チェックポイント

「見《けん》」が「貝《かい》」にならないように。

×規則

○規則《きそく》

きそくを守《まも》ろう

きそく正《ただ》しいでしょう！

規規規規規規規規規規規

技

（7画《かく》）

音読《おんよ》み　ギ

訓読《くんよ》み　わざ

部首《ぶしゅ》　扌／てへん

おさえてからはらう
はねる

成《な》り立《た》ちと意味《いみ》

扌（てへん）は手《て》（扌）を表《あらわ》し、支《し》がギと変《か》わって読《よ》み方《かた》を示《しめ》します。「手《て》で仕事《しごと》をする」ことを表《あらわ》し、「わざ」の意味《いみ》に使《つか》われる字《じ》です。

使《つか》い方《かた》

技術《ぎじゅつ》・技能《ぎのう》・演技《えんぎ》・球技《きゅうぎ》・競技《きょうぎ》・特技《とくぎ》

「好《す》きなスポーツといえば**球技**《きゅうぎ》だな。サッカーのドリブルが得意《とくい》な**技**《わざ》さ。」

「さすが大野《おおの》くんだね。わたしの**特技**《とくぎ》は、なまけることかな。」

チェックポイント

「技《わざ》」と「業《わざ》」の区別《くべつ》。

・技《わざ》……ぎじゅつ（技《わざ》をみがく）。

・業《わざ》……行《おこな》い（神業《かみわざ》）。

技技技技技技技

義

（13画《かく》）

音読《おんよ》み ギ

訓読《くんよ》み

部首《ぶしゅ》 ⺷／ひつじ

ばしょにちゅうい
はねる

成《な》り立《た》ちと意味《いみ》

我《が》がギと変《か》わって読《よ》み方《かた》を示《しめ》し、羊《ひつじ》からできた⺷には「よい」の意味《いみ》があります。義《ぎ》は美《うつく》しい舞《まい》を表《あらわ》し、美《うつく》しい姿《すがた》ということから「正《ただ》しいみち、いみ」として使《つか》われています。

使《つか》い方《かた》 義務《ぎむ》・義理《ぎり》・意義《いぎ》・講義《こうぎ》・主義《しゅぎ》・正義《せいぎ》・定義《ていぎ》・道義《どうぎ》

「あたしゃ、過《す》ぎたことは後悔《こうかい》しない主義《しゅぎ》だよ。」

「正義《せいぎ》の味方《みかた》ごっこしようぜ。オレがヒーローな！」

チェックポイント

「義《ぎ》」と「議《ぎ》」を区《く》別《べっ》して使《つか》おう。

・異義《いぎ》…ちがう意味《いみ》。

・異議《いぎ》…ちがう意見《いけん》。

異議《いぎ》あり！

義義義義義義義義義義義義義

逆

（9画《かく》）

音読《おんよ》み ギャク

訓読《くんよ》み さか・さからう

部首《ぶしゅ》 辶／しんにょう

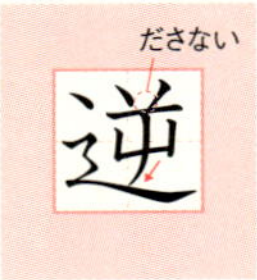

ださない

成《な》り立《た》ちと意味《いみ》

辶（しんにょう）は道《みち》（　）と足《あし》（　）からでき、道《みち》を歩《ある》くことを表《あらわ》します。「屰《ぎゃく》」は人《ひと》をさかさまにした形《かたち》（　）で、ギャクの読《よ》み方《かた》を示《しめ》します。「道《みち》を反対《はんたい》（ぎゃく）に行《い》く」ことから、「ぎゃく、さからう」の意《い》味《み》に使《つか》われます。

使《つか》い方《かた》 逆手《ぎゃくて》・逆転《ぎゃくてん》・逆流《ぎゃくりゅう》・逆光線《ぎゃくこうせん》・反逆《はんぎゃく》・逆手《さかて》・逆波《さかなみ》・逆夢《さかゆめ》・逆《さか》さま・逆立《さかだ》ち・逆上《さかあ》がり

対語《たいご》 順《じゅん》　逆風《ぎゃくふう》⇔順風《じゅんぷう》

「風《かぜ》に逆《さか》らって歩《ある》いたら、飛《と》ばされそうになった。かさも逆《さか》さになっちゃった。」

チェックポイント

「逆転《ぎゃくてん》」の書《か》き方《かた》に、注意《ちゅうい》！

×逆点

○逆転《ぎゃくてん》

スポーツでよくまちがえる

逆逆逆逆逆逆逆逆逆

久

（3画《かく》）

音読《おんよ》み キュウ・ク

訓読《くんよ》み ひさ**しい**

部首《ぶしゅ》 ノ／の（はらいぼう）

とめてからはらう
ながくしすぎない

成《な》り立《た》ちと意味《いみ》

人《ひと》（⺈）を後《うし》ろから引《ひ》きとめている形《かたち》⼊からできました。「じっとしている、長《なが》い間《あいだ》」の意味《いみ》を表《あらわ》す字《じ》です。

使《つか》い方《かた》

永久《えいきゅう》・持久《じきゅう》・久遠《くおん》・久《ひさ》しぶり

「うちの食卓《しょくたく》には、久《ひさ》しく、ごちそうが並《なら》んでない気《き》がするね。」

「そんなこと言《い》ってると、永久《えいきゅう》に、ごちそう出《だ》してもらえなくなるよ。」

「久《ひさ》しぶりにレストランへ行《い》きたいな～。お父《とう》さん。」

「今度《こんど》の日曜日《にちようび》にな。」

ちょっとひとこと

仮名《かな》の「ク・く」は、この字《じ》からできた。

「く」がいっぱい
ククククク
久→ク
→く

あら
お久《ひさ》しぶりね――
え？
かわいいわねーおじょうさん？
え…ええほらあいさつしなさい
ももこですこんにちは
お医者様《いしゃさま》のご主人《しゅじん》もお元気《げんき》？
へっお医者様《いしゃさま》
？
？
え吉田《よしだ》さんじゃ…
ち…ちがいます
大人《おとな》の「久《ひさ》しぶり」ほどあてにならないものはない――
関係《かんけい》ない人《ひと》に名乗《なの》ってしまった…

旧

（5画《かく》）

音読《おんよ》み キュウ

訓読《くんよ》み

部首《ぶしゅ》 日／ひ

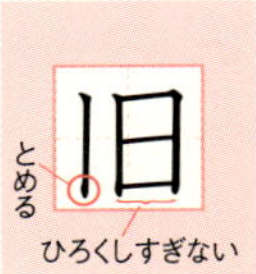

とめる
ひろくしすぎない

成《な》り立《た》ちと意味《いみ》

古《ふる》い字《じ》は舊《きゅう》で、臼《きゅう》がキュウの読《よ》み方《かた》を示《しめ》します。「キュウ」と鳴《な》く鳥《とり》のフクロウを表《あらわ》す字《じ》だったのが、同《おな》じ読《よ》み方《かた》の「久《きゅう》（＝古《ふる》い）」の字《じ》に借《か》りて用《もち》いられ、「古《ふる》い」の意味《いみ》で使《つか》われるようになりました。

使《つか》い方《かた》

旧交《きゅうこう》・旧式《きゅうしき》・旧制《きゅうせい》・旧跡《きゅうせき》・旧友《きゅうゆう》・旧来《きゅうらい》・新旧《しんきゅう》・復旧《ふっきゅう》

対語《たいご》

新《しん》

旧式《きゅうしき》⇕新式《しんしき》

「旧式《きゅうしき》のカメラでも、きれいに写《うつ》るんだよ。」

「古《ふる》い友達《ともだち》と、久《ひさ》しぶりに会《あ》うことを、旧交《きゅうこう》を温《あたた》めるというよ。」

チェックポイント

「1日《にち》たつとふるい旧《きゅう》」と覚《おぼ》えよう。

居

（8画《かく》）

音読《おんよ》み キョ

訓読《くんよ》み いる

部首《ぶしゅ》 尸／しかばね（かばね）

かるくはらう
ながく

成《な》り立《た》ちと意味《いみ》

尸（しかばね）は人《ひと》がうずくまった形《かたち》（⺄）を表《あらわ》し、古《こ》がキョという読《よ》み方《かた》を示《しめ》します。じっとしているという変《か》わって読《よ》み方《かた》を示《しめ》します。

使《つか》い方《かた》

居住《きょじゅう》・住居《じゅうきょ》・隠居《いんきょ》・皇居《こうきょ》・雑居《ざっきょ》・転居《てんきょ》・同居《どうきょ》・居所《いどころ》・居間《いま》・芝居《しばい》・居留守《いるす》・居眠《いねむ》り・居心地《いごこち》・一言居士《いちげんこじ》

「近《ちか》くの公園《こうえん》に、すごくかわいい子犬《こいぬ》が居《い》たの。」

「静岡県《しずおかけん》の登呂遺跡《とろいせき》には、千九百年前《せんきゅうひゃくねんまえ》の住居《じゅうきょ》の跡《あと》があるんだって。」

チェックポイント

「一言居士《いちげんこじ》」は特別《とくべつ》に許《ゆる》された読《よ》み方《かた》。何《なに》か意見《いけん》を言《い》わないと、気《き》のすまない人《ひと》。

またか

キ

許

（11画《かく》）

音読《おんよ》み　キョ

訓読《くんよ》み　ゆるす

部首《ぶしゅ》　言／ごんべん

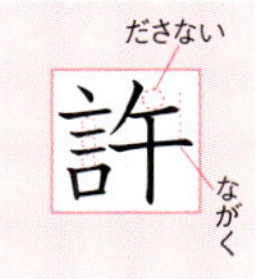

成《な》り立《た》ちと意味《いみ》

午《ご》がキョと変《か》わって読《よ》み方《かた》を示《しめ》します。キョの音《おん》には「与《よ》（＝同意《どうい》する）」の意味《いみ》があり、言葉《ことば》で同意《どうい》することを表《あらわ》す字《じ》です。「ゆるす」の意味《いみ》に使《つか》われています。

使《つか》い方《かた》

許可《きょか》・許容《きょよう》・特許《とっきょ》・免許《めんきょ》

「許可《きょか》なしで、あたしの本《ほん》を勝手《かって》に読《よ》まないで！　今度《こんど》やったら許《ゆる》さないよ！　まる子《こ》、わかった？」

「私《わたくし》が車《くるま》の免許《めんきょ》をとったのは、ずいぶん、昔《むかし》のことです。」

チェックポイント

「午《うま》」が「牛《うし》」にならないように。

×許　○許

境

（14画《かく》）

音読《おんよ》み　キョウ・ケイ

訓読《くんよ》み　さかい

部首《ぶしゅ》　土／つちへん

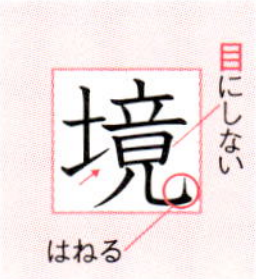

成《な》り立《た》ちと意味《いみ》

竟《きょう》は「さかい」の意味《いみ》を持《も》ち、キョウの読《よ》み方《かた》を示《しめ》します。土（つちへん）は土地《とち》のことです。「土地《とち》のさかい」を表《あらわ》し、「さかい、場所《ばしょ》、めぐりあわせ、状態《じょうたい》」の意味《いみ》に使《つか》われます。

使《つか》い方《かた》

境界《きょうかい》・環境《かんきょう》・心境《しんきょう》・進境《しんきょう》・国境《こっきょう》・境内《けいだい》・境目《さかいめ》

「今日《きょう》を境《さかい》にいい子《こ》になるから、宿題《しゅくだい》、手伝《てつだ》ってよ、お姉《ねえ》ちゃん。」

「まる子《こ》と同《おな》じ部屋《へや》なんて、勉強《べんきょう》に集中《しゅうちゅう》できる環境《かんきょう》じゃないよ。」

チェックポイント

似《に》ている字《じ》に注意《ちゅうい》しよう。

鏡　キョウ　かがみ

均

（7画《かく》）

音読《おんよ》み キン

訓読《くんよ》み

部首《ぶしゅ》 土／つちへん

成《な》り立《た》ちと意味《いみ》

匀《きん》は「平《たい》らにする」意味《いみ》とキンの読《よ》み方《かた》を示《しめ》します。土《つち》を平《たい》らにするということから、「ならす、ひとしい、つりあう」の意味《いみ》に使《つか》われる字《じ》です。

使《つか》い方《かた》

均一《きんいつ》・均質《きんしつ》・均整《きんせい》・均等《きんとう》・平均《へいきん》

「大《おお》そうじは、みんなが均等《きんとう》になるように分《ぶん》担《たん》を決《き》めておきました。みんな、さぼらないように！」

「ズバリ！　この間《あいだ》のテスト、平均点《へいきんてん》より十《じっ》点《てん》も上《うえ》でしょう！」

チェックポイント

「二《ふた》つの点《てん》の平《へい》均《きん》」と覚《おぼ》えて、点《てん》を二《ふた》つつける。

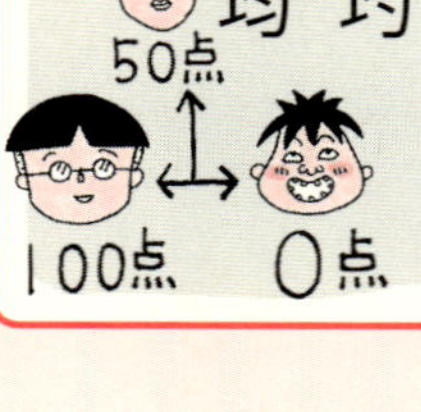

禁

（13画《かく》）

音読《おんよ》み キン

訓読《くんよ》み

部首《ぶしゅ》 示／しめす

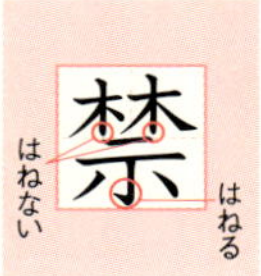

成《な》り立《た》ちと意味《いみ》

示《じ》は神《かみ》に供《そな》え物《もの》をする机《つくえ》の形《かたち》からでき、「神《かみ》」を表《あらわ》します。林《りん》がキンと変《か》わって読《よ》み方《かた》を示《しめ》し、キンの音《おん》には「とめる」意味《いみ》があります。神《かみ》がさしとめることを表《あらわ》し、「とめる、とじこめる」意味《いみ》に使《つか》われます。

使《つか》い方《かた》

禁煙《きんえん》・禁止《きんし》・禁酒《きんしゅ》・禁物《きんもつ》・解禁《かいきん》・厳禁《げんきん》

「サッカーでは、相手《あいて》の顔近《かおちか》くまで足《あし》を上《あ》げることが禁《きん》じられているんだ。」

「ぼくは胃腸《いちょう》が弱《よわ》いから、食《た》べ過《す》ぎは禁物《きんもつ》なんだ。」

チェックポイント

「木《き》と木《き》を示《しめ》してたちいり禁《きん》ず」と覚《おぼ》える。

句

（5画《かく》）

音読《おんよ》み ク

訓読《くんよ》み

部首《ぶしゅ》 口／くち

句
日にしない
はねる

成《な》り立《た》ちと意味《いみ》

もとの形《かたち》は「勹」と「口」です。「勹」には「やすむ」意味《いみ》があり、キュウがクと変《か》わって読《よ》み方《かた》を示《しめ》します。「口《くち》をやすめる」意味《み》の字《じ》で、「文《ぶん》や詩《し》の一《ひと》くぎり」として使《つか》われ、俳《はい》句《く》のことも指《さ》します。

使《つか》い方《かた》

句読点《くとうてん》・語句《ごく》・節句《せっく》・対句《ついく》・俳句《はいく》・文句《もんく》

「五月《ごがつ》のお節句《せっく》には、こいのぼりや、かぶとを、かざるんじゃよ。」

「まる子《こ》と一緒《いっしょ》に、心《こころ》の俳句《はいく》をよみたいのお。」

「かげでコソコソ言《い》わないで、文句《もんく》があるなら、どうどうと言《い》えよ。」

句 句 句 句 句

ちょっとひとこと

文章《ぶんしょう》の中《なか》で使《つか》うしるし。
。……句点《くてん》
、……読点《とうてん》
両方《りょうほう》で句読点《くとうてん》。

句点《くてん》
読点《とうてん》
句読点《くとうてん》

ほぉ まる子《こ》は 難《むずか》しい漢字《かんじ》を 書《か》いとるのぉ
うん…
漢字《かんじ》 ドリルの 宿題《しゅくだい》なんだ
うるうる
まる子《こ》 立派《りっぱ》に なって…
難《むずか》しい 漢字《かんじ》知《し》ってる 我《わ》が孫《まご》よ
友蔵《ともぞう》 心《こころ》の俳句《はいく》
おおっ
ポリ ポリ
あー かゆい
うる うる
宿題《しゅくだい》の 漢字《かんじ》 書《か》く孫《まご》 背中《せなか》かく
友蔵《ともぞう》 心《こころ》の俳句《はいく》

まる子《こ》や 大《おお》きくなったのう

日々《ひび》 心《こころ》の俳句《はいく》で孫《まご》の成長《せいちょう》を かみしめる友蔵《ともぞう》であるー

群

（13画《かく》）

音読《おんよ》み　グン

訓読《くんよ》み　むれる・むれ・むら

部首《ぶしゅ》　羊／ひつじ

だす
ださない

成《な》り立《た》ちと意味《いみ》

君《くん》がグンと変《か》わって読《よ》み方《かた》を示《しめ》します。もともと羊《ひつじ》の集《あつ》まりを表《あらわ》す字《じ》だったのが、広《ひろ》く「むれ、むれる」の意味《いみ》に使《つか》われるようになりました。

使《つか》い方《かた》

群衆《ぐんしゅう》・群集《ぐんしゅう》・群生《ぐんせい》・群像《ぐんぞう》・群島《ぐんとう》・一群《いちぐん》・大群《たいぐん》・抜群《ばつぐん》

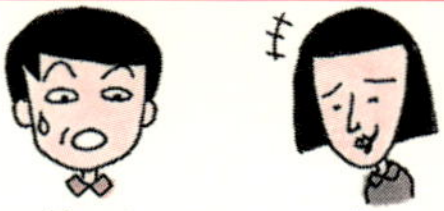

「君《きみ》の羊《ひつじ》が群《むら》がった、と覚《おぼ》えると、いいかもね。」

「まる子《こ》、庭《にわ》におかしのかけらを落《お》としただろう。アリの**大群**《たいぐん》が群《むら》がってるぞ。」

チェックポイント

「群衆《ぐんしゅう》」と「群集《ぐんしゅう》」に気《き》をつけよう。

・群衆《ぐんしゅう》……人《ひと》の群《む》れ。

・群集《ぐんしゅう》……人《ひと》や動物《どうぶつ》、植物《しょくぶつ》の群《む》れ。

経

（11画《かく》）

音読《おんよ》み　ケイ・キョウ

訓読《くんよ》み　へる

部首《ぶしゅ》　糸／いとへん

夂にしない
ださない
はねない

成《な》り立《た》ちと意味《いみ》

古《ふる》い字《じ》は經《けい》で、巠《けい》は、はたおりのたて糸《いと》の形《かたち》からできました。たて糸《いと》を表《あらわ》していて、「たてのすじ、たどる、すぎる、おきょう」の意味《いみ》に使《つか》われる字《じ》です。

使《つか》い方《かた》

経営《けいえい》・経過《けいか》・経験《けいけん》・経済《けいざい》・経費《けいひ》・経由《けいゆ》・経理《けいり》・経歴《けいれき》・経路《けいろ》・神経《しんけい》・東経《とうけい》・西経《せいけい》・経文《きょうもん》・読経《どきょう》

対語《たいご》

緯《い》　経度《けいど》⇔緯度《いど》

「河原《かわら》の石《いし》は、何百《なんびゃく》年《ねん》という永《なが》い時《とき》を経《へ》て、丸《まる》くけずられていきます。」

「さすがは川田《かわだ》さんだね。」

声《こえ》を出《だ》してお経《きょう》を読《よ》むことじゃよ

チェックポイント

「読経《どきょう》」は特別《とくべつ》に許《ゆる》された読《よ》み方《かた》。

潔

（15画《かく》）

音読《おんよ》み ケツ

訓読《くんよ》み いさぎよい

部首《ぶしゅ》 氵／さんずい

力にしない
はねない

成《な》り立《た》ちと意味《いみ》

氵（さんずい）は水《みず》を表《あらわ》します。絜《けつ》はケツの読《よ》み方《かた》を示《しめ》し、「よごれがない」という意味《いみ》も持《も》っています。「きれいな水《みず》」を表《あらわ》し、「いさぎよい（＝さっぱりしてきれい）」の意味《いみ》に使《つか》われている字《じ》です。

使《つか》い方《かた》

潔白《けっぱく》・簡潔《かんけつ》・純潔《じゅんけつ》・清潔《せいけつ》・不潔《ふけつ》

「つまみぐいなんか、してないよ。あたしや、潔白《けっぱく》だって。」

「まる子《こ》、潔《いさぎよ》く認《みと》めたほうがいいわよ。」

「意見《いけん》を述《の》べる時《とき》は、簡潔《かんけつ》にまとめるように、努力《どりょく》しましょう。」

チェックポイント

「いさぎよい」の送《おく》り仮名《がな》に気《き》をつけよう。

×潔さぎよい
×潔ぎよい
×潔よい
○潔《いさぎよ》い

潔潔潔潔潔潔潔潔潔潔潔潔潔潔潔

件

（6画《かく》）

音読《おんよ》み ケン

部首《ぶしゅ》 イ／にんべん

だす
ややながく

成《な》り立《た》ちと意味《いみ》

だいじな家畜《かちく》である牛《うし》と人《ひと》（イ＝にんべん）を組《く》み合《あ》わせ、「人《ひと》にとってだいじなことがら」を表《あらわ》した字《じ》です。ケンの読《よ》み方《かた》は、「牽《けん》（＝牛《うし》をひく）」の字《じ》から借《か》りて用《もち》いられています。

使《つか》い方《かた》

件数《けんすう》・案件《あんけん》・事件《じけん》・条件《じょうけん》・別件《べっけん》・物件《ぶっけん》・要件《ようけん》・人件費《じんけんひ》

「小杉《こすぎ》が体力《たいりょく》テストでいい成績《せいせき》だったって。こりゃあ、大事件《だいじけん》だね。」

「おこづかいの値上《ねあ》げは母《かあ》さんの手伝《てつだ》いをすることが条《じょう》件《けん》だな。」

チェックポイント

「牛《うし》」が「午《うま》」にならないように。

×件
○件

ぼくだよ

件件件件件件

券

（8画《かく》）

音読《おんよ》み ケン

訓読《くんよ》み

部首《ぶしゅ》 刀／かたな

成《な》り立《た》ちと意味《いみ》

刀《かたな》で木《き》を二《ふた》つに切《き》り、その木切《きぎ》れを二人《ふたり》の人《ひと》が一《ひと》つずつ持《も》ち、約束《やくそく》の符号《ふごう》としたことからできました。𠔉《けん》がケンの読《よ》み方《かた》を示《しめ》し、「証拠《しょうこ》となるふだ」を意味《いみ》している字《じ》です。

使《つか》い方《かた》

招待券《しょうたいけん》・商品券《しょうひんけん》・入場券《にゅうじょうけん》・乗車券《じょうしゃけん》・定期券《ていきけん》・特急券《とっきゅうけん》

「映画《えいが》の招待券《しょうたいけん》をもらったよ。まるちゃん、一緒《いっしょ》に行《い》こう。」

「ラーメン屋《や》さんの定期券《ていきけん》があると、便利《べんり》なのになあ。」

チェックポイント

「刀《かたな》」が「力《ちから》」にならないように。

力《ちから》でかつ。勝《か（つ）》

刀《かたな》でけんをきる。券《けん》

険

（11画《かく》）

音読《おんよ》み ケン

訓読《くんよ》み けわしい

部首《ぶしゅ》 阝／こざとへん

成《な》り立《た》ちと意味《いみ》

阝（こざとへん）は土《つち》の盛《も》りあがった山《やま》を表《あらわ》します。㑒《けん》がケンの音《おん》には「きり立《た》つ」の意味《いみ》があります。「きり立《た》ったけわしい山《やま》」を表《あらわ》し、「けわしい、あぶない」の意味《いみ》に使《つか》われる字《じ》です。

使《つか》い方《かた》

険悪《けんあく》・危険《きけん》・保険《ほけん》・冒険《ぼうけん》

「お母《かあ》さん、やけに険《けわ》しい表情《ひょうじょう》してたね。テストの点数《てんすう》、ばれたかな…。」

「『ロビンソン・クルーソー』は、すごくおもしろい冒《ぼう》険小説《けんしょうせつ》さ。」

チェックポイント

「㑒《けん》」がつく字《じ》はケンと読《よ》む。

ケ

検

（12画《かく》）

音読《おんよ》み　ケン
訓読《くんよ》み
部首《ぶしゅ》　木／きへん

検
だす
はねない

成《な》り立《た》ちと意味《いみ》

㑒《けん》がケンの読《よ》み方《かた》を示《しめ》し、もとは木《き》の箱《はこ》にしまうことを表《あらわ》す字《じ》でしたが、「験《けん》（＝しらべる）」の意味《いみ》に借《か》りて用《もち》いられたため、「しらべる、とりしまる」の意味《いみ》を持《も》つようになりました。

使《つか》い方《かた》

検印《けんいん》・検温《けんおん》・検眼《けんがん》・検挙《けんきょ》・検査《けんさ》・検札《けんさつ》・検察《けんさつ》・検算《けんざん》・検定《けんてい》・検討《けんとう》・検分《けんぶん》・検便《けんべん》・検問《けんもん》・探検《たんけん》・点検《てんけん》

「ズバリ！　テストのあとで検算《けんざん》したら、すごいミスに気《き》づいたでしょう！」

「まる子《こ》、忘《わす》れ物《もの》がないか、ちゃんと点検《てんけん》してから出《で》かけなさい。」

チェックポイント

「しけん」を「試検」と書《か》かないように。

×試検
○試験《しけん》

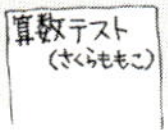
算数テスト
（さくらももこ）

検検検検検検検検検検検検

限

（9画《かく》）

音読《おんよ》み　ゲン
訓読《くんよ》み　かぎる
部首《ぶしゅ》　阝／こざとへん

限
人にしない
、をつけない

成《な》り立《た》ちと意味《いみ》

阝（こざとへん）は土《つち》の盛《も》りあがった山《やま》を表《あらわ》します。艮《こん》には「とどまる」の意味《いみ》があり、コンがゲンと変《か》わって読《よ》み方《かた》を示《しめ》します。「山道《やまみち》のおわり」を表《あらわ》し、「かぎり」の意味《いみ》に使《つか》われる字《じ》です。

使《つか》い方《かた》

限界《げんかい》・限定《げんてい》・限度《げんど》・期限《きげん》・極限《きょくげん》・権限《けんげん》・際限《さいげん》・制限《せいげん》・門限《もんげん》・有限《ゆうげん》・無限《むげん》

「人間《にんげん》は、限《かぎ》りない可能性《かのうせい》を秘《ひ》めてるんだってさ。あたしも、続《つづ》けて何時《なんじ》間《かん》ねむれるか、限界《げんかい》にチャレンジするよ。」

チェックポイント

似《に》ている字《じ》に注意《ちゅうい》しよう。

根《ね》　コン　ね

根ね
コン

限限限限限限限限限

現

（11画《かく》）

音《おん》読《よ》み　ゲン

訓《くん》読《よ》み　あらわれる・あらわす

部《ぶ》首《しゅ》　王／おうへん（たまへん）

現　はねる

成《な》り立《た》ちと意《い》味《み》

王（おうへん）は、もともと「玉《たま》」のことで、見《けん》がゲンと変《か》わって読《よ》み方《かた》を示《しめ》します。玉《たま》に光《ひかり》があらわれてくることを表《あらわ》し、「あらわれる、いま、じっさいにある」の意味《いみ》に使《つか》われる字《じ》です。

使《つか》い方《かた》

現役《げんえき》・現金《げんきん》・現在《げんざい》・現実《げんじつ》・現象《げんしょう》・現状《げんじょう》・現場《げんば》・現代《げんだい》・現地《げんち》・現住《げんじゅう》所《しょ》・実現《じつげん》・出現《しゅつげん》・表現《ひょうげん》

「花輪《はなわ》クンが現《あらわ》れると、ふんいきがぐっとはなやかになるね。」

「いつか花輪《はなわ》クンとのデートを実現《じつげん》させたい。」

「現実《げんじつ》を直視《ちょくし》したら。」

チェックポイント

「おう」の「王」と「たま」の「玉」は、もとは同《おな》じ「王」だったので、へんは「おうへん」とも「たまへん」とも呼《よ》ぶ。

現現現現現現現現現現現

もっとくわしく

「あらわす」の使《つか》い分《わ》け

現《あらわ》す…見《み》えなかったものを見《み》えるようにする。

・姿《すがた》を現《あらわ》す。

表《あらわ》す…ほかの形《かたち》で見《み》えるようにする。

・グラフで表《あらわ》す。

こんにちは

このラーメンのふくろの券《けん》送《おく》ると現金《げんきん》一万円《いちまんえん》プレゼントだって！送《おく》ろうよ
ラーメン
ラーメン一万円《いちまんえん》以上《いじょう》買《か》って初《はじ》めて当《あ》たるんだよ
え－そうなの
この間《あいだ》台所《だいどころ》にあったラーメンのふくろで現金《げんきん》一万円《いちまんえん》当《あ》たったよ
えっ
時々《ときどき》ものすごい強運《きょううん》を発揮《はっき》するおばあちゃんだ

減

（12画《かく》）

音読《おんよ》み ゲン
訓読《くんよ》み へる・へらす
部首《ぶしゅ》 氵／さんずい

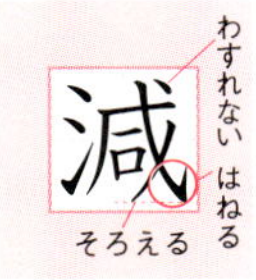
わすれない
はねる
そろえる

成《な》り立《た》ちと意味《いみ》

氵（さんずい）は水《みず》を表《あらわ》します。咸《かん》がゲンと変《か》わって読《よ》み方《かた》を示《しめ》し、カンの音《おん》には「すくない」の意味《いみ》があります。「水《みず》がすくなくなる」ことを表《あらわ》し、「へる、ひく」の意《い》味《み》に使《つか》われている字《じ》です。

使《つか》い方《かた》

減額《げんがく》・減産《げんさん》・減少《げんしょう》・減税《げんぜい》・減速《げんそく》・減退《げんたい》・減点《げんてん》・軽減《けいげん》

チェックポイント

似《に》ている字《じ》に注意《ちゅうい》しよう。

滅　メツ　ほろびる　ほろぼす

「あ、おかしが減《へ》ってる。まる子《こ》がつまみぐいしたのなら、評価《ひょうか》は減点《げんてん》だよ。お年玉《としだま》も減額《げんがく》かもね。」

中学《ちゅうがく》で習《なら》う字《じ》だよ
滅《ほろ》びる
滅《メツ》

減減減減減減減減減減減減

故

（9画《かく》）

音読《おんよ》み コ
訓読《くんよ》み ゆえ
部首《ぶしゅ》 攵／ぼくにょう（ぼくづくり・のぶん）

だす

成《な》り立《た》ちと意味《いみ》

もとは攵（ぼくにょう）が「うつ」意味《いみ》を表《あらわ》し、古《こ》がコの読《よ》み方《かた》を示《しめ》す字《じ》でしたが、「古《ふる》い」の意味《いみ》に変《か》わり、「むかし、古《ふる》くからのなじみ」を表《あらわ》すようになっています。「わけ、わざと、ことがら」としても使《つか》われる字《じ》です。

使《つか》い方《かた》

故意《こい》・故郷《こきょう》・故国《ここく》・故事《こじ》・故障《こしょう》・故人《こじん》・縁故《えんこ》・事故《じこ》

「一時間《いちじかん》は六十分《ろくじっぷん》、一分《いっぷん》は六十秒《ろくじゅうびょう》。故《ゆえ》に一時《いちじ》間《かん》は三千六百秒《さんぜんろっぴゃくびょう》です。」

「まるちゃん、故郷《こきょう》に帰《かえ》っても、プサディーのこと、忘《わす》れないでね。」

ちょっとひとこと

「故人《こじん》」は「死《し》んだ人《ひと》」の意《い》味《み》。

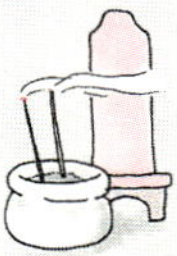

故故故故故故故故故

個

（10画《かく》）

音読《おんよ》み コ

訓読《くんよ》み

部首《ぶしゅ》 亻／にんべん

成《な》り立《た》ちと意味《いみ》

人《ひと》（亻＝にんべん）を数《かぞ》える言《こと》葉《ば》だったのが、物《もの》を数《かぞ》える「箇《こ》」の代《か》わりとして、用《もち》いられるようになりました。「ひとり、ひとつ」の意味《いみ》にも使《つか》われます。

使《つか》い方《かた》

個個《ここ》・個室《こしつ》・個人《こじん》・個性《こせい》・個別《こべつ》・別個《べっこ》

「今年《ことし》のバレンタインデーは、何《なん》個《こ》チョコレートをもらうのかな。」

「まる子《こ》と一緒《いっしょ》の部屋《へや》はいや。自《じ》分《ぶん》だけの個室《こしつ》が欲《ほ》しいよ！」

チェックポイント

「人《ひと》（亻）を固《かた》めて一《いっ》個《こ》二《に》こ」と覚《おぼ》える。

護

（20画《かく》）

音読《おんよ》み ゴ

訓読《くんよ》み

部首《ぶしゅ》 言／ごんべん

成《な》り立《た》ちと意味《いみ》

蒦《ご》がゴの読《よ》み方《かた》を示《しめ》し、ゴの音《おん》には「ふせぐ」の意味《いみ》があります。言葉《ことば》でまもる（＝べんごする）ことを表《あらわ》し、「まもる、たすける」の意味《いみ》に使《つか》われる字《じ》です。

使《つか》い方《かた》

護衛《ごえい》・護送《ごそう》・援護《えんご》・看護《かんご》・救護《きゅうご》・弁護《べんご》・保護《ほご》・防護《ぼうご》・養護《ようご》

「デパートで迷子《まいご》になって保護《ほご》されるなんて…。気《き》をつけなさいよ。」

「今回《こんかい》は、あんたの弁護《べんご》をしてあげるわよ。」

チェックポイント

「言《こと》ばでまもる」と覚《おぼ》えて、「言（ごんべん）」から書《か》き始《はじ》める。

×護

○護

効

（8画《かく》）

音読《おんよ》み コウ

訓読《くんよ》み きく

部首《ぶしゅ》 力／ちから

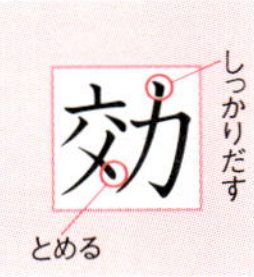

成《な》り立《た》ちと意味《いみ》

もとの字《じ》は效《こう》で、交《こう》がコウの読《よ》み方《かた》を示《しめ》しています。攵（ぼくにょう）は手《て》（⺕）に棒《ぼう》（卜）を持《も》っている形《かたち》（攴）から でき、棒《ぼう》で打《う》って働《はたら》かせるということから、「はたらき、ききめ」の意味《いみ》に使《つか》われる字《じ》です。

使《つか》い方《かた》

効《こう》果《か》・効《こう》率《りつ》・時《じ》効《こう》・有《ゆう》効《こう》・無《む》効《こう》・特《とっ》効《こう》薬《やく》

「ズバリ！　さくらさんのなまけぐせに効《き》く特《とっ》効《こう》薬《やく》はないでしょう！」

「ヒロシに、お酒《さけ》をやめなさいって言《い》っても、効《こう》果《か》がないだろうねえ。」

チェックポイント

「利《き》く」との使《つか》い分《わ》けに注意《ちゅうい》。

・薬《くすり》が効《き》く。

・左手《ひだりて》が利《き》く。

厚

（9画《かく》）

音読《おんよ》み コウ

訓読《くんよ》み あつい

部首《ぶしゅ》 厂／がんだれ

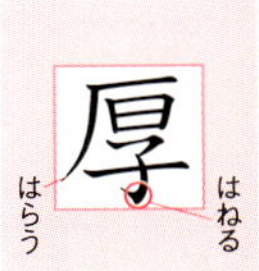

成《な》り立《た》ちと意味《いみ》

厂（がんだれ）は、がけを表《あらわ》します。㫗《こう》がコウの読《よ》み方《かた》を示《しめ》し、コウの音《おん》には「高《たか》い」意味《いみ》があります。高《たか》いがけということから、「土《つち》のあつみ」を表《あらわ》し、「あつい、ゆたかにする」意味《いみ》に使《つか》われます。

使《つか》い方《かた》

厚《こう》生《せい》・温《おん》厚《こう》・濃《のう》厚《こう》・厚《あつ》紙《がみ》・厚《あつ》着《ぎ》・分《ぶ》厚《あつ》い

「こんな暑《あつ》い日《ひ》に、どうしてそんな厚《あつ》着《ぎ》をしているんだブー。」

「分《ぶ》厚《あつ》いステーキに濃《のう》厚《こう》なシチューか。聞《き》いただけで腹《はら》が減《へ》ってきたよ。」

チェックポイント

「あつい」を正《ただ》しく使《つか》い分《わ》けよう。

耕

（10画《かく》）

音読《おんよ》み コウ

訓読《くんよ》み たがや**す**

部首《ぶしゅ》 耒／すきへん

ノにしない
はねない
とめる

成《な》り立《た》ちと意味《いみ》

古《ふる》い字《じ》は耕《こう》で、耒は土《つち》をたがやす「すき」のことです。井《せい》がコウと変《か》わって読《よ》み方《かた》を示《しめ》します。セイの音《おん》には「ととのえる」意味《いみ》があり、すきで田畑《たはた》をととのえるということから、「たがやす」意味《いみ》として使《つか》われます。

使《つか》い方《かた》

耕具《こうぐ》・耕作《こうさく》・耕地《こうち》・農耕《のうこう》・耕うん機《き》

「田んぼや畑《はたけ》のように、農作物《のうさくぶつ》を作《つく》る土地《とち》を、耕地《こうち》といいます。」

「耕地《こうち》を耕《たがや》す時《とき》は、耕《こう》うん機《き》なんかが使《つか》われるんじゃよ。」

チェックポイント

送《おく》り仮名《がな》に気《き》をつけよう。

×耕やす

○耕《たがや》す

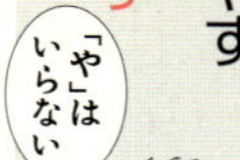

「や」はいらない

鉱

（13画《かく》）

音読《おんよ》み コウ

訓読《くんよ》み

部首《ぶしゅ》 金／かねへん

とめる
とめる

成《な》り立《た》ちと意味《いみ》

広《こう》がコウの読《よ》み方《かた》を示《しめ》し、コウの音《おん》には「黄《こう》（＝きいろ）」の意味《いみ》があります。金属《きんぞく》をとる黄色《きいろ》い石《いし》「こうせき」を表《あらわ》す字《じ》です。

使《つか》い方《かた》

鉱業《こうぎょう》・鉱山《こうざん》・鉱石《こうせき》・鉱泉《こうせん》・鉱物《こうぶつ》・鉱脈《こうみゃく》・鉱産物《こうさんぶつ》・金鉱《きんこう》・銀鉱《ぎんこう》・鉄鉱《てっこう》・銅鉱《どうこう》・炭鉱《たんこう》

「鉱物《こうぶつ》とは、岩石《がんせき》や鉄《てつ》、金《きん》、銀《ぎん》、ダイヤモンド、石炭《せきたん》などのことだよ。鉱物《こうぶつ》をほる山《やま》を鉱山《こうざん》っていうんだね。」

チェックポイント

「炭《たん》こう」の使《つか》い分《わ》け。

・炭鉱《たんこう》…石炭《せきたん》をほる山《やま》。

・炭坑《たんこう》…石炭《せきたん》をほる穴《あな》。

構

（14画《かく》）

音読《おんよ》み コウ

訓読《くんよ》み かまえる・かまう

部首《ぶしゅ》 木／きへん

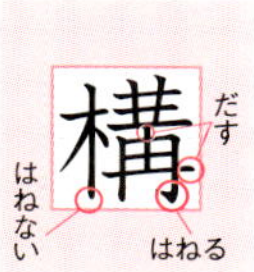

成《な》り立《た》ちと意味《いみ》

冓《こう》がコウの読《よ》み方《かた》と、「組《く》む」意味《いみ》を示《しめ》します。木《き》を組《く》み合《あ》わせることを表《あらわ》し、「しくみ、かまえ」の意味《いみ》に使《つか》われる字《じ》です。

使《つか》い方《かた》

構図《こうず》・構成《こうせい》・構想《こうそう》・構造《こうぞう》・構内《こうない》・構外《こうがい》・機構《きこう》・結構《けっこう》・門構《もんがま》え

「私《わたし》はこの近所《きんじょ》で、みまつやという雑《ざっ》貨店《かてん》を構《かま》えています。結構《けっこう》なことに、みんなよく、買《か》いにきてくれるんですよ。」

チェックポイント

つくりの部分《ぶぶん》の横棒《よこぼう》の長《なが》さに気《き》をつけよう。

× 冓　× 冓　○ 冓

興

（16画《かく》）

音読《おんよ》み コウ・キョウ

訓読《くんよ》み おこる・おこす

部首《ぶしゅ》 臼／うす

成《な》り立《た》ちと意味《いみ》

もとはで、四《よっ》つの手《て》が物《もの》をもちあげる様子《ようす》からできました。同《どう》がキョウと変《か》わって読《よ》み方《かた》を示《しめ》し、「力《ちから》を合《あ》わせてひきあげる、もちあげる、おこす」の意味《いみ》を表《あらわ》します。

使《つか》い方《かた》

興行《こうぎょう》・興奮《こうふん》・興亡《こうぼう》・再興《さいこう》・復興《ふっこう》・興味《きょうみ》

「今《いま》から約千四百年前《やくせんよんひゃくねんまえ》、中国《ちゅうごく》で唐《とう》という国《くに》が興《おこ》ったんだよ。」

「今夜《こんや》の巨人戦《きょじんせん》は興奮《こうふん》したな。」

チェックポイント

「興《おこ》す」と「起《お》こす」を使《つか》い分《わ》けよう。

・国《くに》を興《おこ》す。
・産業《さんぎょう》を興《おこ》す。
・体《からだ》を起《お》こす。
・事件《じけん》を起《お》こす。

漢字《かんじ》新聞《しんぶん》

第壱号《だいいちごう》

漢字《かんじ》のへんやつくりって?!

へ・・・んとつくり・・・ へんとっくり← 変《へん》な とっくり← …なんちゃって …ククッ…
まるちゃん 暗《くら》い人《ひと》たちが ジョーク 言《い》ってるよ ……
「へん」が左《ひだり》で「つくり」が右《みぎ》だって
じゃあ ぼくが「へん」で きみが「つくり」 だね

部首《ぶしゅ》ってなんだ!?

漢字《かんじ》には文字《もじ》の組《く》み合《あ》わせによって、物事《ものごと》やことがらをうまく表現《ひょうげん》しているものが、たくさんあります。

たとえば、〝鰯〟という漢字《かんじ》。なんと読《よ》むのか、わかりますか？ これって何《なに》かの魚《さかな》じゃないのって思《おも》った人《ひと》、大正解《だいせいかい》です。実《じつ》はこれ、〝イワシ〟という字《じ》なんです。カルシウムが豊富《ほうふ》なイワシは、私《わたくし》たち人《にん》間《げん》をはじめ、様々《さまざま》な動物《どうぶつ》に食《た》べられています。つまり、魚《さかな》の中《なか》でも弱《よわ》い立場《たちば》にいる。だから、〝魚《さかな》〟と〝弱《よわ》い〟でイワシ。おもしろいですね。

魚《さかな》という字《じ》がつくことで、魚《さかな》の仲間《なかま》だとわかるように、漢字《かんじ》の部分《ぶぶん》の中《なか》で主《しゅ》となって意味《いみ》を表《あらわ》しているものを、特《とく》に「部首《ぶしゅ》」といいます。

〝へん〟と〝つくり〟

漢字《かんじ》の部分《ぶぶん》で文字《もじ》の左側《ひだりがわ》につくものを「へん」、右側《みぎがわ》につくものを「つくり」といい、ほかにも「かんむり」や「あし」などがあります（52ページ参照《さんしょう》）。

これらの中《なか》には、長年《ながねん》の間《あいだ》に書《か》き方《かた》が簡略化《かんりゃくか》されたものが多《おお》く、たとえば〝手《て》〟は〝扌（てへん）〟、〝刀《かたな》〟は〝刂（りっとう）〟、〝肉《にく》〟という字《じ》は、へんになると、なんと〝月（にくづき）〟となってしまいます。

世界《せかい》で最《もっと》も古《ふる》い漢字辞典《かんじじてん》って？

ズバリ！ 中国《ちゅうごく》で西暦《せいれき》一〇〇年《ねん》に作《つく》られた『説《せつ》文解字《もんかいじ》』でしょう！ 初《はじ》めて部首別《ぶしゅべつ》に漢字《かんじ》を分類《ぶんるい》した辞典《じてん》です。

漢和辞典《かんわじてん》はどこ?

おじいちゃん この漢字《かんじ》なんて読《よ》むの?
どれ どれ
うっ
あれ おじいちゃん どうしたの?
馬
こんな時《とき》のために漢和辞典《かんわじてん》があるんじゃよ
そりゃ そうだけどさ
漢和辞典《かんわじてん》の場所《ばしょ》がわからないんだよね
ふだんから整理《せいり》してないからよ

Mr.《ミスター》ブシューのマジックショー
ハイ!「こざとへん」が〜
アッという間《ま》に「おおざと」に!
集英《しゅうえい》ホールにて好評開催中《こうひょうかいさいちゅう》!

書き順のポイント

書《か》き順《じゅん》は漢字《かんじ》をいちばん書《か》きやすい方法《ほうほう》として、長《なが》い時間《じかん》をかけてできあがりました。

左右《さゆう》に分《わ》けられる字《じ》は、左《ひだり》から書《か》く。
例《れい》　く　幺　糸　糸一　糸土　結

上下《じょうげ》に分《わ》けられる字《じ》は、上《うえ》から書《か》く。
例《れい》　ノ　亼　今　今、　念　念

たれのある字《じ》は、たれの部分《ぶぶん》から書《か》く。
例《れい》　一　厂　厂木　厤　厤一　歴

にょうのある字《じ》

●走は先《さき》に書《か》く。
例《れい》　土　走　起

●辶、廴は、あとに書《か》く。
例《れい》　亻　正　彳正　延　延

かこみのある字《じ》

●𠃌、勹、气、冂、冂、門は先《さき》に書《か》く。
例《れい》　𠂉　气　気　気
例《れい》　丨　𠃑　門　門　聞

●𠃌、弋、弌、戈、戋、戊、匚は分《わ》けて書《か》く。
例《れい》　一　丆　丆　可　可
例《れい》　一　丆　𠂇　矢　医

●凵は、あとに書《か》く。
例《れい》　ノ　メ　凶

書《か》き順《じゅん》を守《まも》ると字《じ》がきれいに書《か》けるよ

のっとられたハナ!?

「自《じ》」という字《じ》は顔《かお》のハナの形《かたち》から生《う》まれました。ですから本当《ほんとう》はハナという意味《いみ》だったんですが、「自分《じぶん》、自分《じぶん》」ってハナを指《さ》して使《つか》っているうちに、とうとう"自分《じぶん》"という意味《いみ》になってしまいました。困《こま》ったハナ…。特別《とくべつ》に鼻《はな》という字《じ》を作《つく》ってもらったんだって!

自分《じぶん》は―

おもしろ部首《ぶしゅ》の名称《めいしょう》

（へん）

采	角	禾	礻	犭	忄	氵	亻
のごめへん	つのへん	のぎへん	しめすへん	けものへん	りっしんべん	さんずい	にんべん

酉	片	衤	歹	阝	冫	彳
ひよみのとり（とりへん）	かたへん	ころもへん	かばねへん（いちたへん）	こざとへん	にすい	ぎょうにんべん

食	耒	幺	工	言	王
しょくへん	すきへん	いとがしら（よう）	たくみへん	ごんべん	おうへん（たまへん）

（たれ）

广	厂
まだれ	がんだれ

疒	尸
やまいだれ	しかばね（かばね）

（つくり）

刂	彡	阝	卩
りっとう	さんづくり	おおざと	ふしづくり

攵	斤	斗	尢
ぼくにょう（ぼくづくり・のぶん）	おのづくり（きん）	と（とます）	だいのまげあし（おう）

隹	頁	殳	欠
ふるとり	おおがい（いちのかい）	ほこづくり（るまた）	あくび（けつ）

（にょう）

辶	廴
しんにょう	えんにょう

走	鬼
そうにょう（はしる）	きにょう

（かんむり）

耂	罒	癶	艹	八
おいかんむり（おいがしら）	あみがしら	はつがしら	くさかんむり	はちがしら

雨	穴	宀	亠
あめかんむり	あなかんむり	うかんむり	なべぶた

（かまえ）

行	囗	匚	气	冂
ぎょうがまえ（ゆきがまえ）	くにがまえ	はこがまえ	きがまえ	どうがまえ（けいがまえ・まきがまえ）

（あし）

小	儿
したごころ	ひとあし（にんにょう）

皿	灬
さら	れんが（れっか）

みんなが疑問《ぎもん》に思《おも》う 漢字《かんじ》Q《キュー》&《アンド》A《エー》 ①

ふだん何気《なにげ》なく使《つか》っている漢字《かんじ》ですが、意外《いがい》にわからないことがありますよね。ここでは、通信教育《つうしんきょういく》のZ会《ゼットかい》によく寄《よ》せられる漢字《かんじ》の疑問《ぎもん》を紹介《しょうかい》します。

Q1 体《からだ》に関係《かんけい》する漢字《かんじ》に「月（にくづき）」がつくのはなぜ？

A 「肉《にく》」と「月」は似《に》ていませんか？「肉《にく》」という字《じ》をくずしてできたのが「月（にくづき）」で、体《からだ》に関係《かんけい》する字《じ》についています。昔《むかし》は空《そら》の月《つき》の「月（つきへん）」とは区別《くべつ》した形《かたち》でしたが、今《いま》はどちらも同《おな》じ「月」になっています。

Q2 「漢字《かんじ》」の「漢《かん》」はどうして「さんずい」なの？

A 「漢《かん》」の字《じ》は、もともとは川《かわ》の名前《なまえ》を表《あらわ》していました。この川《かわ》の近《ちか》くにできた国《くに》が「漢《かん》」で、その漢《かん》の国《くに》で使《つか》われていた文字《もじ》なので「漢字《かんじ》」というのです（まちがえて「漢」と書《か》かないように注意《ちゅうい》しましょう）。

Q3 「話」には送《おく》り仮名《がな》をつけるの？

A 「話《はな》し合《あ》う」など、話《はな》す動作《どうさ》の意味《いみ》の時《とき》は「し」を送《おく》ります。しかし、「昔話《むかしばなし》」など「おはなし」の意味《いみ》で使《つか》われる場合《ばあい》は「し」はいりません。

おもしろ漢字《かんじ》パズル ①

□の中《なか》に漢字《かんじ》を入《い》れ、矢印《やじるし》に沿《そ》って読《よ》むと二字熟語《にじじゅくご》になるようにしてね。

❶ 熟→□、無→□、□→性、□→識

❷ 役→□、入→□、□→面、□→合

❸ 必→□、重→□、□→因、□→点

❹ 対→□、相→□、□→判、□→話

※答《こた》えは55ページ。

協力《きょうりょく》：Z会《ゼットかい》

Z会《ゼットかい》からの漢字《かんじ》問題《もんだい》 ❶

1 次の―の漢字の読みを平仮名で書きなさい。

1 毎日机に向かう習慣をつける。（　　）
2 定規を使って三角形をかく。（　　）
3 部屋の家具を白で統一した。（　　）
4 ピアノの月謝をはらいに行く。（　　）
5 家族と銭湯に初めて行った。（　　）

2 次の―の片仮名を漢字に直して書きなさい。

1 陸上キョウギは得意だ。（　　）
2 ドクショは毎日少しずつしよう。（　　）
3 いつか海外にリュウガクしたい。（　　）
4 パンを焼くのにセイコウした。（　　）
5 明日ヒツヨウなものをそろえる。（　　）
6 自分の意見がサイヨウされた。（　　）
7 ヒジョウにおいしい料理だった。（　　）

3 アとイの□の中には、同じ読みで異なる文字が入ります。（　　）にその字を書きなさい。

1 ア □習は大切だ。（　　）
　イ □雑な問題だ。（　　）
2 ア 学校の□堂に集まる。（　　）
　イ 作文の□成を決める。（　　）
3 ア ススキが□生している。（　　）
　イ 母は岩手県岩手□で生まれた。（　　）
4 ア 反□はしてはいけない。（　　）
　イ 体力□定の結果が出た。（　　）
5 ア □験勉強を始める。（　　）
　イ 今日は五時間□業がある。（　　）

4 次の漢字を二つ組み合わせて、別の漢字を六つ作りなさい。

例 口＋鳥→鳴

田	正	責	糸	弓	皮	木
石	長	青	支	各	言	米

（　＋　→　）（　＋　→　）（　＋　→　）
（　＋　→　）（　＋　→　）（　＋　→　）

5 次の漢字の部首をあとから選び、（　）に書きなさい。

1 仮（　）　2 過（　）　3 限（　）　4 総（　）
5 輸（　）　6 河（　）　7 格（　）　8 応（　）
9 容（　）　10 境（　）　11 顔（　）　12 祖（　）

ア にんべん　イ まだれ　ウ つちへん
エ おおがい　オ くるまへん　カ やまいだれ
キ うかんむり　ク しんにょう　ケ こざとへん
コ きへん　サ さんずい
シ しめすへん　ス いとへん

6 次の各組の□に共通する部首と部首名を（　）に書き、それぞれが何に関係ある漢字なのかを、あとのア～オの中から選び、□に書きなさい。

部首　部首名

1 □皮 □㐬 □永 □魚 □立 □夜（　・　）□
2 □即 □聿 □相 □由 □官 □昇（　・　）□
3 □殳 □合 □斤 □支 □召 □采（　・　）□
4 □化 □枼 □洛 □余 □楽 □采（　・　）□
5 □反 □主 □直 □喬 □支 □𡚴（　・　）□

ア 手に関係あるもの　イ 竹に関係あるもの
ウ 木に関係あるもの
エ 水に関係あるもの
オ 草に関係あるもの

※答《こた》えは242ページ。

問題提供《もんだいていきょう》：Z会《ぜっかい》

★53ページの答《こた》え　①知　②場　③要　④談

講

（17画《かく》）

音読《おんよ》み　コウ

訓読《くんよ》み

部首《ぶしゅ》　言／ごんべん

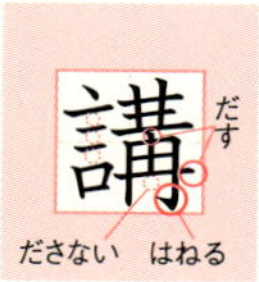

成《な》り立《た》ちと意味《いみ》

冓《こう》がコウの読《よ》み方《かた》と、「組《く》む」意味《いみ》を示《しめ》します。話《はな》し（言《い》い）合《あ》うことを表《あらわ》し、「ときあかす、ならう、なかなおりする」意味《いみ》に使《つか》われている字《じ》です。

使《つか》い方《かた》

講演《こうえん》・講義《こうぎ》・講座《こうざ》・講師《こうし》・講習《こうしゅう》・講堂《こうどう》・講評《こうひょう》・講和条約《こうわじょうやく》・受講《じゅこう》

「今日《きょう》、講堂《こうどう》で、えらい人《ひと》の講演会《こうえんかい》があるんだって。」

「講師《こうし》がリンダだったらいいのになあ。」

「大学《だいがく》の授業《じゅぎょう》のことを講義《こうぎ》っていうよ。」

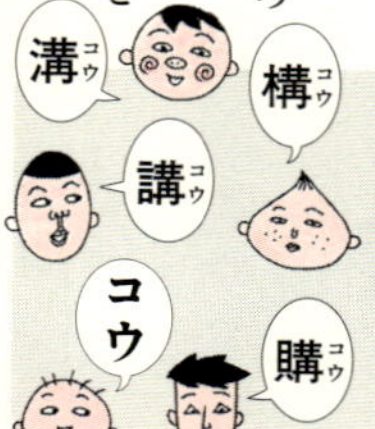

チェックポイント

「冓《こう》」のつく字《じ》はコウと読《よ》む。

混

（11画《かく》）

音読《おんよ》み　コン

訓読《くんよ》み　まじる・まざる・まぜる

部首《ぶしゅ》　氵／さんずい

成《な》り立《た》ちと意味《いみ》

氵（さんずい）は水《みず》で、昆《こん》がコンの読《よ》み方《かた》を示《しめ》し、コンの音《おん》には「わき出《で》る」意味《いみ》があります。水《みず》がこんこんとわき出《で》ることから、「まざる」意味《いみ》に使《つか》われます。

使《つか》い方《かた》

混血《こんけつ》・混合《こんごう》・混雑《こんざつ》・混同《こんどう》・混入《こんにゅう》・混乱《こんらん》

「カフェオレっていうのは、コーヒーにミルクを混《ま》ぜたものさ。」

「電車《でんしゃ》のダイヤが乱《みだ》れたせいで、駅《えき》がすごく混雑《こんざつ》してたわ。」

「大混乱《だいこんらん》だって、ニュースで言《い》ってたよ。」

チェックポイント

「混《ま》じる」と「交《ま》じる」。

・混《ま》じる…区別《くべつ》のつかないまじり方《かた》。

・交《ま》じる…区別《くべつ》のつくまじり方《かた》。

査

（9画《かく》）

音読《おんよ》み サ

訓読《くんよ》み

部首《ぶしゅ》 木／き

成《な》り立《た》ちと意味《いみ》

且《そ》がサと変《か》わって読《よ》み方《かた》を示《しめ》し、サの音《おん》には「ななめ」の意味《いみ》があります。もともとは、ななめに切《き》った木《き》を表《あらわ》す字《じ》だったのが、読《よ》み方《かた》が似《に》ている「察《さつ》（＝しらべる）」の字《じ》に借《か》りて用《もち》いられたため、「しらべる」意味《いみ》を持《も》つようになりました。

はねない
且にしない

使《つか》い方《かた》

査定《さてい》・検査《けんさ》・考査《こうさ》・巡査《じゅんさ》・審査《しんさ》・捜査《そうさ》・探査《たんさ》・調査《ちょうさ》

「町内《ちょうない》の、のどじまん大会《たいかい》の審査員《しんさいん》を引《ひ》き受《う》けたんじゃよ。」

「みんなで近《ちか》くの川《かわ》に行《い》って、生《い》き物《もの》の調査《ちょうさ》をしましょう。」

チェックポイント

「且《そ》」の書《か》き方《かた》に注意《ちゅうい》しよう。

×査 ○査

日と一《いち》ではありません

査 査 査 査 査 査 査 査 査

さくら食《た》べかけだけどこれやるよ
えっ!? なんで!?
えっあの小杉《こすぎ》が？
どっか悪《わる》いのかなぁ
具合悪《ぐあいわる》いんなら病院《びょういん》で検査《けんさ》を受《う》けたほうがいいんじゃない
そうだよそのほうがいいよ
検査《けんさ》？
ボリ
オレどこも悪《わる》くないぞ
ボリ
ボリボリボリ
無用《むよう》の心配《しんぱい》をしたまる子とたまちゃんであった――

コ
サ

再

（6画《かく》）

音読《おんよ》み　サイ・サ

訓読《くんよ》み　ふたたび

部首《ぶしゅ》　冂／どうがまえ（けいがまえ・まきがまえ）

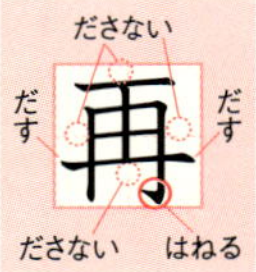

成《な》り立《た》ちと意味《いみ》

竹《たけ》かご（冉）の上《うえ》に物《もの》（一）を重《かさ》ねて置《お》いた形《かたち》からできました。「重《かさ》ねて、ふたたび」の意味《いみ》に使《つか》われる字《じ》です。

使《つか》い方《かた》

再会《さいかい》・再開《さいかい》・再起《さいき》・再建《さいけん》・再現《さいげん》・再建《さいこん》・再生《さいせい》・再度《さいど》・再発《さいはつ》・再三再四《さいさんさいし》・再来年《さらいねん》・再来週《さらいしゅう》

「雨《あめ》が上《あ》がったから、試合《しあい》が再開《さいかい》されるぞ。勝《か》てば、再来週《さらいしゅう》、決勝《けっしょう》だ！」

「まるちゃんと再《ふたた》び会《あ》える日《ひ》は、いつになるのかな…。」

「まる子《こ》もプサディーと再会《さいかい》したいよ…。」

チェックポイント

横棒《よこぼう》に注意《ちゅうい》して書《か》こう。

×再　○再

災

（7画《かく》）

音読《おんよ》み　サイ

訓読《くんよ》み　わざわい

部首《ぶしゅ》　火／ひ

成《な》り立《た》ちと意味《いみ》

川《かわ》の流《なが》れがふさがってよく流《なが》れない様子《ようす》を表《あらわ》した「巛《さい》」と、火《ひ》を合《あ》わせ、「水《みず》のわざわいと火《ひ》のわざわい」を表《あらわ》しています。巛《さい》がサイの読《よ》み方《かた》を示《しめ》します。

使《つか》い方《かた》

災害《さいがい》・災難《さいなん》・火災《かさい》・震災《しんさい》・戦災《せんさい》・天災《てんさい》・被災《ひさい》・防災《ぼうさい》

「夕立《ゆうだち》で、ずぶぬれになるなんて、災難《さいなん》だったね。でも、いかにも藤木《ふじき》くんらしいね。」

「永沢《ながさわ》くん、口《くち》は災《わざわ》いのもとって、ことわざがあるの、知《し》ってるかい？」

チェックポイント

「巛」が「⺍」にならないように。

×災　○災

妻

（8画《かく》）

音読《おんよ》み サイ
訓読《くんよ》み つま
部首《ぶしゅ》 女／おんな

ややつきだす
だす

成《な》り立《た》ちと意味《いみ》

妻《さい》は、手《て》（又）にほうき（Ψ）を持《も》った形《かたち》（⺕）を表《あらわ》し、サイの読《よ》み方《かた》を示《しめ》します。ほうきを手《て》に家《いえ》のそうじをする女《おんな》の人《ひと》ということから、「つま」の意味《いみ》に使《つか》われる字《じ》です。

使《つか》い方《かた》 妻子《さいし》・先妻《せんさい》・後妻《ごさい》・夫妻《ふさい》・良妻《りょうさい》・人妻《ひとづま》

対語《たいご》 夫《おっと》　妻《つま》⇔夫《おっと》

「さくら夫妻《ふさい》です。夫《おっと》の友《とも》蔵《ぞう》です。」
「友蔵《ともぞう》の妻《つま》です。」
「お父《とう》さん、たまには妻子《さいし》にサービスしてよ。遊園《ゆうえん》地《ち》、連《つ》れてって。」

妻 妻 妻 妻 妻 妻 妻 妻

チェックポイント
横棒《よこぼう》に注意《ちゅうい》して書《か》こう。

妻《つま》
横棒《よこぼう》をだす

採

（11画《かく》）

音読《おんよ》み サイ
訓読《くんよ》み とる
部首《ぶしゅ》 扌／てへん

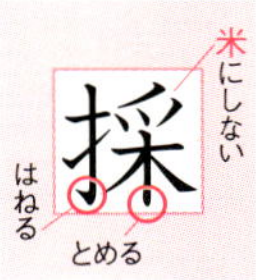

米にしない
はねる
とめる

成《な》り立《た》ちと意味《いみ》

扌（てへん）は手《て》（扌）を表《あらわ》し、采《さい》は木《き》に爪《つめ》をのせた形《かたち》です。「爪《つめ》で木《き》の先《さき》を切《き》りとる」様子《ようす》を表《あらわ》し、「木《き》を切《き》る、とる」意味《いみ》に使《つか》われる字《じ》です。

使《つか》い方《かた》 採掘《さいくつ》・採血《さいけつ》・採決《さいけつ》・採算《さいさん》・採取《さいしゅ》・採集《さいしゅう》・採点《さいてん》・採用《さいよう》

「お〜い、みんなで山《やま》に虫《むし》を採《と》りに行《い》こうぜ！」
「昆虫採集《こんちゅうさいしゅう》なら、オイラも行《い》きたいじょー。」
「お母《かあ》さん、今日《きょう》ね、学級会《がっきゅうかい》で、あたしの提案《ていあん》が採用《さいよう》されたよ。」

採 採 採 採 採 採 採 採 採 採 採

チェックポイント
「採《と》る」は選《えら》んで手《て》に入《い》れる場合《ばあい》に使《つか》う。
・雑草《ざっそう》を取《と》る。
・薬草《やくそう》を採《と》る。

際

（14画《かく》）

音読《おんよ》み　サイ
訓読《くんよ》み　きわ
部首《ぶしゅ》　阝／こざとへん

くっつけない
はねる

成《な》り立《た》ちと意味《いみ》

阝（こざとへん）は土《つち》の盛《も》りあがった山《やま》を表《あらわ》し、祭《さい》がサイの読《よ》み方《かた》を示《しめ》します。「山《やま》あい」を表《あらわ》し、「まじわる、きわ、ばあい」の意味《いみ》に使《つか》われる字《じ》です。

使《つか》い方《かた》

際限《さいげん》・交際《こうさい》・国際《こくさい》・実際《じっさい》・窓際《まどぎわ》・水際《みずぎわ》・際立《きわだ》つ・土俵際《どひょうぎわ》

「私《わたくし》は、さくら友蔵《ともぞう》さんと交際《こうさい》させていただいている中野《なかの》です。」「文通《ぶんつう》だけじゃなく、実際《じっさい》に会《あ》ってみないと、どんな相手《あいて》か、わからないもんだね。」

チェックポイント

似《に》ている字《じ》に注意《ちゅうい》しよう。

祭　サイ　まつる　まつり

これはお祭《まつ》りだよ
ワッショイ
ワッショイ

在

（6画《かく》）

音読《おんよ》み　ザイ
訓読《くんよ》み　ある
部首《ぶしゅ》　土／つち

だしすぎない
ながく

成《な》り立《た》ちと意味《いみ》

もとの形《かたち》は杜《ざい》で、才《ざい》は「ふさぐ」意味《いみ》とザイの読《よ》み方《かた》を示《しめ》します。土《つち》がつもってふさがるということから、「動《うご》かずにある、そこにいる」意味《いみ》に使《つか》われる字《じ》です。

使《つか》い方《かた》

在位《ざいい》・在学《ざいがく》・在庫《ざいこ》・在住《ざいじゅう》・在宅《ざいたく》・健在《けんざい》・現在《げんざい》・散在《さんざい》・自在《じざい》・実在《じつざい》・存在《そんざい》・滞在《たいざい》・不在《ふざい》・在来《ざいらい》・在校生《ざいこうせい》

「わたしの家《いえ》は静岡《しずおか》県《けん》に在《あ》り、六人家《ろくにんか》族《ぞく》です。わたしと妹《いもうと》のまる子《こ》は、小《しょう》学校《がっこう》に在学《ざいがく》しています。」

チェックポイント

「有《あ》る」と区別《くべつ》して使《つか》おう。
・財産《ざいさん》が有《あ》る。
・家《いえ》は東京《とうきょう》に在《あ》る。

ここに在《あ》る

サ

財

（10画《かく》）

音読《おんよ》み　ザイ・サイ

訓読《くんよ》み

部首《ぶしゅ》　貝／かいへん

だしすぎない
はねる

成《な》り立《た》ちと意味《いみ》

貝《かい》は「お金《かね》」を表《あらわ》します。才《さい》がザイと変《か》わって読《よ》み方《かた》を示《しめ》し、サイの音《おん》には「つむ」意味《いみ》があります。積《つ》みあげたお金《かね》を表《あらわ》し、「たからやお金《かね》など、ねうちのある品物《しなもの》」の意味《いみ》に使《つか》われる字《じ》です。

使《つか》い方《かた》

財貨《ざいか》・財産《ざいさん》・財宝《ざいほう》・家財《かざい》・文化財《ぶんかざい》・財布《さいふ》

「花輪《はなわ》クンちって、財《ざい》宝《ほう》が、ねむってそうだね。どのくらい財《ざい》産《さん》があるんだろう?」

「お財布《さいふ》の中《なか》に、どのくらい入《はい》っているかも、見《み》てみたいね。」

チェックポイント

「財《ざい・さい》」の読《よ》み分《わ》け。

・財産《ざいさん》
・財布《さいふ》

まる子《こ》の全財産《ぜんざいさん》は十円《じゅうえん》だよ

罪

（13画《かく》）

音読《おんよ》み　ザイ

訓読《くんよ》み　つみ

部首《ぶしゅ》　罒／あみがしら

はねない
はらう

成《な》り立《た》ちと意味《いみ》

非《はい》がザイと変《か》わって読《よ》み方《かた》を示《しめ》し、罒（あみがしら）のもとの形《かたち》は网でした。魚《さかな》をとる竹《たけ》あみを表《あらわ》す字《じ》だったのが、「辠《ざい》（＝つみ）」の意味《いみ》に借《か》りて用《もち》いられたため、「つみ」を表《あらわ》すようになっています。

使《つか》い方《かた》

罪悪《ざいあく》・罪人《ざいにん》・死罪《しざい》・謝罪《しゃざい》・重罪《じゅうざい》・犯罪《はんざい》・無罪《むざい》・有罪《ゆうざい》・罪深《つみぶか》い・罪滅《つみほろ》ぼし

「まる子《こ》、また、つまみぐいしたでしょ! さっさと罪《つみ》を認《みと》めなさい。」

「あたしゃ無罪《むざい》を主張《しゅちょう》するね。台所《だいどころ》には近《ちか》づいてないって。」

チェックポイント

「罰《ばつ》」と似《に》ているので注意《ちゅうい》しよう。

罪《つみ》を犯《おか》して罰《ばつ》を受《う》ける
ひ〜〜

雑

（14画《かく》）

音読《おんよ》み　ザツ・ゾウ

訓読《くんよ》み　—

部首《ぶしゅ》　隹／ふるとり

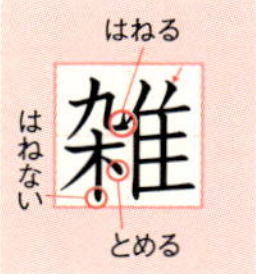

成《な》り立《た》ちと意味《いみ》

もとの字《じ》は、いろいろな布《ぬの》を集《あつ》めて作《つく》った衣《ころも》を表《あらわ》した襍《ざつ》で、それが雑《ざつ》→雑《ざつ》と変《か》わっていきました。「さまざま、いりまじる、そまつ」といった意味《いみ》に使《つか》われている字《じ》です。

使《つか》い方《かた》

雑音《ざつおん》・雑貨《ざっか》・雑誌《ざっし》・雑種《ざっしゅ》・雑草《ざっそう》・雑談《ざつだん》・雑用《ざつよう》・雑記帳《ざっきちょう》・混雑《こんざつ》・複雑《ふくざつ》・乱雑《らんざつ》・雑木《ぞうき》・雑炊《ぞうすい》・雑煮《ぞうに》・雑魚《ざこ》

「まる子《こ》、お雑煮《ぞうに》の材料《ざいりょう》、買《か》ってきて。」

「雑誌《ざっし》を読《よ》んでるところだから、雑用《ざつよう》はお姉《ねえ》ちゃんにたのんでよ。」

チェックポイント

「雑魚《ざこ》」は特別《とくべつ》に許《ゆる》された読《よ》み方《かた》。

酸

（14画《かく》）

音読《おんよ》み　サン

訓読《くんよ》み　すい

部首《ぶしゅ》　酉／ひよみのとり（とりへん）

成《な》り立《た》ちと意味《いみ》

酉（ひよみのとり）が「酒《さけ》」を表《あらわ》し、夋《しゅん》がサンと変《か》わって読《よ》み方《かた》を示《しめ》します。舌《した》をピリッとさすような味《あじ》の酒《さけ》を表《あらわ》し、「すっぱい」として使《つか》われます。「さんそ」の意味《いみ》にも使《つか》われる字《じ》です。

使《つか》い方《かた》

酸化《さんか》・酸性《さんせい》・酸素《さんそ》・塩酸《えんさん》・炭酸《たんさん》・硫酸《りゅうさん》

「うわっ！　レモンをかじったら酸《す》っぱくて、顔《かお》が梅干《うめぼ》しみたいになったじょー。」

「塩酸《えんさん》や硫酸《りゅうさん》など、強《つよ》い酸性《さんせい》の液体《えきたい》には、物《もの》をとかす性質《せいしつ》があるんだよ。」

チェックポイント

つくりの「儿」をはっきり書《か》こう。

×酸　○酸

サ・シ

賛

（15画《かく》）

音読《おんよ》み サン

訓読《くんよ》み

部首《ぶしゅ》 貝／かい

成《な》り立《た》ちと意味《いみ》

古《ふる》い字《じ》は賛《さん》です。兟《しん》には「先《さき》へ先《さき》へとすすむ」意味《いみ》があり、サンと変《か》わって読《よ》み方《かた》を示《しめ》します。相手《あいて》にお金《かね》（貝《かい》）をあげる（すすめる）ことを表《あらわ》し、「たすける、ほめたたえる」の意味《いみ》に使《つか》われる字《じ》です。

使《つか》い方《かた》 賛辞《さんじ》・賛助《さんじょ》・賛成《さんせい》・賛同《さんどう》・賛美《さんび》・賛否《さんぴ》・協賛《きょうさん》・絶賛《ぜっさん》

「ズバリ！　私《わたくし》の意見《いけん》に賛同《さんどう》された方《かた》は、手《て》を挙《あ》げてください！」

「ズバリ！　だれも賛成《さんせい》してくれないのは、なぜでしょう！」

チェックポイント

二《ふた》つの「夫《ふ》」の形《かたち》に注意《ちゅうい》。となりにぶつからないように、とめる。

×夫夫
○夫夫

賛賛賛賛賛賛賛賛賛賛賛

支

（4画《かく》）

音読《おんよ》み シ

訓読《くんよ》み ささえる

部首《ぶしゅ》 支／しにょう

成《な》り立《た》ちと意味《いみ》

竹《たけ》の枝《えだ》（木）を手《て》（又）でとっている形《かたち》（支）からできました。竹《たけ》の枝《えだ》をさくということから、「わける、わけあたえる」意味《いみ》を表《あらわ》し、支《し》と同《おな》じ読《よ》み方《かた》の「楮《し》（＝ささえる）」の意味《いみ》にも使《つか》われる字《じ》です。

使《つか》い方《かた》 支給《しきゅう》・支持《しじ》・支出《ししゅつ》・支線《しせん》・支度《したく》・支柱《しちゅう》・支点《してん》・支配《しはい》・収支《しゅうし》・気管支《きかんし》・差《さ》し支《つか》える

対語《たいご》 本《ほん》　支流《しりゅう》⇔本流《ほんりゅう》

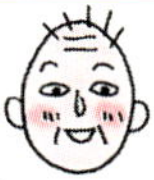

「まる子《こ》は、わしの心《こころ》の支《ささ》えじゃから、何《なに》があっても支持《しじ》するよ。」

「おこづかいの収支《しゅうし》をつけると、自然《しぜん》とむだづかいしなくなるよ。」

チェックポイント

「差《さ》し支《つか》える（都合《つごう》の悪《わる》いことがある）」は特別《とくべつ》に許《ゆる》された読《よ》み方《かた》。

○差《さ》し支《つか》える
×差し仕える

支支支支

志

（7画《かく》）

音読《おんよ》み シ

訓読《くんよ》み こころざす・こころざし

部首《ぶしゅ》 心／こころ

ながく
はねる

成《な》り立《た》ちと意味《いみ》

士《し》はシの読《よ》み方《かた》と、「指《し》（＝さししめす）」の意味《いみ》を示《しめ》していますます。心《こころ》のさししめすところということから、「こころざし」の意味《いみ》を表《あらわ》しています。

使《つか》い方《かた》

志願《しがん》・志気《しき》・志士《しし》・志望《しぼう》・意志《いし》・初志《しょし》・大志《たいし》・同志《どうし》・有志《ゆうし》

「大志《たいし》を抱《いだ》けとか、強《つよ》い意志《いし》を持《も》てとかいうけどさ、あたしが志《こころざ》してるのは犬《いぬ》を飼《か》って、のんきな生活《せいかつ》をすることだね。」

「さくらって、お笑《わら》い芸人《げいにん》志望《しぼう》なのか？　だとしたら同志《どうし》だな。」

あ〜〜あ
宿題《しゅくだい》なんかしないで毎日《まいにち》おかし食《た》べてぐーたら寝《ね》てマンガ読《よ》んでる人生《じんせい》 送《おく》りたいよ
あんたねーもっと志《こころざし》高《たか》く持《も》ちなよクラーク博士《はかせ》も「少年《しょうねん》よ大志《たいし》を抱《いだ》け」って言《い》ってるでしょ
少年《しょうねん》じゃないもん少女《しょうじょ》だもん
わしは？わしは少年《しょうねん》じゃないから大志《たいし》を抱《いだ》いちゃだめ？
いや…ダメってことは…
今《いま》さら何《なん》の大志《たいし》を抱《いだ》くというのだ——

もっとくわしく

「どうし」の使《つか》い分《わ》け

同志《どうし》…同《おな》じ考《かんが》えを持《も》つ人《ひと》。
・同志《どうし》の者《もの》。
・同志《どうし》をつのる。

同士《どうし》…なかま。
・友達《ともだち》同士《どうし》。
・近所《きんじょ》同士《どうし》。

チェックポイント

「士《し》」が「土《つち》」にならないように。

×志　○志

下《した》を短《みじか》くするんだよ

枝

（8画《かく》）

音読《おんよ》み シ
訓読《くんよ》み えだ
部首《ぶしゅ》 木／きへん

支にしない
はねない

成《な》り立《た》ちと意味《いみ》

支《し》は「分《わ》かれ出《で》る」意味《いみ》を持《も》ち、シの読《よ》み方《かた》を示《しめ》します。木《き》の幹《みき》から分《わ》かれ出《で》る「えだ」を表《あらわ》す字《じ》です。

使《つか》い方《かた》

枝葉《しよう》・枝豆《えだまめ》・小枝《こえだ》・枝《えだ》ぶり・枝分《えだわ》かれ

「夏《なつ》のビールのつまみといえば、やっぱり枝豆《えだまめ》だな。」

「重要《じゅうよう》でないことがらを、枝葉末《しようまっ》節《せつ》といいます。枝葉末節《しようまっせつ》にこだわる、などと使《つか》いましょう。」

チェックポイント

似《に》ている字《じ》に注意《ちゅうい》しよう。

技 ギ わざ

技《わざ》…手《て》（扌）の技《わざ》。

枝《えだ》…木《き》の枝《えだ》。

枝 枝 枝 枝 枝 枝 枝 枝

師

（10画《かく》）

音読《おんよ》み シ
訓読《くんよ》み
部首《ぶしゅ》 巾／はば

ださない
はねる

成《な》り立《た》ちと意味《いみ》

帀《し》がシの読《よ》み方《かた》を示《しめ》します。𠂤のもとの形《かたち》はBで丘《おか》を表《あらわ》し、丘《おか》に人《ひと》が住《す》んで軍隊《ぐんたい》が置《お》かれたことから、「軍隊《ぐんたい》」を意味《いみ》する字《じ》だったのが、「帥《すい》（＝ひきいる）」の意味《いみ》を借《か》りて「教《おし》えて導《みちび》く人《ひと》」を表《あらわ》すようになりました。

使《つか》い方《かた》

師匠《ししょう》・師弟《してい》・師範《しはん》・医師《いし》・恩師《おんし》・技師《ぎし》・教師《きょうし》・講師《こうし》・法師《ほうし》・牧師《ぼくし》・漁師《りょうし》・看護師《かんごし》・宣教師《せんきょうし》・師走《しわす》

「わたしは、医師《いし》や教《きょう》師《し》よりも、落語《らくご》の師匠《ししょう》にあこがれるね。寄席《よせ》に出《で》てみたいな。」

チェックポイント

「師走《しわす》」は特別《とくべつ》に許《ゆる》された読《よ》み方《かた》。

いそがしい
師走《しわす》とは十二月《じゅうにがつ》のこと

師 師 師 師 師 師 師 師 師 師

資

（13画《かく》）

音読《おんよ》み シ

訓読《くんよ》み

部首《ぶしゅ》 貝／かい

成《な》り立《た》ちと意味《いみ》

次《し》がシの読《よ》み方《かた》を示《しめ》し、シの音《おん》には「積《つ》む」意味《いみ》があります。積《つ》みたくわえたお金《かね》（貝《かい》）を表《あらわ》し、「もとで、もと、うまれつき」の意味《いみ》に使《つか》われる字《じ》です。

使《つか》い方《かた》

資格《しかく》・資金《しきん》・資源《しげん》・資材《しざい》・資産《しさん》・資質《ししつ》・資本《しほん》・資料《しりょう》・学資《がくし》・投資《とうし》・物資《ぶっし》

「自由研究《じゆうけんきゅう》の資料《しりょう》を買《か》いたいけど、資金《しきん》がとぼしくて…。」

「しょうがないわね、投《とう》資《し》してあげるよ。」

「資源《しげん》をむだづかいしないよう、ふだんから心《こころ》がけましょう。」

チェックポイント

「冫」が「氵」にならないように。

×資

○資

資資資資資資資資資資資資資

飼

（13画《かく》）

音読《おんよ》み シ

訓読《くんよ》み かう

部首《ぶしゅ》 飠／しょくへん

成《な》り立《た》ちと意味《いみ》

司《し》には「つかさどる（＝役目《やくめ》をうけもつ）」意味《いみ》があり、シの読《よ》み方《かた》を示《しめ》します。食《た》べ物《もの》をあたえて養《やしな》うことを表《あらわ》し、「かう」の意味《いみ》に使《つか》われる字《じ》です。

使《つか》い方《かた》

飼育《しいく》・飼料《しりょう》・飼《か》い犬《いぬ》・飼《か》い猫《ねこ》・飼《か》い主《ぬし》・羊飼《ひつじか》い・放《はな》し飼《が》い

「あっ、捨《す》て犬《いぬ》だ。うちじゃ飼《か》えないから、飼《か》い主《ぬし》を探《さが》さなくちゃ。」

「ウサギの飼《し》育《いく》係《がかり》の人《ひと》は、飼料《しりょう》を忘《わす》れないよう、注意《ちゅうい》してくださ い。」

チェックポイント

似《に》ている字《じ》に注《ちゅう》意《い》しよう。

詞（シ）

飼飼飼飼飼飼飼飼飼飼飼飼飼

示

（5画《かく》）

音読《おんよ》み ジ・シ
訓読《くんよ》み しめす
部首《ぶしゅ》 示／しめす

成《な》り立《た》ちと意味《いみ》
もとは示で、つくえ（丅）の上《うえ》に血《ち》のしたたる（:|:）いけにえ（一）をのせ、「神《かみ》にそなえること」を表《あらわ》しました。神《かみ》に祈《いの》る気持《きも》ちを示《しめ》すということから、「しめす」の意味《いみ》に使《つか》われている字《じ》です。

使《つか》い方《かた》 示談《じだん》・暗示《あんじ》・掲示《けいじ》・指示《しじ》・展示《てんじ》・図示《ずし》

「花輪《はなわ》クンが、素直《すなお》に愛情《あいじょう》を示《しめ》してくれないのは、いったい、なぜかしら？」

「お母《かあ》さん、まる子《こ》の絵《え》が学校《がっこう》に展示《てんじ》されることになったよ！」

チェックポイント
「示《じ》」がへんになると「ネ」の形《かたち》になる。

似

（7画《かく》）

音読《おんよ》み ジ
訓読《くんよ》み にる
部首《ぶしゅ》 亻／にんべん

成《な》り立《た》ちと意味《いみ》
以《い》がジと変《か》わって読《よ》み方《かた》を示《しめ》し、「人《ひと》（亻＝にんべん）ににせる」意味《いみ》を表《あらわ》す字《じ》です。「にる、にせる」として使《つか》われます。

使《つか》い方《かた》 相似《そうじ》・似顔《にがお》・似合《にあ》う・似《に》たり寄《よ》ったり

「おじいちゃん、似顔《にがお》絵《え》、かいてあげようか。そっくりに似《に》せるからね。」

「大《おお》きさがちがっても、拡大《かくだい》したり縮小《しゅくしょう》したりするとピッタリ重《かさ》なる図形《ずけい》を相似《そうじ》形《けい》っていうのよ。」

チェックポイント
似《に》ている字《じ》に注意《ちゅうい》。
以《イ》
・以《い》…以上《いじょう》・以下《いか》
・似《に》る…似顔絵《にがおえ》

識

（19画《かく》）

音読《おんよ》み シキ

訓読《くんよ》み

部首《ぶしゅ》 言／ごんべん

成《な》り立《た》ちと意味《いみ》

戠《しょく》には「みわける」という意味《いみ》があり、シキと変《か》わって読《よ》み方《かた》を示《しめ》します。言葉《ことば》の良《よ》い悪《わる》いをみわけることを表《あらわ》し、「みわける、知《し》る、考《かんが》え」として使《つか》われる字《じ》です。

使《つか》い方《かた》

識別《しきべつ》・意識《いしき》・常識《じょうしき》・知識《ちしき》・認識《にんしき》・標識《ひょうしき》

「長山《ながやま》くんみたいに、知識《ちしき》が豊富《ほうふ》なら、みんなから好《す》かれるかな。」

「自分《じぶん》がひきょうなことを、ちゃんと意識《いしき》するほうが先《さき》だと思《おも》うよ。」

チェックポイント

似《に》ている字《じ》に注意《ちゅうい》しよう。

・織《お(る)》…布《ぬの》を織《お》る。

・職《しょく》…職業《しょくぎょう》。

質

（15画《かく》）

音読《おんよ》み シツ・シチ・チ

訓読《くんよ》み

部首《ぶしゅ》 貝／かい

成《な》り立《た》ちと意味《いみ》

斦《きん》がシツと変《か》わって読《よ》み方《かた》を示《しめ》します。キンの音《おん》には「ひとしい」の意味《いみ》があり、お金《かね》（貝《かい》）と同《おな》じねうちの物《もの》を表《あらわ》し、「もとになるもの、うまれつき、かざりけがない、といただす」の意味《いみ》として使《つか》われます。

使《つか》い方《かた》

質疑《しつぎ》・質素《しっそ》・質問《しつもん》・悪質《あくしつ》・気質《きしつ》・性質《せいしつ》・素質《そしつ》・体質《たいしつ》・品質《ひんしつ》・物質《ぶっしつ》・神経質《しんけいしつ》・人質《ひとじち》・言質《げんち》

「なぜ胃腸《いちょう》が弱《よわ》いのか、質問《しつもん》されても困《こま》るな。生《う》まれつきの体質《たいしつ》さ。」

チェックポイント

「言質《げんち》」とは後《のち》に証拠《しょうこ》となる約束《やくそく》の言葉《ことば》のこと。

舎

（8画《かく》）

音読《おんよ》み シャ

訓読《くんよ》み

部首《ぶしゅ》 𠆢／ひとがしら（ひとやね）

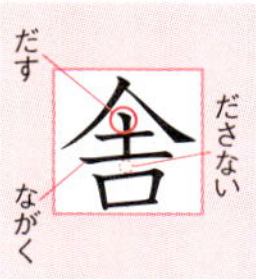

だす
ださない
ながく

成《な》り立《た》ちと意味《いみ》

古《ふる》い字《じ》は舍《しゃ》で、屋根《やね》（𠆢）と柱《はしら》（干）と部屋《へや》（口）からできています。建物《たてもの》を表《あらわ》している字《じ》で、「舎《しゃ》」の𠆢干《よ》（「余《よ》」のもとの字《じ》）がシャと変《か》わって読《よ》み方《かた》を示《しめ》します。

使《つか》い方《かた》

駅舎《えきしゃ》・官舎《かんしゃ》・校舎《こうしゃ》・宿舎《しゅくしゃ》・庁舎《ちょうしゃ》・兵舎《へいしゃ》・寄宿舎《きしゅくしゃ》・田舎《いなか》

「駅舎《えきしゃ》は駅《えき》の建物《たてもの》で、校《こう》舎《しゃ》は学校《がっこう》の建物《たてもの》、庁舎《ちょうしゃ》は役所《やくしょ》の建物《たてもの》。でも田舎《いなか》は、いなかって読《よ》むんだよ。」

「いなかは、電車《でんしゃ》で行《い》くから田舎（でんしゃ）と書《か》くんだよ…、なんちゃって。」

舎舎舎舎舎舎舎舎

チェックポイント

「田舎《いなか》」は特別《とくべつ》に許《ゆる》された読《よ》み方《かた》。

田舎《いなか》

真夜中過《まよなかす》ぎ だれもいない 校舎《こうしゃ》の中《なか》で 足音《あしおと》が するんだって〜〜〜
ほんと かしら
お父《とう》さん でも オバケって こわい？
ケッ オレは 大人《おとな》だぞ こわいはず ねぇだろう が〜〜〜
おっとっと
コラ ヒロシ！
酔《よ》っぱらって 危《あぶ》ない じゃろう
…ハ…ハイ…
しゅん
オバケより おばあちゃんのほうが こわいヒロシであった

謝

（17画《かく》）

音読《おんよ》み シャ

訓読《くんよ》み あやまる

部首《ぶしゅ》 言／ごんべん

成《な》り立《た》ちと意味《いみ》

射《しゃ》がシャの読《よ》み方《かた》を示《しめ》します。辞退《じたい》する言葉《ことば》を表《あらわ》し、「ことわる」意味《いみ》に使《つか》われる字《じ》です。「あやまる、お礼《れい》をいう」としても使《つか》われます。

使《つか》い方《かた》

謝恩《しゃおん》・謝罪《しゃざい》・謝礼《しゃれい》・感謝《かんしゃ》・月謝《げっしゃ》・平謝《ひらあやま》り

「ズバリ！ 借《か》りた本《ほん》をなくしてしまいました。見《み》つけた人《ひと》には謝礼《しゃれい》を差《さ》し上《あ》げるでしょう！ もし見《み》つからなければ、平謝《ひらあやま》りでしょう！」

チェックポイント

「謝《あやま》る」と「誤《あやま》る」の使《つか》い分《わ》け。

・謝《あやま》る

・誤《あやま》る

授

（11画《かく》）

音読《おんよ》み ジュ

訓読《くんよ》み さずける・さずかる

部首《ぶしゅ》 扌／てへん

成《な》り立《た》ちと意味《いみ》

受《じゅ》には「手《て》から手《て》へわたす」意味《いみ》があり、ジュの読《よ》み方《かた》を示《しめ》します。もとは「受《じゅ》」の字《じ》が「手《て》でうける」と「手《て》でさずける」両方《りょうほう》の意味《いみ》に使《つか》われていましたが、「さずける」ほうの意味《いみ》だけを表《あらわ》すため、新《あら》たに「授《じゅ》」の字《じ》が作《つく》られました。

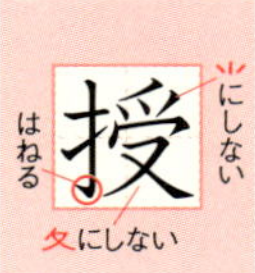

使《つか》い方《かた》

授業《じゅぎょう》・授賞《じゅしょう》・授乳《じゅにゅう》・教授《きょうじゅ》・伝授《でんじゅ》

対語《たいご》

受《う(ける)》

授《さず》ける⇕受《う》ける

「授業《じゅぎょう》の前《まえ》に、読書感想文《どくしょかんそうぶん》コンクールの授賞式《じゅしょうしき》を行《おこな》います。入賞者《にゅうしょうしゃ》には賞状《しょうじょう》が授《さず》けられます。」

チェックポイント

あげるのが「授《じゅ》」、うけるのが「受《じゅ》」、はっきり区別《くべつ》しよう。

修

（10画《かく》）

音読《おんよ》み シュウ・シュ

訓読《くんよ》み おさめる・おさまる

部首《ぶしゅ》 亻／にんべん

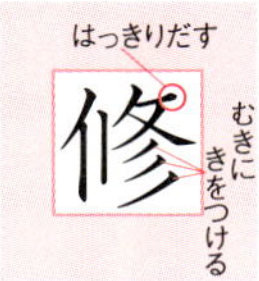

はっきりだす
修
むきにきをつける

成《な》り立《た》ちと意味《いみ》

彡は毛《け》を表《あらわ》します。攸《しゅう》がシュウの読《よ》み方《かた》を示《しめ》し、シュウの音《おん》には「清《きよ》める」意味《いみ》があります。毛《け》できれいにかざるということから、「ととのえる、おさめる」の意《い》味《み》を表《あらわ》す字《じ》です。

使《つか》い方《かた》

修正《しゅうせい》・修繕《しゅうぜん》・修養《しゅうよう》・修理《しゅうり》・修飾語《しゅうしょくご》・修道院《しゅうどういん》・修学旅行《しゅうがくりょこう》・研修《けんしゅう》・修業《しゅうぎょう》・修業《しゅぎょう》・修行《しゅぎょう》

「お父《とう》さん、修道院《しゅうどういん》って、どんなところ？」

「キリスト教《きょう》の教《おし》えや学問《がくもん》を修《おさ》めるところさ。いろんな修行《しゅぎょう》をするらしいな。」

修修修修修修修修修修

チェックポイント

・学問《がくもん》を修《おさ》める。
・成功《せいこう》を収《おさ》める。
・税《ぜい》を納《おさ》める。
・国《くに》を治《おさ》める。

述

（8画《かく》）

音読《おんよ》み ジュツ

訓読《くんよ》み のべる

部首《ぶしゅ》 ⻌／しんにょう

わすれない
述
はねない

成《な》り立《た》ちと意味《いみ》

⻌（しんにょう）は道《みち》（ ）と足《あし》（ ）からでき、道《みち》を歩《ある》くことを表《あらわ》します。朮《じゅつ》がジュツの読《よ》み方《かた》を示《しめ》し、道《みち》にしたがって行《い》くことを表《あらわ》している字《じ》です。「順《じゅん》を追《お》ってのべる」意味《いみ》に使《つか》われます。

使《つか》い方《かた》

述語《じゅつご》・記述《きじゅつ》・供述《きょうじゅつ》

「丸尾末男《まるおすえお》、学級委員《がっきゅういいん》選挙《せんきょ》の公約《こうやく》を、述《の》べさせていただきます。」

「お笑《わら》いのネタがうかんだら、ノートに記述《きじゅつ》しておこう。」

述述述述述述述述

チェックポイント

「朮」が「求《きゅう》」にならないように。

×逑
○述

奇《き》術《じゅつ》
これもジュツよ

術

（11画《かく》）

音読《おんよ》み ジュツ

訓読《くんよ》み

部首《ぶしゅ》 行／ぎょうがまえ（ゆきがまえ）

わすれない
求にしない
はねる

成《な》り立《た》ちと意味《いみ》

行（ぎょうがまえ）のもとの形《かたち》は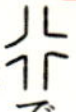で道《みち》を表《あらわ》し、朮《じゅつ》がジュツの読《よ》み方《かた》を示《しめ》します。道《みち》にそっていくことを表《あらわ》し、「方法《ほうほう》、わざ」の意味《いみ》に使《つか》われる字《じ》です。

使《つか》い方《かた》

学術《がくじゅつ》・奇術《きじゅつ》・技術《ぎじゅつ》・芸術《げいじゅつ》・剣術《けんじゅつ》・手術《しゅじゅつ》・戦術《せんじゅつ》・忍術《にんじゅつ》・美術《びじゅつ》・武術《ぶじゅつ》・魔術《まじゅつ》・腹話術《ふくわじゅつ》

「パリは芸術《げいじゅつ》の都《みやこ》なんだよ。有名《ゆうめい》なルーブル美術《びじゅつ》館《かん》があるし、街《まち》角《かど》には、絵《え》かきさんが大勢《おおぜい》いるんだ。」

チェックポイント

「ジュツ」とはっきり発音《はつおん》しよう。

・美術《びじゅつ》
・手術《しゅじゅつ》

○ビジュツ
×ビジッツ
○シュジュツ
×シジツ

準

（13画《かく》）

音読《おんよ》み ジュン

訓読《くんよ》み

部首《ぶしゅ》 氵／さんずい

準にしない
だす

成《な》り立《た》ちと意味《いみ》

準《じゅん》の隼《しゅん》には「たいら」の意味《いみ》があり、ジュンと変《か》わって読《よ》み方《かた》を示《しめ》します。氵（さんずい）は水《みず》です。水面《すいめん》がたいらなことを表《あらわ》し、「たいら、よりどころ、なぞらえる、そなえる」の意味《いみ》に使《つか》われる字《じ》です。

使《つか》い方《かた》

準急《じゅんきゅう》・準拠《じゅんきょ》・準備《じゅんび》・基準《きじゅん》・水準《すいじゅん》・標準《ひょうじゅん》・準決勝《じゅんけっしょう》・準優勝《じゅんゆうしょう》

「準決勝《じゅんけっしょう》には勝《か》ったけど、ここで終《お》わりたくはない。準優勝《じゅんゆうしょう》じゃなく、優勝《ゆうしょう》を勝《か》ち取《と》ろうぜ！」

チェックポイント

「水《みず》（氵）どり（隹《ふるとり》）十《じっ》ぱで準《じゅん》びができた」と覚《おぼ》える。

部首《ぶしゅ》としての隹（ふるとり）は「鳥《とり》」のこと

シ

序

（7画《かく》）

音読《おんよ》み ジョ

訓読《くんよ》み

部首《ぶしゅ》 广／まだれ

はねる
ノをつけない

成《な》り立《た》ちと意味《いみ》

广（まだれ）は家《いえ》を表《あらわ》し、予《よ》がジョと変《か》わって読《よ》み方《かた》を示《しめ》します。ジョの音《おん》には「かべ」の意味《いみ》があり、「かべで仕切《しき》った家《いえ》」を表《あらわ》す字《じ》だったのが、叙《じょ》（＝じゅんじょ）の字《じ》の代《か》わりとして用《もち》いられたため、「じゅんじょ、はじめ」の意味《いみ》を持《も》つようになっています。

使《つか》い方《かた》

序曲《じょきょく》・序文《じょぶん》・序列《じょれつ》・順序《じゅんじょ》・秩序《ちつじょ》・序《じょ》の口《くち》

「一《いっ》ぱいめのラーメンなんて、まだ序《じょ》の口《くち》さ。五《ご》はいや六《ろっ》ぱいでも楽勝《らくしょう》だな。」

序序序序序序序

ちょっとひとこと

物事《ものごと》のはじめを「序《じょ》の口《くち》」といい、相撲《すもう》の位《くらい》にも使《つか》う。

序《じょ》の口《くち》
いちばん下《した》の位《くらい》です

招

（8画《かく》）

音読《おんよ》み ショウ

訓読《くんよ》み まねく

部首《ぶしゅ》 扌／てへん

ださない
はねる
はねる

成《な》り立《た》ちと意味《いみ》

扌（てへん）は手《て》（龵）を表《あらわ》します。召《しょう》はショウの読《よ》み方《かた》を示《しめ》し、「よぶ」意味《いみ》を持《も》ちます。「手《て》まねきしてよぶ」意味《いみ》に使《つか》われる字《じ》です。

使《つか》い方《かた》

招集《しょうしゅう》・招待《しょうたい》・手招《てまね》き

「きみたちを、ボクの誕生《たんじょう》パーティーに招《まね》くよ。ぜひ来《き》てくれたまえ。」

「お母《かあ》さん、花輪《はなわ》クンの誕生《たんじょう》パーティーに招待《しょうたい》されたんだよ。」

招招招招招招招招

チェックポイント

「招《しょう》」と「召《しょう》」の使《つか》い分《わ》け。

・招集《しょうしゅう》…仲間《なかま》など、みんなを集《あつ》める。

・召集《しょうしゅう》…上《うえ》の人《ひと》が下《した》の人《ひと》を集《あつ》める。

承（8画《かく》）

音読《おんよ》み ショウ
訓読《くんよ》み うけたまわる
部首《ぶしゅ》 手／て

成《な》り立《た》ちと意味《いみ》

丞《じょう》と手《て》を組《く》み合《あ》わせた字《じ》です。丞《じょう》がショウと変《か》わって読《よ》み方《かた》を示《しめ》し、ジョウ・ショウの音《おん》には「のぼる」意味《いみ》があります。物《もの》を手《て》にのせるということから、「うける」意味《いみ》を表《あらわ》し、「うけたまわる、うけつぐ」意味《いみ》に使《つか》われる字《じ》です。

三ぼん
はねる

使《つか》い方《かた》
承諾《しょうだく》・承知《しょうち》・承認《しょうにん》・伝承《でんしょう》・不承不承《ふしょうぶしょう》

「誕生《たんじょう》パーティーの送《おく》り迎《むか》えの件《けん》、承《うけたまわ》りました。」

「パーティーに来《く》る人《ひと》は、ご両親《りょうしん》の承諾《しょうだく》を得《え》てくれたまえ。」

ちょっとひとこと
「不承不承《ふしょうぶしょう》」は、しぶしぶ、しかたなしにする様《よう》子《す》。

いやだけど
不承《ふしょう》
不承《ぶしょう》
しょうがない

証（12画《かく》）

音読《おんよ》み ショウ
訓読《くんよ》み
部首《ぶしゅ》 言／ごんべん

成《な》り立《た》ちと意味《いみ》

古《ふる》い字《じ》は證《しょう》です。登《とう》がショウと変《か》わって読《よ》み方《かた》を示《しめ》します。真《しん》実《じつ》を言葉《ことば》であきらかにすることを表《あらわ》す字《じ》で、「あかし、あかしをたてる」の意味《いみ》に使《つか》われます。

ややながく

使《つか》い方《かた》
証言《しょうげん》・証拠《しょうこ》・証書《しょうしょ》・証人《しょうにん》・証明《しょうめい》・確証《かくしょう》・検証《けんしょう》・認証《にんしょう》・立証《りっしょう》・保証《ほしょう》・免許証《めんきょしょう》・領収証《りょうしゅうしょう》

「あたしがつまみぐいしたなんて、何《なに》か証拠《しょうこ》でもあるの？」

「わたしが証人《しょうにん》よ。見《み》てたんだから。」

チェックポイント
「正《ただ》しい言《こと》ばは証《しょう》になる」と覚《おぼ》える。

正《ただ》しいでしょう！

シ

条

（7画《かく》）

音読《おんよ》み　ジョウ

訓読《くんよ》み

部首《ぶしゅ》　木／き

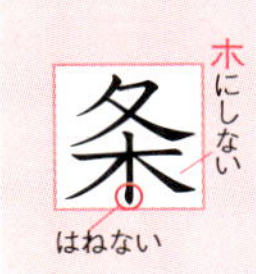

条
木にしない
はねない

成《な》り立《た》ちと意味《いみ》

古《ふる》い字《じ》は條《じょう》で、攸《ゆう》がジョウと変《か》わって読《よ》み方《かた》を示《しめ》します。「小《ちい》さな木《き》の枝《えだ》」を表《あらわ》し、枝《えだ》が細《ほそ》く分《わ》かれていることから、「すじみち、かじょうがき（＝一《ひと》つ一《ひと》つ分《わ》けてかいたもの）のきそく」の意味《いみ》に使《つか》われる字《じ》です。

使《つか》い方《かた》

条件《じょうけん》・条文《じょうぶん》・条約《じょうやく》・信条《しんじょう》・箇条書《かじょうが》き

「成績《せいせき》アップを条件《じょうけん》に、おこづかいを上《あ》げてね。」

「クラスで問題《もんだい》になっていることを箇条書《かじょうが》きにして、そのあと、みんなで発表《はっぴょう》しあいましょう。」

チェックポイント

「木《き》」が「ホ」にならないように。

×条　○条

木《き》だよ

おい さくら おまえ モモエちゃん 好《す》きだろ
いとこに もらったんだけど サイン入《い》り ブロマイド いるか？
え？ いいの？
ただし 条件《じょうけん》がある これから 一年間《いちねんかん》 オレに給食《きゅうしょく》の プリンを くれる ことだ
いいよ
やったー プリン
まるちゃん いいの？ あんな条件《じょうけん》 のんで… それ印刷《いんさつ》 じゃない？
いいの いいの
もうすぐ 四月《しがつ》だから クラス替《が》え… あたしゃ ちがうクラスに なるほうに かけるよ
さすが まるちゃん 度胸《どきょう》があるね——

状

（7画《かく》）

音読《おんよ》み　ジョウ

訓読《くんよ》み

部首《ぶしゅ》　犬／いぬ

成《な》り立《た》ちと意味《いみ》

古《ふる》い字《じ》は狀《じょう》で、爿《しょう》がジョウと変《か》わって読《よ》み方《かた》を示《しめ》します。もとは「犬《いぬ》のすがた」を表《あらわ》す字《じ》だったのが、現在《げんざい》は、ただの「すがた、かたち、ありさま」として使《つか》われ、「かきつけ（文書《ぶんしょ》、メモ）」の意味《いみ》もあります。

使《つか》い方《かた》

状態《じょうたい》・異状《いじょう》・現状《げんじょう》・症状《しょうじょう》・賞状《しょうじょう》・免状《めんじょう》・礼状《れいじょう》・案内状《あんないじょう》・招待状《しょうたいじょう》・年賀状《ねんがじょう》

「この木《き》の状態《じょうたい》は、すばらしく、どこにも異状《いじょう》はありません。この現状《げんじょう》を、いつまでも守《まも》ってほしいものです。」

チェックポイント

「丬」の書《か》き順《じゅん》に注意《ちゅうい》。

常

（11画《かく》）

音読《おんよ》み　ジョウ

訓読《くんよ》み　つね・とこ

部首《ぶしゅ》　巾／はば

成《な》り立《た》ちと意味《いみ》

尚《じょう》には「長《なが》い」という意味《いみ》があり、ジョウの読《よ》み方《かた》を示《しめ》します。巾《きん》は「ぬの」で、「長《なが》いぬの」ということから、長《なが》くいつまでも変《か》わらないことを表《あらわ》す字《じ》です。「つね、ふつう」の意味《いみ》に使《つか》われています。

使《つか》い方《かた》

常識《じょうしき》・常備《じょうび》・常緑樹《じょうりょくじゅ》・正常《せいじょう》・異常《いじょう》・通常《つうじょう》・日常《にちじょう》・非常《ひじょう》・平常《へいじょう》・常夏《とこなつ》・常日《つねひ》ごろ

「常日《つねひ》ごろ、ちこくしそうな、さくらさんが、こんなに早《はや》く登校《とうこう》するなんて、非常《ひじょう》にめずらしいことだね。」

チェックポイント

「⺍」が「⺌」にならないように。

×常

○常

情

音読《おんよ》み ジョウ・セイ
訓読《くんよ》み なさ**け**
部首《ぶしゅ》 忄／りっしんべん

（11画《かく》）

とめる
ながく
はねる

成《な》り立《た》ちと意味《いみ》

忄(りっしんべん)は心《こころ》を表《あらわ》し、青《せい》がセイの読《よ》み方《かた》を示《しめ》します。青《せい》は「きれい」の意味《いみ》も持《も》ち、きれいな心《こころ》を表《あらわ》す字《じ》です。「まごころ、心《こころ》の動《うご》き、ありさま」の意味《いみ》に使《つか》われます。

使《つか》い方《かた》

情勢《じょうせい》・情熱《じょうねつ》・情報《じょうほう》・愛情《あいじょう》・温情《おんじょう》・感情《かんじょう》・苦情《くじょう》・事情《じじょう》・同情《どうじょう》・人情《にんじょう》・表情《ひょうじょう》・友情《ゆうじょう》・風情《ふぜい》・情《なさ》け深《ぶか》い

「相手《あいて》に同情《どうじょう》し、いたわることを、情《なさ》けをかけるっていうんだよ。」

「長山《ながやま》くん、あんたは情《なさ》け深《ぶか》い人《ひと》だよ。」

チェックポイント

「青《せい》」がついて「きれい」の意味《いみ》を表《あらわ》す字《じ》。

清セイ
精セイ
晴セイ
きれいだね

織

音読《おんよ》み ショク・シキ
訓読《くんよ》み お**る**
部首《ぶしゅ》 糸／いとへん

（18画《かく》）

ださない
わすれない
はねない
つづける

成《な》り立《た》ちと意味《いみ》

戠《しょく》がショクの読《よ》み方《かた》を示《しめ》します。はたおりのまっすぐにはった糸《いと》を表《あらわ》していて、「はたをおる、くみたてる」の意味《いみ》に使《つか》われる字《じ》です。

使《つか》い方《かた》

織機《しょっき》・組織《そしき》・織物《おりもの》・織《お》り姫《ひめ》・機織《はたお》り

「七夕《たなばた》は、織《お》り姫《ひめ》と彦《ひこ》星《ぼし》が、年《ねん》に一度《いちど》だけ、会《あ》える日《ひ》なの。」

「ズバリ！　だれか、私《わたくし》を応援《おうえん》する組織《そしき》を、作《つく》ってくれないでしょうか?」

チェックポイント

似《に》ている字《じ》に注意《ちゅうい》しよう。

・識《しき》…知識《ちしき》
・職《しょく》…職業《しょくぎょう》

「へん」で区別《くべつ》しましょう

職

（18画《かく》）

音読《おんよ》み　ショク
訓読《くんよ》み
部首《ぶしゅ》　耳／みみへん

わすれない
つきださない
はねる
つづける

成《な》り立《た》ちと意味《いみ》

戠《しょく》がショクの読《よ》み方《かた》を示《しめ》します。もとは耳《みみ》で聞《き》き分《わ》けることを表《あらわ》す字《じ》でしたが、同《おな》じ読《よ》みの「幟《しょく》（＝商店《しょうてん》のめじるしののぼり）」の意味《いみ》に借《か》りて用《もち》いられたため、「しょくぎょう、しごと、やくめ」を表《あらわ》すようになりました。

使《つか》い方《かた》

職員《しょくいん》・職業《しょくぎょう》・職人《しょくにん》・職場《しょくば》・教職《きょうしょく》・就職《しゅうしょく》・辞職《じしょく》・退職《たいしょく》・内職《ないしょく》・無職《むしょく》

「さくらさんは、将来《しょうらい》、どんな職業《しょくぎょう》に就《つ》きたいの？」
「就職《しゅうしょく》しないで、のんきな生活《せいかつ》してたいね。」

チェックポイント

「音」と「戈」をはなさないように。

× 戠
○ 戠

「戈」と一緒《いっしょ》！

制

（8画《かく》）

音読《おんよ》み　セイ
訓読《くんよ》み
部首《ぶしゅ》　刂／りっとう

だす
とめる
はねる

成《な》り立《た》ちと意味《いみ》

朱は小枝《こえだ》（　）のことです。刀《かたな》（刂＝りっとう）で小枝《こえだ》を切《き》りそろえることを表《あらわ》し、「きちんとととのえる、おさえる」の意味《いみ》に使《つか》われる字《じ》です。

使《つか》い方《かた》

制限《せいげん》・制裁《せいさい》・制作《せいさく》・制止《せいし》・制定《せいてい》・制度《せいど》・制服《せいふく》・制帽《せいぼう》・制約《せいやく》・規制《きせい》・強制《きょうせい》・節制《せっせい》

「お父《とう》さん、体《からだ》のために節制《せっせい》したほうがいいと思《おも》うよ。一日《いちにち》、ビール二本《にほん》に制限《せいげん》したら。」
「芸術作品《げいじゅつさくひん》を作《つく》るのが制作《せいさく》、機械《きかい》や家具《かぐ》などを作《つく》るのが製作《せいさく》だ。大工仕事《だいくしごと》は製作《せいさく》のほうだな。」

チェックポイント

へんのたて棒《ぼう》をはっきり出《だ》そう。

× 朱
○ 朱

シ・セ

性

（8画《かく》）

音読《おんよ》み セイ・ショウ

訓読《くんよ》み

部首《ぶしゅ》 忄／りっしんべん

成《な》り立《た》ちと意味《いみ》

忄（りっしんべん）は心《こころ》を表《あらわ》し、生《せい》がセイの読《よ》み方《かた》を示《しめ》します。生《う》まれながら持《も》っている心《こころ》を表《あらわ》し、「うまれつき、せいしつ」に使《つか》われる字《じ》です。「男女《だんじょ》の別《べつ》」の意味《いみ》にも使《つか》われます。

使《つか》い方《かた》

性格《せいかく》・性質《せいしつ》・性能《せいのう》・異性《いせい》・男性《だんせい》・女性《じょせい》・陽性《ようせい》・陰性《いんせい》・個性《こせい》・性分《しょうぶん》・気性《きしょう》・根性《こんじょう》・本性《ほんしょう》

「永沢《ながさわ》くん、ぼくたちは性格《せいかく》が暗《くら》いから、異性《いせい》に人気《にんき》がないのかな。」

「根性《こんじょう》出《だ》して、明《あか》るくなってみれば。」

チェックポイント

似《に》ている字《じ》に注意《ちゅうい》しよう。

姓 セイ ショウ

「姓名《せいめい》」として使《つか》う字《じ》

性性性性性性性性

政

（9画《かく》）

音読《おんよ》み セイ・ショウ

訓読《くんよ》み まつりごと

部首《ぶしゅ》 攵／ぼくにょう（ぼくづくり・のぶん）

成《な》り立《た》ちと意味《いみ》

攵（ぼくにょう）は手《て》（又）に棒《ぼう》（卜）を持《も》っている形《かたち》（攴）からでき、「うつ」ことを表《あらわ》します。うって正《ただ》しくするということから、「おさめる」意味《いみ》を表《あらわ》す字《じ》で、正《せい》がセイの読《よ》み方《かた》を示《しめ》します。特《とく》に「まつりごと（＝世《よ》の中《なか》を治《おさ》める）」の意味《いみ》に使《つか》われます。

使《つか》い方《かた》

政策《せいさく》・政治《せいじ》・政党《せいとう》・政府《せいふ》・行政《ぎょうせい》・国政《こくせい》・参政権《さんせいけん》・摂政《せっしょう》

「ズバリ！　国《くに》を治《おさ》めること、つまり政治《せいじ》のことを、昔《むかし》は政《まつりごと》といっていたでしょう！」

ちょっとひとこと

「政《まつりごと》（国《くに》を治《おさ》めること）」は「神《かみ》」を祭《まつ》る「祭《まつ》り事《ごと》」からできた言葉《ことば》。

政政政政政政政政政

勢

（13画《かく》）

音読《おんよ》み セイ

訓読《くんよ》み いきおい

部首《ぶしゅ》 力／ちから

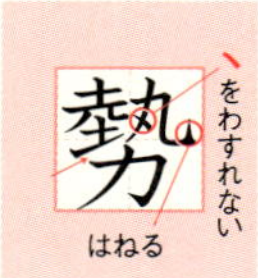

をわすれない
はねる

成《な》り立《た》ちと意味《いみ》

埶《せい》はセイの読《よ》み方《かた》を示《しめ》し、セイの音《おん》には「さかん」の意味《いみ》があります。さかんな力《ちから》ということから「いきおい」の意味《いみ》を表《あらわ》し、「ようす」の意味《いみ》にも使《つか》われています。

使《つか》い方《かた》

勢力《せいりょく》・加勢《かせい》・気勢《きせい》・軍勢《ぐんぜい》・形勢《けいせい》・姿勢《しせい》・情勢《じょうせい》・総勢《そうぜい》・多勢《たぜい》・無勢《ぶぜい》・優勢《ゆうせい》・大勢《おおぜい》・大勢《たいせい》

「敵《てき》のチームは、すごい選手《せんしゅ》が勢《せい》ぞろいしてるな。勢《いきお》いもあるし。」

「絶対《ぜったい》に点《てん》を取《と》ろうって姿勢《しせい》でのぞめば、勝《か》ち目《め》はあるさ。先《さき》に点《てん》を取《と》れば、優勢《ゆうせい》に試合《しあい》を進《すす》められるさ。」

チェックポイント

似《に》ている字《じ》に注意《ちゅうい》しよう。

熱 ネツ あつい

・熱《あつ(い)》…火《ひ》（灬）が熱《あつ》い。

・勢《いきお(い)》…力《ちから》の勢《いきお》い。

藤木《ふじき》はひきょうだよ
そうよそうよ
ズバリ！大勢《おおぜい》で責《せ》めるのはよくないでしょう！
今度《こんど》の選挙《せんきょ》これで一票《いっぴょう》は確実《かくじつ》でしょう！
事情《じじょう》も知《し》らないのにそんなこと言《い》うほうがよくないよ
そうよ
ぼくもそう思《おも》うよ
えっ？
丸尾《まるお》くんは軽率《けいそつ》なところがあるよね
い…いや私《わたし》はただ
多勢《たぜい》に無勢《ぶぜい》という言葉《ことば》が身《み》に染《し》みる丸尾《まるお》くんであったー

セ

精

（14画《かく》）

音読《おんよ》み セイ・ショウ

訓読《くんよ》み

部首《ぶしゅ》 米／こめへん

成《な》り立《た》ちと意味《いみ》

「きれい」の意味《いみ》を持《も》つ青《せい》が、セイの読《よ》み方《かた》を示《しめ》します。きれいにした米《こめ》を表《あらわ》し、「白《しろ》くする、まじりけがないようにする、こまかい、くわしい、こころ、いきおい」の意味《いみ》に使《つか》われる字《じ》です。

使《つか》い方《かた》

精気《せいき》・精根《せいこん》・精算《せいさん》・精神《せいしん》・精米《せいまい》・精密《せいみつ》・精油《せいゆ》・精力《せいりょく》・精霊《せいれい》・精進《しょうじん》・不精《ぶしょう》

「とちゅうまでしか切符《きっぷ》を買《か》ってないから、おりる時《とき》、**精算**《せいさん》をしよう。」

「まる子《こ》が早起《はやお》きできないのは、**精神**《せいしん》がたるんでるからよ。」

チェックポイント

「せい算《さん》」に気《き》をつけよう。

×清算所《せいさんじょ》
○精算所

精《せい》だよ

精 精 精 精 精 精 精 精 精 精 精 精

製

（14画《かく》）

音読《おんよ》み セイ

訓読《くんよ》み

部首《ぶしゅ》 衣／ころも

成《な》り立《た》ちと意味《いみ》

制《せい》には「たちきる」という意味《いみ》があり、セイの読《よ》み方《かた》を示《しめ》します。布《ぬの》をたちきって衣服《いふく》を作《つく》ることから、「つくる」の意味《いみ》に使《つか》われる字《じ》です。

使《つか》い方《かた》

製塩《せいえん》・製材《せいざい》・製作《せいさく》・製図《せいず》・製鉄《せいてつ》・製品《せいひん》・製法《せいほう》・製薬《せいやく》・再製《さいせい》・作製《さくせい》・特製《とくせい》・複製《ふくせい》

「おじいちゃん、まる子《こ》の**特製**《とくせい》くだもののジュース、飲《の》む？ だれか**製品化**《せいひんか》してくれないかな。」

「いったい、どんな**製法**《せいほう》で作《つく》ったんじゃ？」

チェックポイント

「作《さく》せい」の使《つか》い分《わ》け。

・作製《さくせい》…品物《しなもの》などを作《つく》る。
・作成《さくせい》…書類《しょるい》・案《あん》などを作《つく》る。

製 製 製 製 製 製 製 製 製 製 製 製 製 製

税

（12画《かく》）

音読《おんよ》み ゼイ

訓読《くんよ》み

部首《ぶしゅ》 禾／のぎへん

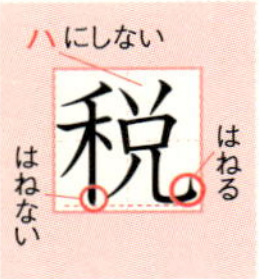
ハにしない
はねる
はねない

成《な》り立《た》ちと意味《いみ》

禾（のぎへん）は穀物《こくもつ》の穂《ほ》のたれさがった形《かたち》を表《あらわ》します。兌《えつ》がゼイと変《か》わって読《よ》み方《かた》を示《しめ》し、ゼイの音《おん》には「わけてとる」意味《いみ》があります。収穫《しゅうかく》の一部《いちぶ》をわけておさめる「みつぎ、ぜい」を表《あらわ》した字《じ》です。

使《つか》い方《かた》

印税《いんぜい》・税関《ぜいかん》・税金《ぜいきん》・税務署《ぜいむしょ》・課税《かぜい》・関税《かんぜい》・納税《のうぜい》・脱税《だつぜい》・国税《こくぜい》・地方税《ちほうぜい》・住民税《じゅうみんぜい》・所得税《しょとくぜい》・消費税《しょうひぜい》

「納税《のうぜい》は、国《こく》民《みん》の義務《ぎむ》で、買《か》い物《もの》をする時《とき》の消費税《しょうひぜい》も、税金《ぜいきん》の一《いっ》種《しゅ》だよ。」

チェックポイント

区別《くべつ》しよう。

・関税《かんぜい》…外国《がいこく》と取《と》り引《ひ》きする品物《しなもの》などにかかる税《ぜい》。

・税関《ぜいかん》…関税《かんぜい》を取《と》りたてたり、品物《しなもの》を調《しら》べたりする役所《やくしょ》。

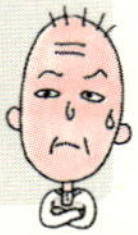

責

（11画《かく》）

音読《おんよ》み セキ

訓読《くんよ》み せめる

部首《ぶしゅ》 貝／かい

ながく
とめる

成《な》り立《た》ちと意味《いみ》

もとの字《じ》は朿《し》と貝《かい》からでき、後《のち》に「責《せき》」という字《じ》になりました。朿《し》には「つきさす」意味《いみ》、貝《かい》には「お金《かね》」の意味《いみ》があります。お金《かね》のことで相手《あいて》をせめることを表《あらわ》し、「せめる、つとめ」の意味《いみ》に使《つか》われます。

使《つか》い方《かた》

責任《せきにん》・責務《せきむ》・自責《じせき》・重責《じゅうせき》・職責《しょくせき》

「人《ひと》の過《あやま》ちを、むやみに責《せ》めるのは、やめるようにしましょう。」

「まる子《こ》、犬《いぬ》を拾《ひろ》ってもいいけど、責《せき》任《にん》を持《も》って育《そだ》てられる？」

チェックポイント

「攻《せ》める」と区別《くべつ》して使《つか》おう。

・過《あやま》ちを責《せ》める。

・敵《てき》を攻《せ》める。

わしが悪《わる》いんじゃ…

セ

績

（17画《かく》）

音読《おんよ》み　セキ
訓読《くんよ》み
部首《ぶしゅ》　糸／いとへん

ださない
ながく
はねない

成《な》り立《た》ちと意味《いみ》

責《せき》がセキの読《よ》み方《かた》を示《しめ》し、セキの音《おん》には「つむ」の意味《いみ》があります。糸《いと》をつぎつぎと加《くわ》えて太《ふと》くしていくことを表《あらわ》し、「つむぐ、しごと、しあげた結果《けっか》、てがら」の意味《いみ》に使《つか》われる字《じ》です。

使《つか》い方《かた》

業績《ぎょうせき》・功績《こうせき》・実績《じっせき》・成績《せいせき》・紡績《ぼうせき》

「ズバリ！　**実績**《じっせき》を評価《ひょうか》して、私《わたくし》に投票《とうひょう》してほしいでしょう！」

「お母《かあ》さん、ちょっと算数《さんすう》の**成績**《せいせき》が悪《わる》かったからって、おこらないでね。」

チェックポイント

まちがいやすい字《じ》に注意《ちゅうい》しよう。
×成積
○成績《せいせき》

こんな字《じ》 書《か》いたら成績《せいせき》落《お》ちるよ

接

（11画《かく》）

音読《おんよ》み　セツ
訓読《くんよ》み　つぐ
部首《ぶしゅ》　扌／てへん

ややつきだす
はねる

成《な》り立《た》ちと意味《いみ》

扌（てへん）は手《て》（扌）を表《あらわ》し、妾《しょう》がセツと変《か》わって読《よ》み方《かた》を示《しめ》します。手《て》をとってつなぐことを表《あらわ》し、「つなぐ、まじわる」の意味《いみ》に使《つか》われる字《じ》です。

使《つか》い方《かた》

接近《せっきん》・接合《せつごう》・接骨《せっこつ》・接戦《せっせん》・接続《せつぞく》・接待《せったい》・接着《せっちゃく》・接点《せってん》・応接《おうせつ》・直接《ちょくせつ》・間接《かんせつ》・密接《みっせつ》・面接《めんせつ》・接《つ》ぎ木《き》

「花輪《はなわ》ク～ン、もっともっと**密接**《みっせつ》な関係《かんけい》になりたいわ～。」

「ベイビー。ちょっとばかり**接近**《せっきん》しすぎだよ。」

チェックポイント

「つぐ」を区別《くべつ》して使《つか》おう。
・骨《ほね》を接《つ》ぐ。
・家《いえ》を継《つ》ぐ。

設

（11画《かく》）

音読《おんよ》み　セツ

訓読《くんよ》み　もうける

部首《ぶしゅ》　言／ごんべん

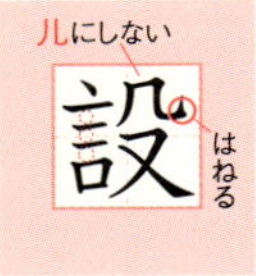

成《な》り立《た》ちと意味《いみ》

もとは𧦝です。つち（）を手《て》（）で持《も》ってくさび（）を打《う》っている形《かたち》からでき、仕事《しごと》をしていることを表《あらわ》します。「つくる、もうける」の意味《いみ》に使《つか》われています。

使《つか》い方《かた》

設計《せっけい》・設置《せっち》・設定《せってい》・設備《せつび》・設立《せつりつ》・開設《かいせつ》・建設《けんせつ》・施設《しせつ》・創設《そうせつ》・特設《とくせつ》

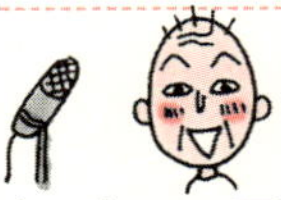

「のどじまん大会《たいかい》の特設《とくせつ》ステージを見《み》てきたよ。カラオケの設備《せつび》はすごいし、会場《かいじょう》にはトイレまで設《もう》けられとるんじゃ。」

チェックポイント

「几」の形《かたち》に注意《ちゅうい》しよう。

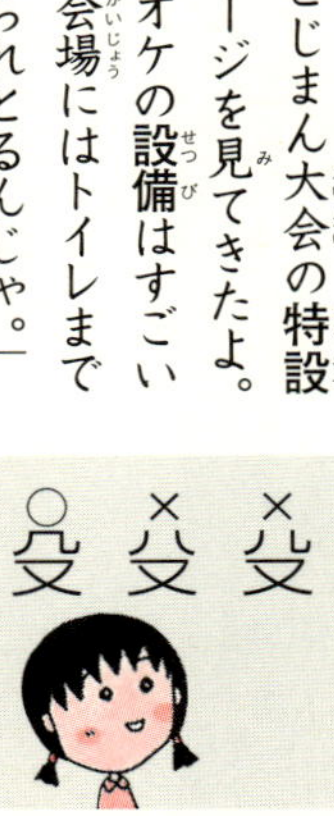

舌

（6画《かく》）

音読《おんよ》み　ゼツ

訓読《くんよ》み　した

部首《ぶしゅ》　舌／した

成《な》り立《た》ちと意味《いみ》

干《かん》と口《くち》からできた字《じ》です。干《かん》には「つきやぶる」意味《いみ》があり、ゼツと変《か》わって読《よ》み方《かた》を示《しめ》します。口《くち》から出入《でい》りする「した」を表《あらわ》し、したを使《つか》って出《だ》す「ことば」の意味《いみ》にも使《つか》われる字《じ》です。

使《つか》い方《かた》

弁舌《べんぜつ》・舌先《したさき》・二枚舌《にまいじた》・舌打《したう》ち・舌《した》つづみ

「まる子《こ》、うそをつくことを、二枚舌《にまいじた》を使《つか》うっていうのよ。」

「みんな、わが家《や》の料理《りょうり》の数々《かずかず》に、舌《した》つづみを打《う》ってくれたまえ。」

チェックポイント

「千《せん》の口《くち》から舌《した》がでる」と覚《おぼ》える。

絶

（12画《かく》）

音読《おんよ》み ゼツ

訓読《くんよ》み たえる・たやす・たつ

部首《ぶしゅ》 糸／いとへん

古《ふる》い字《じ》は絕《ぜつ》です。巴のもとの形《かたち》は卩で、セツがゼツと変《か》わって

成《な》り立《た》ちと意味《いみ》

読《よ》み方《かた》を示《しめ》しています。「刀で糸《いと》をたちきること」を表《あらわ》し、「たちきる、へだてる、くらべるものがない」などの意味《いみ》に使《つか》われる字《じ》です。

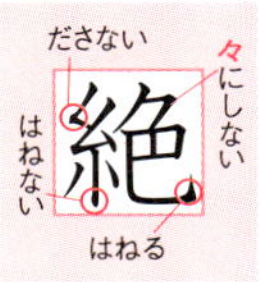
ださない
々にしない
はねない
はねる

使《つか》い方《かた》

絶景《ぜっけい》・絶好《ぜっこう》・絶交《ぜっこう》・絶賛《ぜっさん》・絶食《ぜっしょく》・絶対《ぜったい》・絶望《ぜつぼう》・絶体絶命《ぜったいぜつめい》・気絶《きぜつ》・空前絶後《くうぜんぜつご》・絶《た》え間《ま》

「まる子《こ》や、たった三日間《みっかかん》の旅行《りょこう》でも、連絡《れんらく》は絶《た》やしたくないんじゃや。」

「絶対《ぜったい》に電話《でんわ》してよ、おじいちゃん。やくそくだよ。」

チェックポイント

「糸《いと》の色《いろ》絶《た》える」と覚《おぼ》える。

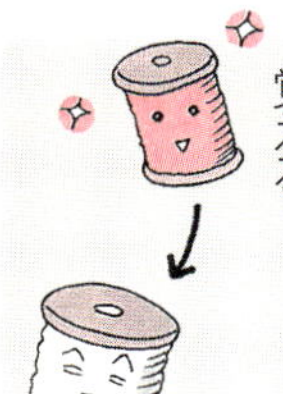

そんなひきょう者《もの》のきみとは絶交《ぜっこう》だよ
そんな…
ーう
うぅ
どうしたんだい藤木《ふじき》くん
永沢《ながさわ》くんがあんなにおこるなんて…
大丈夫《だいじょうぶ》だよ何《なん》でも話《はな》してよ
何《なに》を聞《き》いてもぼくはきみの友達《ともだち》さ
ありがとうっ山根《やまね》くん…
実《じつ》は昨日《きのう》…教室《きょうしつ》の花《か》びんを割《わ》ったんだけど…「山根《やまね》くんが割《わ》った」と言《い》ってしまって……それでも友達《ともだち》でいてくれるんだよね
自分《じぶん》も絶交《ぜっこう》したいと思《おも》う山根《やまね》であったー

銭

（14画《かく》）

音読《おんよ》み　セン

訓読《くんよ》み　ぜに

部首《ぶしゅ》　金／かねへん

成《な》り立《た》ちと意味《いみ》

古《ふる》い字《じ》は錢《せん》です。戔《せん》には「うすくけずる」意味《いみ》があり、センの読《よ》み方《かた》を示《しめ》します。金属《きんぞく》の部分《ぶぶん》をうすくけずった農具《ぐ》「くわ、すき」を表《あらわ》す字《じ》だったのが、くわやすきの刃《は》の部分《ぶぶん》がお金《かね》の形《かたち》に似《に》ていたことから、「おかね、ぜに」の意味《いみ》に使《つか》われるようになりました。

使《つか》い方《かた》

銭湯《せんとう》・金銭《きんせん》・古銭《こせん》・つり銭《せん》・おさい銭《せん》・小銭《こぜに》

「まるちゃん、一緒《いっしょ》に銭湯《せんとう》に行《い》こう。」

「おふろから上《あ》がったら、つり銭《せん》でジュースを飲《の》もうね。」

ちょっとひとこと

一円《いちえん》の百分《ひゃくぶん》の一《いち》を「一銭《いっせん》」という。

祖

（9画《かく》）

音読《おんよ》み　ソ

訓読《くんよ》み　ネ／しめすへん

部首《ぶしゅ》

成《な》り立《た》ちと意味《いみ》

ネ（しめすへん）は「神《かみ》」を表《あらわ》します。且《そ》は神《かみ》にささげる肉《にく》を盛《も》ったうつわの形《かたち》からでき、ソの読《よ》み方《かた》を示《しめ》します。大《おお》もとの神《かみ》を表《あらわ》し、「家系《かけい》のはじめの人《ひと》、親《おや》の親《おや》」として使《つか》われる字《じ》です。

使《つか》い方《かた》

祖国《そこく》・祖先《そせん》・祖父《そふ》・祖母《そぼ》・先祖《せんぞ》

「お盆《ぼん》には、ご先祖様《せんぞさま》の霊《れい》が、家《いえ》に帰《かえ》ってくるんだよ。」

「うちの祖父《そふ》は、わたしと同《おな》じように、お笑《わら》いが大好《だいす》きです。」

ちょっとひとこと

昔《むかし》は、お正《しょう》月《がつ》とお盆《ぼん》に、先祖《せんぞ》の霊《れい》が帰《かえ》ってくると考《かんが》えられていた。

素

（10画《かく》）

音読《おんよ》み ソ・ス

訓読《くんよ》み

部首《ぶしゅ》 糸／いと

成《な》り立《た》ちと意味《いみ》

もとはで、𠂹《すい》（＝垂《た》れる）を略《りゃく》した「龶《すい》」と糸《いと》からできました。絹糸《きぬいと》が白《しろ》く光《ひか》ってたれさがる様子《ようす》を表《あらわ》し、「白《しろ》い」意味《いみ》を持《も》つ字《じ》です。白《しろ》は染《そ》める前《まえ》の「もと」の色《いろ》なので、「もと、しぜんのまま、いつもの、それだけの」の意味《いみ》に使《つか》われるようになりました。

使《つか》い方《かた》

素質《そしつ》・簡素《かんそ》・元素《げんそ》・酸素《さんそ》・水素《すいそ》・質素《しっそ》・要素《ようそ》・葉緑素《ようりょくそ》・素足《すあし》・素顔《すがお》・素手《すで》・素通《すどお》し・素通《すどお》り・素人《しろうと》

「まるちゃんって、絵《え》をかく素質《そしつ》があると思《おも》うよ。」

チェックポイント

「素人《しろうと》」は特別《とくべつ》に許《ゆる》された読《よ》み方《かた》。「白人《しろひと》（経験《けいけん》のない人《ひと》）」という言葉《ことば》が変化《へんか》した。

総

（14画《かく》）

音読《おんよ》み ソウ

訓読《くんよ》み

部首《ぶしゅ》 糸／いとへん

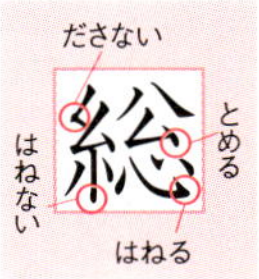

成《な》り立《た》ちと意味《いみ》

悤《そう》がソウの読《よ》み方《かた》を示《しめ》し、ソウの音《おん》には「あつめる」意味《いみ》があります。糸《いと》をたばねることを表《あらわ》し、「すべて、まとめる」の意味《いみ》に使《つか》われる字《じ》です。

使《つか》い方《かた》

総員《そういん》・総会《そうかい》・総額《そうがく》・総計《そうけい》・総合《そうごう》・総裁《そうさい》・総数《そうすう》・総勢《そうぜい》・総代《そうだい》・総督《そうとく》・総理《そうり》・総力《そうりょく》・総選挙《そうせんきょ》・総動員《そうどういん》

「ズバリ！　みなさんの票《ひょう》を総計《そうけい》すると、私《わたくし》が学級委員《がっきゅういいん》でしょう。この調子《ちょうし》だと総理大臣《そうりだいじん》も夢《ゆめ》じゃないでしょう！」

チェックポイント

「総理《そうり》」は「総《そう》（すべて）」を「理《り》（おさめる）」の意味《いみ》。

造

（10画《かく》）

音読《おんよ》み　ゾウ

訓読《くんよ》み　つくる

部首《ぶしゅ》　辶／しんにょう

成《な》り立《た》ちと意味《いみ》

もとは䢖《ぞう》で、辶（しんにょう）は道《みち》を歩《ある》くことを表《あらわ》します。告《じゅう》がゾウと変《か》わって読《よ》み方《かた》を示《しめ》し、「歩《ある》いていって席《せき》につく」意味《いみ》の字《じ》でしたが、後《のち》に「つくる」の意味《いみ》に借《か》りて用《もち》いられるようになりました。

使《つか》い方《かた》

造園《ぞうえん》・造作《ぞうさ》・造作《ぞうさく》・造成《ぞうせい》・造船《ぞうせん》・改造《かいぞう》・建造《けんぞう》・構造《こうぞう》・人造《じんぞう》・製造《せいぞう》・創造《そうぞう》・模造《もぞう》・木造《もくぞう》

「わっ、この造花《ぞうか》、和紙《わし》でできてるんだ。」

「これで花壇《かだん》を造《つく》ったら、きれいだろうね。」

チェックポイント

「作《つく》る」とのちがい。主《おも》に機械《きかい》や道具《どうぐ》を使《つか》って大《おお》がかりにつくる場合《ばあい》に「造《つく》る」。

像

（14画《かく》）

音読《おんよ》み　ゾウ

訓読《くんよ》み

部首《ぶしゅ》　亻／にんべん

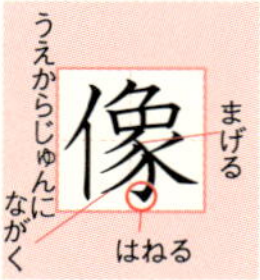

成《な》り立《た》ちと意味《いみ》

象《ぞう》には「すがた」の意味《いみ》があり、ゾウの読《よ》み方《かた》を示《しめ》します。人《ひと》（亻＝にんべん）の「すがた」の意味《いみ》に使《つか》われる字《じ》です。

使《つか》い方《かた》

映像《えいぞう》・画像《がぞう》・現像《げんぞう》・想像《そうぞう》・石像《せきぞう》・銅像《どうぞう》・仏像《ぶつぞう》・自画像《じがぞう》

「運動会《うんどうかい》の写真《しゃしん》を現像《げんぞう》して、みんなに配《くば》ることにしたよ。」

「ズバリ！　眼鏡《めがね》をかけてない自画像《じがぞう》をかきたいですが、眼鏡《めがね》をはずすとよく見《み》えないから、想像《そうぞう》でかくしかないでしょう！」

チェックポイント

似《に》ている字《じ》に注意《ちゅうい》して、使《つか》い分《わ》けよう。

象　ショウ　ゾウ

増

（14画《かく》）

音読《おんよ》み ゾウ

訓読《くんよ》み ます・ふえる・ふやす

部首《ぶしゅ》 土／つちへん

目にしない

成《な》り立《た》ちと意味《いみ》

曽《ぞう》はゾウの読《よ》み方《かた》を示《しめ》し、「層《そう》（＝かさなる）」と同《おな》じ意味《いみ》を表《あらわ》します。土《つち》を積《つ》みかさねるということから、「ふやす」意味《いみ》に使《つか》われる字《じ》です。

使《つか》い方《かた》

増加《ぞうか》・増刊《ぞうかん》・増強《ぞうきょう》・増減《ぞうげん》・増産《ぞうさん》・増進《ぞうしん》・増水《ぞうすい》・増税《ぞうぜい》・増大《ぞうだい》・増築《ぞうちく》・急増《きゅうぞう》・倍増《ばいぞう》

対語《たいご》 増《ふ》える⇔減《へ》る

減《へ(る)》

「大雨《おおあめ》で川《かわ》の水《みず》かさが増《ま》し、避《ひ》難《なん》する人《ひと》が増《ふ》えています。」

「雑誌《ざっし》の増刊号《ぞうかんごう》が出《で》たよ！」

チェックポイント

似《に》ている字《じ》に注意《ちゅうい》しよう。

僧 ソウ

贈 ゾウ ソウ おくる

憎 ゾウ にくむ にくい にくらしい にくしみ

わたしもゾウ

則

（9画《かく》）

音読《おんよ》み ソク

部首《ぶしゅ》 刂／りっとう

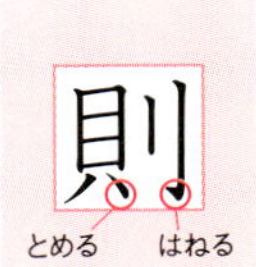
とめる
はねる

成《な》り立《た》ちと意味《いみ》

貝《かい》を刀《かたな》（刂＝りっとう）で、きちんと二《ふた》つに切《き》ることを示《しめ》して「きちんとしたてほん、きそく」の意味《いみ》に使《つか》われています。

使《つか》い方《かた》

規則《きそく》・原則《げんそく》・校則《こうそく》・鉄則《てっそく》・罰則《ばっそく》・反則《はんそく》・変則《へんそく》・法則《ほうそく》

「そうじは学校《がっこう》の規則《きそく》で決《き》められてるんですよ。さぼらないでください！」

「相手《あいて》チームの反則《はんそく》で、ペナルティーキックを得《え》たぞ。敵《てき》のミスを見逃《みのが》さないのが勝利《しょうり》の鉄則《てっそく》だ。絶対《ぜったい》はずすなよ。」

チェックポイント

「則《そく》」があるからソクと読《よ》む字《じ》。

・側《そく》…側面《そくめん》

・測《そく》…測量《そくりょう》

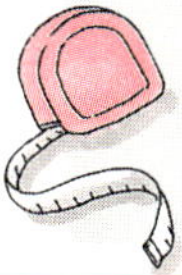

測

（12画《かく》）

音読《おんよ》み　ソク

訓読《くんよ》み　はかる

部首《ぶしゅ》　氵／さんずい

測
たかく
はねる

成《な》り立《た》ちと意味《いみ》

氵（さんずい）は水《みず》を表《あらわ》し、則《そく》がソクの読《よ》み方《かた》を示《しめ》します。則《そく》には「水《みず》をはかる」の意味《いみ》があり、「きちんとはかる」ことを表《あらわ》します。現在《げんざい》は、いろいろなものを「はかる」意味《いみ》に使《つか》われます。

使《つか》い方《かた》

測定《そくてい》・測量《そくりょう》・測候所《そっこうじょ》・観測《かんそく》・計測《けいそく》・推測《すいそく》・目測《もくそく》・予測《よそく》

「今日《きょう》は体力測定《たいりょくそくてい》か。あたしの予測《よそく》だと、ボール投《な》げのビリは小杉《こすぎ》だね。」

「計測《けいそく》の結果《けっか》、小杉《こすぎ》の記録《きろく》は三十二《さんじゅうに》メートル。ビリは藤木《ふじき》で、測《はか》ったら、たった五十《ごじっ》センチだって。」

チェックポイント

似《に》ている意味《いみ》の「はかる」。

・測《はか》る…深《ふか》さを測《はか》る。
・量《はか》る…目方《めかた》を量《はか》る。
・計《はか》る…時間《じかん》を計《はか》る。

まる子《こ》のクラスの男子《だんし》は身体測定《しんたいそくてい》を楽《たの》しみにしている
わーい
身体測定だ
楽しみだブー
何《なに》がうれしいんだか…
なぜならー
おーすげー
よし！また増《ふ》えた
小杉《こすぎ》くんの小学校三年生《しょうがっこうさんねんせい》と思《おも》えぬ体重《たいじゅう》と…
別人《べつじん》みたいだ！
ズバリ！はずかしいでしょう
アハハ
かわいい目だね
メガネをはずした丸尾《まるお》くんが見《み》られるからであるー

もっとくわしく

意味《いみ》のちがう「はかる」

・図《はか》る…試《こころ》みる。問題《もんだい》の解決《かいけつ》を図《はか》る。
・謀《はか》る…たくらむ。犯人《はんにん》が逃亡《とうぼう》を謀《はか》る。
・諮《はか》る…相談《そうだん》する。企画《きかく》を会議《かいぎ》に諮《はか》る。

「はかる」だらけだね

ソ

属

（12画《かく》）

音読《おんよ》み　ゾク

訓読《くんよ》み　—

部首《ぶしゅ》　尸／しかばね（かばね）

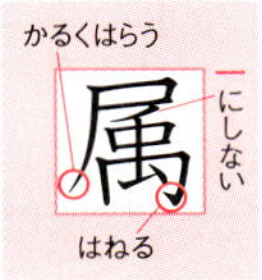

成《な》り立《た》ちと意味《いみ》

古《ふる》い字《じ》は屬《ぞく》で、蜀《しょく》がゾクと変《か》わって読《よ》み方《かた》を示《しめ》し、尸は動《どう》物《ぶつ》の尾《お》です。「つながり」を表《あらわ》し、「つらなる、つきしたがう、なかま、みうち」の意《い》味《み》に使《つか》われる字《じ》です。

使《つか》い方《かた》

属国《ぞっこく》・金属《きんぞく》・所属《しょぞく》・専属《せんぞく》・配属《はいぞく》・付属《ふぞく》

「イルカは魚《さかな》じゃなくて、ほ乳類《にゅうるい》に属《ぞく》しているんだって。」

「ズバリ！　水銀《すいぎん》は金属《きんぞく》の中《なか》でただ一《ひと》つ、液体《えきたい》でしょう！」

チェックポイント

最後《さいご》の部分《ぶぶん》に注《ちゅう》意《い》しよう。

率

（11画《かく》）

音読《おんよ》み　ソツ・リツ

訓読《くんよ》み　ひきいる

部首《ぶしゅ》　玄／げん

成《な》り立《た》ちと意味《いみ》

毛《け》のついた糸《いと》（）を、編《あ》む道《どう》具《ぐ》に入《い》れた形《かたち》（）からできました。「糸《いと》をあむ」意《い》味《み》の字《じ》だったのが、「わりあい」「ひきいる」の意《い》味《み》に借《か》りて用《もち》いられたため、「わりあい、ひきいる、すなお」の意《い》味《み》を持《も》つようになりました。

使《つか》い方《かた》

率先《そっせん》・率直《そっちょく》・引率《いんそつ》・軽率《けいそつ》・確率《かくりつ》・能率《のうりつ》・比率《ひりつ》・円周率《えんしゅうりつ》・百分率《ひゃくぶんりつ》

「先生《せんせい》に率《ひき》いられて、公園《こうえん》に写生《しゃせい》に行《い》ったブー。」

「率直《そっちょく》に言《い》って、まる子《こ》と同《おな》じ部屋《へや》だと勉強《べんきょう》の能率《のうりつ》が上《あ》がらないわ。」

チェックポイント

「卒《そつ》」とまちがえやすいので、注《ちゅう》意《い》しよう。

×卒先→○率先《そっせん》

×引卒→○引率《いんそつ》

損

（13画《かく》）

音読《おんよ》み ソン

訓読《くんよ》み そこなう・そこねる

部首《ぶしゅ》 扌／てへん

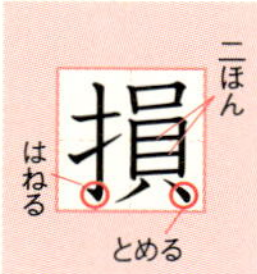

成《な》り立《た》ちと意味《いみ》

扌（てへん）は手《て》（扌）を表《あらわ》します。員《いん》がソンと変《か》わって読《よ》み方《かた》を示《しめ》し、ソンの音《おん》には「取《と》り去《さ》る」意味《いみ》がありま す。「手《て》で取《と》り去《さ》る」ことを表《あらわ》し、「へる、そこなう」意味《いみ》に使《つか》われます。

使《つか》い方《かた》

損害《そんがい》・損失《そんしつ》・損傷《そんしょう》・損得《そんとく》・欠損《けっそん》・破損《はそん》

対語《たいご》

得《とく》　損《そん》⇕得《とく》

「まる子《こ》、また、お姉《ねえ》ちゃんのきげんを損《そこ》ねたのかい。」

「損得《そんとく》ばかり考《かんが》えてると、かえって損《そん》をすることも多《おお》いんだよ。」

チェックポイント

「手《て》（扌）で口《くち》かい（貝《かい》）て損《そん》をする」と覚《おぼ》える。

損《そん》

退

（9画《かく》）

音読《おんよ》み タイ

訓読《くんよ》み しりぞく・しりぞける

部首《ぶしゅ》 辶／しんにょう

成《な》り立《た》ちと意味《いみ》

辶（しんにょう）は道《みち》（亍）と足《あし》（止）からでき、道《みち》を歩《ある》くことを表《あらわ》します。艮のもとの形《かたち》は夏です。夂は足《あし》（止）を逆《さか》さにした形《かたち》で、日《じつ》がタイと変《か》わって読《よ》み方《かた》を示《しめ》します。道《みち》を逆《ぎゃく》に歩《ある》くことから、「しりぞく」意味《いみ》に使《つか》われます。

使《つか》い方《かた》

退化《たいか》・退学《たいがく》・退去《たいきょ》・退散《たいさん》・退治《たいじ》・退場《たいじょう》・退職《たいしょく》・退席《たいせき》・引退《いんたい》・後退《こうたい》・辞退《じたい》・進退《しんたい》・早退《そうたい》・立《た》ち退《の》く

対語《たいご》

入《にゅう》　退院《たいいん》⇕入院《にゅういん》

進《しん》　退歩《たいほ》⇕進歩《しんぽ》

「後退《こうたい》しちゃだめだ。退《しりぞ》いたら、絶《ぜっ》対《たい》に負《ま》けるぞ！」

チェックポイント

「立《た》ち退《の》く」は特別《とくべつ》に許《ゆる》された読《よ》み方《かた》。

貸

（12画《かく》）

音読《おんよ》み タイ
訓読《くんよ》み かす
部首《ぶしゅ》 貝／かい

七にしない
はねる

成《な》り立《た》ちと意味《いみ》

貝《かい》は「お金《かね》」を表《あらわ》します。代《たい》がタイの読《よ》み方《かた》を示《しめ》し、タイの音《おん》には「かす、かりる」の意味《いみ》があります。もとは「貸《たい》」も「借《しゃく》」も「かす、かりる」両方《りょうほう》の意味《いみ》に使《つか》われましたが、とちゅうで「かす」は「貸《か》す」、「かりる」は「借《か》りる」と使《つか》い分《わ》けられるようになりました。

使《つか》い方《かた》

貸借《たいしゃく》・貸室《かししつ》・貸本《かしほん》・貸家《かしや》・貸《か》し切《き》り・貸《か》し出《だ》し

「この雑誌《ざっし》は貸《か》さないよ。読《よ》みたければ、図書館《としょかん》で借《か》りればいいでしょ。」

「まだ貸《か》し出《だ》ししてないんだよ。」

チェックポイント

「代《か》わりに貝《かい》を貸《か》しましょう」と覚《おぼ》える。

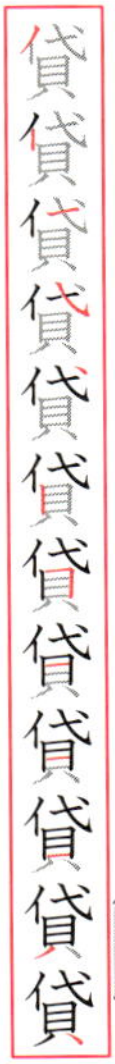

態

（14画《かく》）

音読《おんよ》み タイ
訓読《くんよ》み
部首《ぶしゅ》 心／こころ

とめる
はねる

成《な》り立《た》ちと意味《いみ》

能《のう》には「できる」の意味《いみ》があり、タイと変《か》わって読《よ》み方《かた》を示《しめ》します。心《こころ》のはたらきを表《あらわ》す字《じ》だったのが、後《のち》に「体《からだ》のようす」を表《あらわ》す意味《いみ》に用《もち》いられるようになりました。「ありさま、すがた」として使《つか》われています。

使《つか》い方《かた》

態勢《たいせい》・態度《たいど》・形態《けいたい》・状態《じょうたい》・常態《じょうたい》・生態《せいたい》・変態《へんたい》・容態《ようだい》

「おじいちゃん、かぜの容態《ようだい》はどう？ まる子《こ》、心《こころ》から心配《しんぱい》してるよ。」

「あの態度《たいど》、また何《なに》か、たのみごとする気《き》だね。」

チェックポイント

「ヒ」の書《か》き方《かた》に気《き》をつけよう。

×ヒ
○ヒ

最後《さいご》ははねてね！

ソ
タ

Z会《ゼットかい》の「漢字《かんじ》の覚《おぼ》え方《かた》紹介《しょうかい》②」

漢字《かんじ》は一字《いちじ》ずつ覚《おぼ》えるだけでなく、熟語《じゅくご》や例文《れいぶん》で覚《おぼ》えるのも効果的《こうかてき》です。

①熟語《じゅくご》で覚《おぼ》える。

◆覚《おぼ》えたい字《じ》が入《はい》った熟語《じゅくご》を漢和《かんわ》辞典《じてん》で集《あつ》め、何度《なんど》も書《か》いて覚《おぼ》える。

劇《げき》
劇場《げきじょう》・劇的《げきてき》・劇薬《げきやく》・演劇《えんげき》・喜劇《きげき》・悲劇《ひげき》

酸《さん》 す(い)
酸性《さんせい》・酸素《さんそ》・酸味《さんみ》・炭酸《たんさん》・二酸化炭素《にさんかたんそ》

縦《じゅう》 たて
縦貫《じゅうかん》・縦走《じゅうそう》・縦断《じゅうだん》・操縦《そうじゅう》・縦糸《たていと》

探《たん》 さぐ(る) さが(す)
探究《たんきゅう》・探検《たんけん》・探査《たんさ》・探知《たんち》・探訪《たんぼう》

費《ひ》 つい(やす) つい(える)
費用《ひよう》・学費《がくひ》・食費《しょくひ》・光熱費《こうねつひ》

②短《みじか》い例文《れいぶん》ごと覚《おぼ》える。

寄《き》 よ(る) よ(せる)
被災地《ひさいち》に寄付金《きふきん》を送《おく》る。友達《ともだち》の家《いえ》に寄《よ》る。

敬《けい》 うやま(う)
父母《ふぼ》を尊敬《そんけい》する。目上《めうえ》の人《ひと》を敬《うやま》う。

責《せき》 せ(める)
責任感《せきにんかん》が強《つよ》い。過《あやま》ちを責《せ》める。

痛《つう》 いた(い)・いた(む) いた(める)
痛烈《つうれつ》なヒットを放《はな》つ。虫歯《むしば》が痛《いた》む。

豊《ほう》 ゆた(か)
食糧《しょくりょう》が豊富《ほうふ》にある。とても緑豊《みどりゆた》かな山《やま》だ。

訪《ほう》 おとず(れる) たず(ねる)
今日《きょう》は家庭訪問《かていほうもん》の日《ひ》だ。やっと春《はる》が訪《おとず》れた。

乱《らん》 みだ(れる) みだ(す)
乱暴《らんぼう》に戸《と》を閉《し》める。風《かぜ》で、かみの毛《け》が乱《みだ》れる。

③漢字《かんじ》の組《く》み合《あ》わせ方《かた》で熟語《じゅくご》を分類《ぶんるい》して覚《おぼ》える。

◆反対《はんたい》の意味《いみ》を持《も》つ字《じ》を重《かさ》ねてできた熟語《じゅくご》を、まとめて覚《おぼ》える。

左右《さゆう》　強弱《きょうじゃく》　高低《こうてい》　遠近《えんきん》
開閉《かいへい》　勝負《しょうぶ》　生死《せいし》　晴雨《せいう》

□に字《じ》を入《い》れて同《おな》じような熟語《じゅくご》を作《つく》ろう

A 紅□

B □短

◆似《に》た意味《いみ》の字《じ》を重《かさ》ねてできた熟語《じゅくご》を、まとめて覚《おぼ》える。

温暖《おんだん》　絵画《かいが》　河川《かせん》　増加《ぞうか》
価値《かち》　正確《せいかく》　尊敬《そんけい》　善良《ぜんりょう》

じゃあ これは？

C 身□

D 岩□

答《こた》え　A紅白《こうはく》　B長短《ちょうたん》　C身体《しんたい》　D岩石《がんせき》

団

（6画《かく》）

音読《おんよ》み ダン・トン

訓読《くんよ》み

部首《ぶしゅ》 囗／くにがまえ

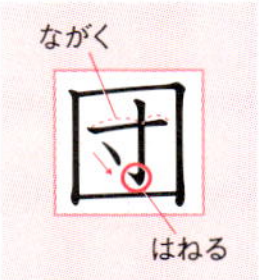

成《な》り立《た》ちと意味《いみ》

古《ふる》い字《じ》は團《だん》で、專《せん》がダンと変《か》わって読《よ》み方《かた》を示《しめ》します。囗（くにがまえ）は「まる」を表《あらわ》し、「ひとかたまりにまるまったもの」を意《い》味《み》する字《じ》です。「かたまり、だんたい」として使《つか》われます。

使《つか》い方《かた》

団員《だんいん》・団長《だんちょう》・団体《だんたい》・団結《だんけつ》・団子《だんご》・団地《だんち》・一団《いちだん》・楽団《がくだん》・劇団《げきだん》・公団《こうだん》・財団《ざいだん》・入団《にゅうだん》・退団《たいだん》・合唱団《がっしょうだん》・布団《ふとん》

「さくらさん、二人《ふたり》で団結《だんけつ》して、お笑《わら》いの劇団《げきだん》を作《つく》らない？」

「はまじも団員《だんいん》にしようよ。」

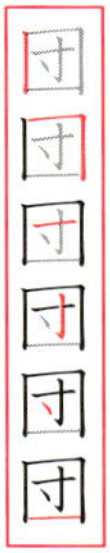

チェックポイント

「囗」を「くにがまえ」とよぶ。

・くにがまえのつく字《じ》。

国《くに》 図《ず》 固《こ》

困《こん》 囲《い》 回《かい》

断

（11画《かく》）

音読《おんよ》み ダン

訓読《くんよ》み たつ・ことわる

部首《ぶしゅ》 斤／おのづくり（きん）

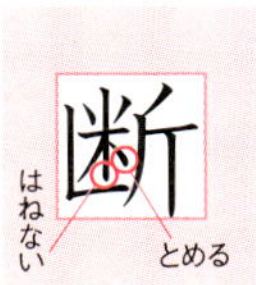

成《な》り立《た》ちと意味《いみ》

古《ふる》い字《じ》は斷《だん》です。おの（斤＝おのづくり）で糸《いと》をたちきる様子《ようす》を表《あらわ》し、「たつ、ことわる、きっぱりきめる」などの意《い》味《み》に使《つか》われている字《じ》です。

使《つか》い方《かた》

断言《だんげん》・断食《だんじき》・断水《だんすい》・断絶《だんぜつ》・断続《だんぞく》・断定《だんてい》・断念《だんねん》・独断《どくだん》・横断《おうだん》・縦断《じゅうだん》・決断《けつだん》・切断《せつだん》・判断《はんだん》・断《た》ち切《き》る

「花《はな》輪《わ》クンも、わたしから告白《こくはく》されたら断《ことわ》れないはずよ。」

「よくそこまで断言《だんげん》できるもんだね。」

チェックポイント

また続《つづ》くかもしれない場《ば》合《あい》は「断《た》つ」。続《つづ》くことがないよう終《お》わりにするのが「絶《た》つ」。

・酒《さけ》を断《た》つ。

・命《いのち》を絶《た》つ。

築

（16画《かく》）

音読《おんよ》み　チク

訓読《くんよ》み　きずく

部首《ぶしゅ》　竹／たけかんむり

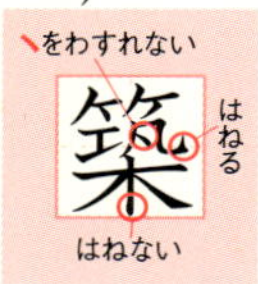

をわすれない
はねる
はねない

成《な》り立《た》ちと意味《いみ》

筑《ちく》がチクの読《よ》み方《かた》を示《しめ》します。木《き》のきねで土《つち》をつきかためることを表《あらわ》し、「きずく」として使《つか》われる字《じ》です。

使《つか》い方《かた》

築港《ちっこう》・建築《けんちく》・新築《しんちく》・改築《かいちく》・増築《ぞうちく》・築山《つきやま》

「ズバリ！　現在《げんざい》の地位《ちい》を築《きず》くまでには、たいへんな苦労《くろう》があったでしょう！」

「学級委員《がっきゅういいん》になっただけなのに…。」

「お父《とう》さん、家《いえ》を新築《しんちく》してよ。新築《しんちく》が無理《むり》ならわたしの部屋《へや》を増築《ぞうちく》して。」

築築築築築築築
築築築築築築築

チェックポイント

「築山《つきやま》」は特別《とくべつ》に許《ゆる》された読《よ》み方《かた》。

築山《つきやま》

庭《にわ》などにつくられた小《ちい》さな山《やま》のことだよ

張

（11画《かく》）

音読《おんよ》み　チョウ

訓読《くんよ》み　はる

部首《ぶしゅ》　弓／ゆみへん

だささない
はねる

成《な》り立《た》ちと意味《いみ》

長《ちょう》には「ふくらむ」意味《いみ》があり、チョウの読《よ》み方《かた》を示《しめ》します。弓《ゆみ》がふくらむということから、「はる」の意味《いみ》に使《つか》われます。

使《つか》い方《かた》

張力《ちょうりょく》・拡張《かくちょう》・緊張《きんちょう》・主張《しゅちょう》・出張《しゅっちょう》・膨張《ぼうちょう》・張《は》り合《あ》い・張《は》り切《き》る・言《い》い張《は》る

「山根《やまね》くん、もっと胸《むね》を張《は》って歩《ある》きなよ。」

「いたた…。緊張《きんちょう》で、また胃腸《いちょう》が痛《いた》くなってきた…。」

「さくらさんって、けっこう、自分《じぶん》の意見《いけん》を主張《しゅちょう》するね。」

張張張張張張張張張張張

チェックポイント

似《に》ている字《じ》に注意《ちゅうい》。

帳　チョウ

・帳面《ちょうめん》

「張《は（る）》」は「弓《ゆみ》がはる」と覚《おぼ》えて「帳《ちょう》」と区別《くべつ》する。

提

（12画《かく》）

音読《おんよ》み テイ

訓読《くんよ》み さげる

部首《ぶしゅ》 扌／てへん

走にしない
はねる

成《な》り立《た》ちと意味《いみ》

扌（てへん）は、手《て》（扌）を表《あらわ》し、さじ（スプーン）の形《かたち》からできた是《てい》がテイの読《よ》み方《かた》を示《しめ》します。「手《て》でもつ」ことを表《あらわ》し、「さげる、さしだす」意味《いみ》に使《つか》われる字《じ》です。

使《つか》い方《かた》 提案《ていあん》・提供《ていきょう》・提示《ていじ》・提出《ていしゅつ》・前提《ぜんてい》・手提《てさ》げ

「夏休《なつやす》みの宿題《しゅくだい》、あしたまでに提出《ていしゅつ》しなきゃ。お願《ねが》い、お姉《ねえ》ちゃん、手伝《てつだ》って。」

「わたしの提示《ていじ》する条《じょう》件《けん》をのめば、手伝《てつだ》うよ。今日《きょう》のおやつを提供《ていきょう》する気《き》ある？」

チェックポイント

似《に》ている字《じ》に注《ちゅう》意《い》しよう。

堤 テイ つつみ

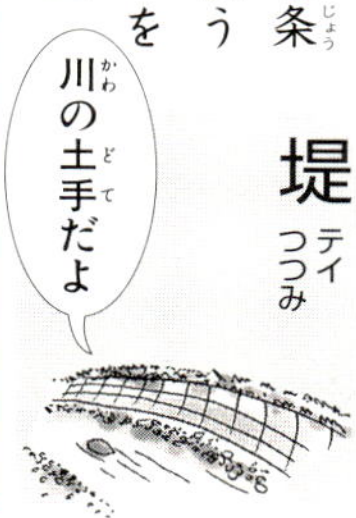
川《かわ》の土手《どて》だよ

提提提提提提提提提提提提

程

（12画《かく》）

音読《おんよ》み テイ

訓読《くんよ》み ほど

部首《ぶしゅ》 禾／のぎへん

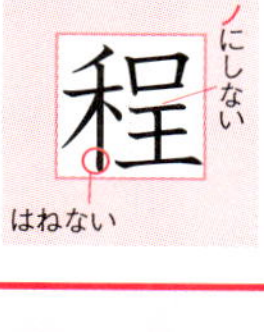
ノにしない
はねない

成《な》り立《た》ちと意味《いみ》

禾（のぎへん）は穀物《こくもつ》の穂《ほ》のたれさがった形《かたち》を表《あらわ》し、呈《てい》がテイの読《よ》み方《かた》を示《しめ》します。穀物《こくもつ》を順序《じゅんじょ》よく積《つ》みあげることを表《あらわ》し、「きまり、てほん、みちすじ」に使《つか》われる字《じ》です。

使《つか》い方《かた》 程度《ていど》・音程《おんてい》・過程《かてい》・規程《きてい》・工程《こうてい》・日程《にってい》・程合《ほどあ》い・程良《ほどよ》い

「う〜ん、程良《ほどよ》い湯《ゆ》かげんだね。自《し》然《ぜん》に歌《うた》を歌《うた》っちゃうよ。」

「まる子《こ》ったら、この程度《ていど》の問題《もんだい》も解《と》けないの!?」

チェックポイント

「呈《てい》」の書《か》き方《かた》に注《ちゅう》意《い》しよう。

×呈 ○呈

王《おう》じゃよ

程程程程程程程程程程程程

チ・テ

適

（14画《かく》）

音読《おんよ》み　テキ

訓読《くんよ》み

部首《ぶしゅ》　辶／しんにょう

適　啇《てき》にしない　はねる

成《な》り立《た》ちと意味《いみ》

辶（しんにょう）は道《みち》（亍）と足《あし》（止）からでき、道《みち》を歩《ある》くことを表《あらわ》します。啇《てき》がテキの読《よ》み方《かた》を示《しめ》し、「道《みち》を歩《ある》いて行《い》く」意味《いみ》の字《じ》だったのが、「てきする（＝あてはまる、ふさわしい）」の意味《いみ》に借《か》りて用《もち》いられるようになりました。

使《つか》い方《かた》

適応《てきおう》・適格《てきかく》・適正《てきせい》・適性《てきせい》・適切《てきせつ》・適中《てきちゅう》・適度《てきど》・適当《てきとう》・適任《てきにん》・適役《てきやく》・適用《てきよう》・適材適所《てきざいてきしょ》・快適《かいてき》・最適《さいてき》

「テスト、二十三点《にじゅうさんてん》か。悪《わる》い予感《よかん》が適中《てきちゅう》だね。適《てき》当《とう》にごまかせないかな。」

「適中《てきちゅう》は的中《てきちゅう》とも書《か》くんだよ。」

チェックポイント

「啇《てき》」が「商《しょう》」にならないように。

×適

○適

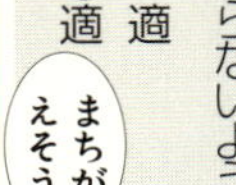

まちがえそう

ズバリ！学芸会《がくげいかい》でやる劇《げき》の配役《はいやく》を発表《はっぴょう》するでしょう！
学級委員《がっきゅういいん》の二人《ふたり》で決《き》めました
劇「白雪姫」
「王様《おうさま》」小杉《こすぎ》くん「悪《わる》いおきさき」城ヶ崎《じょうがさき》さん「七人《しちにん》の小人《こびと》」大野《おおの》くん杉山《すぎやま》くん花輪《はなわ》クン…
…そして「王子様《おうじさま》」私《わたし》丸尾《まるお》「白雪姫《しらゆきひめ》」みぎわさん以上《いじょう》です
えー
ズルイ
なんで？
ほんとは王子様《おうじさま》は花輪《はなわ》クンがよかったんですが…
ズバリ！適材《てきざい》適所《てきしょ》の配役《はいやく》でしょう！
そして配役《はいやく》は投票《とうひょう》でやり直《なお》しとなった──

敵

15画《かく》

音読《おんよ》み テキ

訓読《くんよ》み かたき

部首《ぶしゅ》 攵／ぼくにょう（ぼくづくり・のぶん）

敵　商にしない　はねる

成《な》り立《た》ちと意味《いみ》

攵（ぼくにょう）は手《て》（又）に棒《ぼう》（卜）を持《も》っている形《かたち》（⺊又）からでき、「うつ」意味《いみ》を表《あらわ》します。商《てき》がテキの読《よ》み方《かた》を示《しめ》し、打《う》ち合《あ》う相手《あいて》、「てき、かたき」の意味《いみ》に使《つか》われる字《じ》です。

使《つか》い方《かた》

敵軍《てきぐん》・敵陣《てきじん》・敵対《てきたい》・敵兵《てきへい》・強敵《きょうてき》・宿敵《しゅくてき》・大敵《たいてき》・天敵《てんてき》・不敵《ふてき》・無敵《むてき》・好敵手《こうてきしゅ》・敵役《かたきやく》

「さくらさんとわたしは、お笑《わら》いの好敵手《こうてきしゅ》、つまりライバルだね。」

「むむっ!? 不敵《ふてき》な笑《わら》いだね。強敵出現《きょうてきしゅつげん》ってところかな。」

敵敵敵敵敵敵敵敵敵敵敵敵敵敵

チェックポイント

「商《てき》」のつく字《じ》はテキと読《よ》む。

統

12画《かく》

音読《おんよ》み トウ

訓読《くんよ》み すべる

部首《ぶしゅ》 糸／いとへん

統　ださない　はねる　はねない

成《な》り立《た》ちと意味《いみ》

充《じゅう》がトウと変《か》わって読《よ》み方《かた》を示《しめ》します。「細長《ほそなが》くのびた糸《いと》」を表《あらわ》し、「すじ、つづき、すべる（＝おさめる）」などの意味《いみ》に使《つか》われる字《じ》です。

使《つか》い方《かた》

統一《とういつ》・統計《とうけい》・統合《とうごう》・統制《とうせい》・統率《とうそつ》・統治《とうち》・系統《けいとう》・血統《けっとう》・伝統《でんとう》・大統領《だいとうりょう》

「豊臣秀吉《とよとみひでよし》は、多《おお》くの国《くに》と武将《ぶしょう》を統《す》べて、天下《てんか》を統一《とういつ》した人《ひと》です。」

「統率力《とうそつりょく》がある人《ひと》だったんだブー。」

「歌舞伎《かぶき》は伝統芸能《でんとうげいのう》の一《ひと》つなんだよ。」

統統統統統統統統統統統統

チェックポイント

似《に》ている字《じ》に注意《ちゅうい》。

流　リュウ・ル　ながれる・ながす

・流《りゅう》…水《みず》のながれ。

・統《とう》…糸《いと》のすじ。

テ・ト

銅

（14画《かく》）

音読《おんよ》み ドウ

訓読《くんよ》み

部首《ぶしゅ》 金／かねへん

成《な》り立《た》ちと意味《いみ》

同《どう》がドウの読《よ》み方《かた》を示《しめ》します。ドウの音《おん》には「あか」の意味《いみ》があり、赤《あか》い色《いろ》の金属《きんぞく》「どう」を表《あらわ》す字《じ》です。

使《つか》い方《かた》

銅貨《どうか》・銅山《どうざん》・銅線《どうせん》・銅像《どうぞう》・赤銅《しゃくどう》・青銅《せいどう》・分銅《ふんどう》・銅版画《どうばんが》

「海水浴《かいすいよく》に行《い》ったら、赤銅色《しゃくどういろ》に日焼《ひや》けしたじょー。」

「硬貨《こうか》の中《なか》で、十円玉《じゅうえんだま》だけが銅貨《どうか》だって、ほんとかな?」

「・・・どうかな。なんちゃって。」

チェックポイント

似《に》ている字《じ》に注意《ちゅうい》。

胴 ドウ

・胴《どう》…体《からだ》の一部《いちぶ》。
・銅《どう》…金属《きんぞく》。

導

（15画《かく》）

音読《おんよ》み ドウ

訓読《くんよ》み みちびく

部首《ぶしゅ》 寸／すん

成《な》り立《た》ちと意味《いみ》

道《どう》がドウの読《よ》み方《かた》を示《しめ》し、寸《すん》は手《て》（又）からできました。「手《て》を引《ひ》いてみちびく」意味《いみ》に使《つか》われています。

使《つか》い方《かた》

導入《どうにゅう》・導火線《どうかせん》・指導《しどう》・先導《せんどう》・補導《ほどう》・誘導《ゆうどう》・盲導犬《もうどうけん》

「チームを勝利《しょうり》に導《みちび》いたのは杉山《すぎやま》だと思《おも》うよ。」

「いや、試合前《しあいまえ》に大野《おおの》がシュートを指導《しどう》してくれたからさ。」

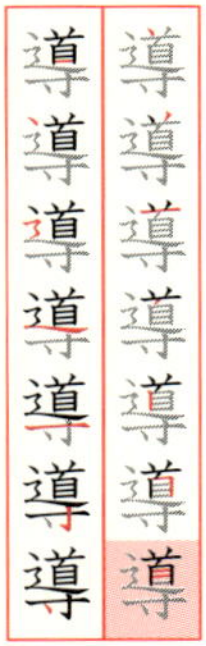

ちょっとひとこと

「みちびく」は「道《みち》引《び》く」からできた言葉《ことば》。

ト

徳

（14画《かく》）

音読《おんよ》み トク

訓読《くんよ》み

部首《ぶしゅ》 彳／ぎょうにんべん

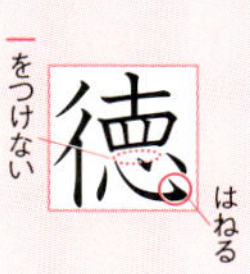

成《な》り立《た》ちと意味《いみ》

古《ふる》い字《じ》は德《とく》で、悳《ちょく》は直《ちょく》と心《こころ》からでき、「正直《しょうじき》な心《こころ》」を表《あらわ》します。彳（ぎょうにんべん）は道《みち》（）からでき、「人《ひと》のふむべき道《みち》、ためになる」という意味《いみ》の字《じ》です。

使《つか》い方《かた》

徳用《とくよう》・悪徳《あくとく》・功徳《くどく》・人徳《じんとく》・道徳《どうとく》・美徳《びとく》・不徳《ふとく》・報徳《ほうとく》

「お母《かあ》さん、ジュースのお徳用品《とくようひん》だよ。買《か》っていこうよ。」

「おぼっちゃまが、みんなから好《す》かれるのは、人徳《じんとく》があるからですよ。」

ちょっとひとこと

「功徳《くどく》」は、神《かみ》や仏《ほとけ》から恵《めぐ》みを得《え》られるような良《よ》い行《おこな》い。

独

（9画《かく》）

音読《おんよ》み ドク

訓読《くんよ》み ひとり

部首《ぶしゅ》 犭／けものへん

成《な》り立《た》ちと意味《いみ》

古《ふる》い字《じ》は獨《どく》です。犭（けものへん）はもとで「けもの」を表《あらわ》し、蜀《しょく》がドクと変《か》わって読《よ》み方《かた》を示《しめ》します。犬《いぬ》がけんかをする意味《いみ》の字《じ》だったのが、後《のち》に「けんかをしないように犬《いぬ》を一《いっ》ぴきにしておく」意味《いみ》に変《か》わり、「ひとり、ひとつ」を表《あらわ》すようになりました。

使《つか》い方《かた》

独学《どくがく》・独裁《どくさい》・独自《どくじ》・独唱《どくしょう》・独身《どくしん》・独占《どくせん》・独走《どくそう》・独特《どくとく》・独立《どくりつ》・単独《たんどく》・独《ひと》り言《ごと》・独《ひと》り立《だ》ち

「まる子《こ》が独《ひと》り立《だ》ちするのは、いつのことかしら。」

チェックポイント

「一人《ひとり》」と「独《ひと》り」の使《つか》い分《わ》け。人《ひと》の数《かず》が一《いち》の時《とき》は「一人《ひとり》」。相手《あいて》や仲間《なかま》がいない時《とき》は「独《ひと》り」を使《つか》う。

任

（6画《かく》）

音読《おんよ》み ニン

訓読《くんよ》み まかせる・まかす

部首《ぶしゅ》 亻／にんべん

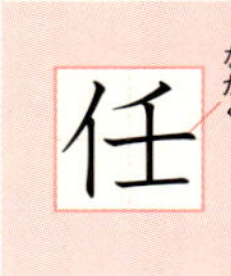

成《な》り立《た》ちと意味《いみ》

壬《にん》には「かつぐ」意味《いみ》があり、ニンの読《よ》み方《かた》を示《しめ》します。人《ひと》（亻＝にんべん）が荷物《にもつ》をかつぐということから、「つとめ、やくめ、まかせる」の意味《いみ》を表《あらわ》す字《じ》です。

使《つか》い方《かた》 任務《にんむ》・任命《にんめい》・一任《いちにん》・就任《しゅうにん》・新任《しんにん》・解任《かいにん》・辞任《じにん》・信任《しんにん》・責任《せきにん》・担任《たんにん》・放任《ほうにん》・人任《ひとまか》せ

「学級委員《がっきゅういいん》って責任《せきにん》が重《おも》そうだよね。まるちゃん、やってみたい？」
「あたしゃ人《ひと》に任《まか》せておきたいね。」

チェックポイント

「丿」の下《した》は、「土《つち》」ではなく「士《し》」。

○任　×任

燃

（16画《かく》）

音読《おんよ》み ネン

訓読《くんよ》み もえる・もやす・もす

部首《ぶしゅ》 火／ひへん

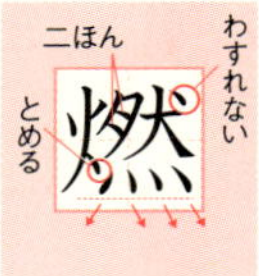

成《な》り立《た》ちと意味《いみ》

然《えん》がネンと変《か》わって読《よ》み方《かた》を示《しめ》し、灬（れんが）は火《ひ》を表《あらわ》します。もとは「然《ねん》」の字《じ》が「もえる」意味《いみ》を表《あらわ》していましたが、とちゅうで別《べつ》の意味《いみ》に変《か》わったため、火（ひへん）を加《くわ》えて新《あら》たに「もえる」意味《いみ》の字《じ》を作《つく》りました。

使《つか》い方《かた》 燃焼《ねんしょう》・燃料《ねんりょう》・再燃《さいねん》・可燃性《かねんせい》・燃《も》え尽《つ》きる

「私《わたくし》は希望《きぼう》に燃《も》えているでしょう！」
「お父《とう》さんの燃料《ねんりょう》は、お酒《さけ》だね。」

チェックポイント

似《に》ている字《じ》に注意《ちゅうい》。

然 ゼン ネン

能

（10画《かく》）

音読《おんよ》み ノウ

訓読《くんよ》み

部首《ぶしゅ》 月／にくづき

とめる
はねる

成《な》り立《た》ちと意味《いみ》

もとは𦊰で、クマの形を表《あらわ》していましたが、「できる」の意味《いみ》に借《か》りて用《もち》いられたため、「できる、はたらき」の意味《いみ》を持《も》つようになりました（「クマ」を表《あらわ》すために、能《のう》に灬＝れんがをつけて新《あら》たに「熊《くま》」の字《じ》が作《つく》られました）。

使《つか》い方《かた》

・能楽《のうがく》・能面《のうめん》・能率《のうりつ》・能力《のうりょく》・可能《かのう》・技能《ぎのう》・芸能《げいのう》・才能《さいのう》・性能《せいのう》・知能《ちのう》・本能《ほんのう》・放射能《ほうしゃのう》・能書《のうが》き

「チンパンジーは、とても**知能《ちのう》**が高《たか》いから、読《よ》み書《か》きができるようになる**可能性《かのうせい》**も、ないとはいいきれないんだよ。」

チェックポイント

「態《たい》」と似《に》ているので注意《ちゅうい》しよう。

「心《こころ》」はいらないのさ

能能能能能能能能能能

破

（10画《かく》）

音読《おんよ》み ハ

訓読《くんよ》み やぶる・やぶれる

部首《ぶしゅ》 石／いしへん

「にしない
はらう

成《な》り立《た》ちと意味《いみ》

皮《ひ》がハと変《か》わって読《よ》み方《かた》を示《しめ》します。岩石《がんせき》がこわれることを表《あらわ》し、「こわす、やぶれる」意味《いみ》に使《つか》われます。「走《そう》破《は》、読破《どくは》」のように「しとげる」意味《いみ》にも使《つか》われます。

使《つか》い方《かた》

破産《はさん》・破片《はへん》・破裂《はれつ》・突破《とっぱ》・爆破《ばくは》・難破船《なんぱせん》

「ふざけて遊《あそ》んでいたら、ズボンのおしりが破《やぶ》けちゃった。」

「ガラスを割《わ》った時《とき》は、**破片《はへん》**でけがをしないよう、注意《ちゅうい》しましょう。」

チェックポイント

「石《いし》なげて皮破《かわやぶ》る」と覚《おぼ》える。

バン

破破破破破破破破破破

犯

（5画《かく》）

音読《おんよ》み ハン

訓読《くんよ》み おかす

部首《ぶしゅ》 犭／けものへん

ださない
はねる
はねる

成《な》り立《た》ちと意味《いみ》

犭（けものへん）はもとは (古字) で、けものを表《あらわ》し、㔾《はん》がハンの読《よ》み方《かた》を示《しめ》します。犬《いぬ》が人《ひと》をきずつけることを表《あらわ》す字《じ》で、「おかす」意味《いみ》に使《つか》われます。

使《つか》い方《かた》

犯行《はんこう》・犯罪《はんざい》・犯人《はんにん》・主犯《しゅはん》・防犯《ぼうはん》・現行犯《げんこうはん》

「罪《つみ》を犯《おか》した人《ひと》を裁《さば》くのが、裁判《さいばん》官《かん》の仕事《しごと》です。」

「うちには、たくさんの美術品《びじゅつひん》があるから、防犯《ぼうはん》には気《き》をつかっているよ。」

チェックポイント

「犭（けものへん）」の形《かたち》に注意《ちゅうい》しよう。

×犭　○犭

二番目《にばんめ》のはらいは右《みぎ》に出《で》ない

判

（7画《かく》）

音読《おんよ》み ハン・バン

訓読《くんよ》み

部首《ぶしゅ》 刂／りっとう

だす
とめる
はねる

成《な》り立《た》ちと意味《いみ》

半《はん》が「はんぶん」の意味《いみ》とハンの読《よ》み方《かた》を示《しめ》します。刀《かたな》（刂＝りっとう）で「切《き》って分《わ》ける、けじめをつける」という意味《いみ》の字《じ》です。

使《つか》い方《かた》

判決《はんけつ》・判断《はんだん》・判定《はんてい》・判別《はんべつ》・判明《はんめい》・公判《こうはん》・審判《しんぱん》・談判《だんぱん》・批判《ひはん》・大判《おおばん》・小判《こばん》・裁判《さいばん》・評判《ひょうばん》

「ぼくときみ、みんなの評判《ひょうばん》は、どっちがいいんだろうね？」

「どっちも暗《くら》いから、判定《はんてい》は難《むずか》しいかも。」

「さすがのあたしも判《はん》断《だん》がつかないね。」

チェックポイント

「半《はん》」を「㐄」と書《か》かないように。

×判　○判

これじゃハンになりません

版

（8画《かく》）

音読《おんよ》み ハン

訓読《くんよ》み

部首《ぶしゅ》 片／かたへん

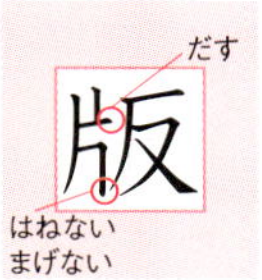
だす
はねない
まげない

成《な》り立《た》ちと意味《いみ》

片《へん》は木《き》（ ）を半分《はんぶん》にした形《かたち》（ ）からできました。反《はん》がハンの読《よ》み方《かた》を示《しめ》しています。「半分《はんぶん》にわった木《き》のいた」を表《あらわ》し、「印刷用《いんさつよう》として字《じ》や絵《え》をほった板《いた》、印刷《いんさつ》して本《ほん》を出《だ》すこと」などの意味《いみ》に使《つか》われる字《じ》です。

使《つか》い方《かた》 版画《はんが》・版木《はんぎ》・出版《しゅっぱん》・絶版《ぜっぱん》・石版《せきばん》・木版《もくはん》

「エッチングとは、銅《どう》の板《いた》で作《つく》った版《はん》画《が》だよ。」

「大好《だいす》きなお笑《わら》いタレントの本《ほん》が出版《しゅっぱん》されたよ。」

版版版版版版版版

チェックポイント

木《き》にほるのが「木版《もくはん》」、石《いし》にほるのが「石版《せきばん》」。

おじいちゃん 何《なに》してるの？
今年《ことし》の年賀状《ねんがじょう》は版画《はんが》にしようと思《おも》ってな
版画《はんが》の年賀状《ねんがじょう》かぁ かっこいいなあ
まる子《こ》もやってみるかい？
できたー！
よし 年賀状《ねんがじょう》にすってみよう！
ああ〜
版画《はんが》は左右《さゆう》が逆《ぎゃく》になることを忘《わす》れていた二人《ふたり》だった

比

（4画《かく》）

音読《おんよ》み ヒ

訓読《くんよ》み くらべる

部首《ぶしゅ》 比／くらべる（ひ）

成《な》り立《た》ちと意味《いみ》

人《ひと》が並《なら》んでいる形《かたち》（从）からできました。「ならぶ、くらべあう」の意味《いみ》を表《あらわ》している字《じ》です。

使《つか》い方《かた》 比較《ひかく》・比重《ひじゅう》・比熱《ひねつ》・比率《ひりつ》・比例《ひれい》・対比《たいひ》・無比《むひ》・腕比《うでくら》べ・背比《せいくら》べ

「お姉《ねえ》ちゃん、今日《きょう》はこどもの日《ひ》だから、背比《せいくら》べしようよ。」

「油《あぶら》は水《みず》よりも比重《ひじゅう》が軽《かる》い物質《ぶっしつ》です。同《おな》じ体積《たいせき》の水《みず》と油《あぶら》を比較《ひかく》すると、油《あぶら》のほうが水《みず》より軽《かる》いのです。」

チェックポイント

片仮名《かたかな》の「ヒ」、平仮名《ひらがな》の「ひ」はこの字《じ》からできた。

肥

（8画《かく》）

音読《おんよ》み ヒ

訓読《くんよ》み こえる・こえ・こやす・こやし

部首《ぶしゅ》 月／にくづき

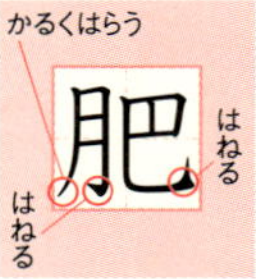

成《な》り立《た》ちと意味《いみ》

もとは肥《ひ》で、月（にくづき）は肉《にく》（月）を表《あらわ》します。己《き》がヒと変《か》わって読《よ》み方《かた》を示《しめ》し、キの音《おん》には「あぶら」の意味《いみ》があります。あぶらがついて太《ふと》ることから、「こえる、こやし」として使《つか》われます。

使《つか》い方《かた》 肥大《ひだい》・肥満《ひまん》・肥料《ひりょう》・肥《こ》やし・追肥《ついひ》・追《お》い肥《ごえ》・下肥《しもごえ》

「このあたりは土地《とち》がよく肥《こ》えているから、特《とく》に肥料《ひりょう》をやらなくても、木《き》は大《おお》きく育《そだ》つでしょう。」

「さすが佐々木《ささき》のじいさん。」

チェックポイント

送《おく》り仮名《がな》に注意《ちゅうい》しよう。

非

（8画《かく》）

音読《おんよ》み ヒ

訓読《くんよ》み あらず(ひ)

部首《ぶしゅ》 非

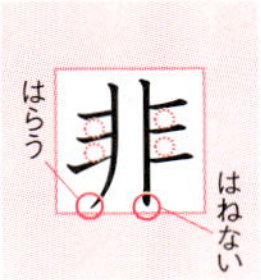
はらう
はねない

成《な》り立《た》ちと意味《いみ》

もとは兆で、鳥《とり》のつばさの形《かたち》からできました。左右《さゆう》のつばさが逆《ぎゃく》の方《ほう》を向《む》いていることから、否定《ひてい》を表《あらわ》す言葉《ことば》として用《もち》いられ、「…でない、そむく、よくない」の意味《いみ》に使《つか》われます。

使《つか》い方《かた》

非行《ひこう》・非常《ひじょう》・非情《ひじょう》・非番《ひばん》・非凡《ひぼん》・非金属《ひきんぞく》・非難《ひなん》・非公式《ひこうしき》・非常識《ひじょうしき》・非人情《ひにんじょう》・非《ひ》売品《ばいひん》・是非《ぜひ》

対語《たいご》

是《ぜ》 是《ぜ》⇕非《ひ》

「さくらさんのお笑《わら》いのセンスには、非凡《ひぼん》なものを感《かん》じる…。」

チェックポイント

書《か》き順《じゅん》を特《とく》に注意《ちゅうい》しよう。

左《ひだり》は「丿」から
右《みぎ》も「｜」から

備

（12画《かく》）

音読《おんよ》み ビ

訓読《くんよ》み そなえる・そなわる

部首《ぶしゅ》 亻／にんべん

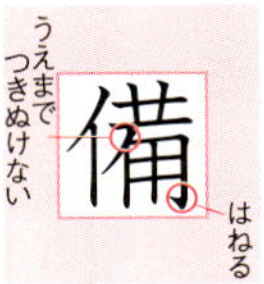
うえまでつきぬけない
はねる

成《な》り立《た》ちと意味《いみ》

葡《び》は、戦《たたか》いにそなえて矢《や》を用意《ようい》しておく、えびらという入《い》れものの形《かたち》からでき、ビの読《よ》み方《かた》を示《しめ》します。人《ひと》（亻＝にんべん）が「そなえる」という意味《いみ》を表《あらわ》した字《じ》です。

使《つか》い方《かた》

備品《びひん》・軍備《ぐんび》・警備《けいび》・守備《しゅび》・準備《じゅんび》・整備《せいび》・設備《せつび》・装備《そうび》・防備《ぼうび》・予備《よび》・不備《ふび》

「ふだんから、災害《さいがい》に備《そな》えて非常食《ひじょうしょく》を準備《じゅんび》したほうがいいわね。懐中電灯《かいちゅうでんとう》と予備《よび》の電池《でんち》も買《か》っとかなくちゃ。」

チェックポイント

「供《そな》える」と区別《くべつ》して使《つか》おう。

・花《はな》を供《そな》える。

・台風《たいふう》に備《そな》える。

俵

（10画《かく》）

音読《おんよ》み　ヒョウ
訓読《くんよ》み　たわら
部首《ぶしゅ》　亻／にんべん

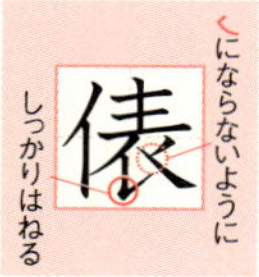

成《な》り立《た》ちと意味《いみ》

表《ひょう》はおもてで、上着《うわぎ》のことを表《あらわ》し、ヒョウの読《よ》み方《かた》を示《しめ》します。「人《ひと》（亻＝にんべん）を包《つつ》む」意味《いみ》だったのが後《のち》に米《こめ》を包《つつ》む「たわら」の意味《いみ》に変《か》わりました。

使《つか》い方《かた》

土俵《どひょう》・米俵《こめだわら》・炭俵《すみだわら》

「米《こめ》の俵《たわら》って六十《ろくじっ》キロもあるのか。一人《ひとり》で全《ぜん》部《ぶ》、食《た》べられるかな。」
「木《き》を焼《や》いて作《つく》った炭《すみ》を入《い》れておくのが、炭《すみ》俵《だわら》ですね。」
「横綱《よこづな》の土俵入《どひょうい》りは、いつ見《み》ても迫力満点《はくりょくまんてん》だねえ。」

チェックポイント
「人《ひと》（亻）が表《おもて》で俵《たわら》をかつぐ」と覚《おぼ》える。

評

（12画《かく》）

音読《おんよ》み　ヒョウ
訓読《くんよ》み
部首《ぶしゅ》　言／ごんべん

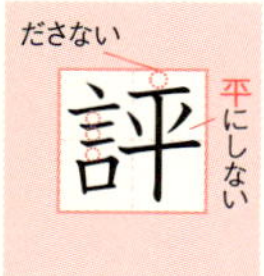

成《な》り立《た》ちと意味《いみ》

平《ひょう》は「かたよらない」という意《い》味《み》を表《あらわ》し、ヒョウの読《よ》み方《かた》を示《しめ》します。かたよらない言葉《ことば》ということから、「物事《ものごと》のよしあしをきめる」意味《いみ》に使《つか》われる字《じ》です。

使《つか》い方《かた》

評価《ひょうか》・評決《ひょうけつ》・評定《ひょうじょう》・評定《ひょうてい》・評点《ひょうてん》・評判《ひょうばん》・定評《ていひょう》・批評《ひひょう》・好評《こうひょう》・悪評《あくひょう》・不評《ふひょう》・品評会《ひんぴょうかい》

「永沢《ながさわ》くん、長《なが》山《やま》くんは、すごく優《やさ》しいって評判《ひょうばん》だね。」
「そうだね。ぼくたちとは、ずいぶん評価《ひょうか》がちがうね。」

チェックポイント
読《よ》み方《かた》で意味《いみ》が変《か》わる「評定」。
・評定《ひょうてい》…価値《かち》や成績《せいせき》の結果《けっか》を決《き》める。
・評定《ひょうじょう》…人《ひと》が集《あつ》まって相談《そうだん》する。

貧

（11画《かく》）

音読《おんよ》み　ヒン・ビン
訓読《くんよ》み　まずしい
部首《ぶしゅ》　貝／かい

はなす
はねる

成《な》り立《た》ちと意味《いみ》

分《ぶん》は「わかれる」意味《いみ》で、ヒンと変《か》わって読《よ》み方《かた》を示《しめ》します。貝《かい》は「お金《かね》」のことで、お金《かね》が散《ち》らばってとぼしくなった様子《ようす》を表《あらわ》し、「とぼしい、まずしい」として使《つか》われる字《じ》です。

使《つか》い方《かた》　貧苦《ひんく》・貧血《ひんけつ》・貧困《ひんこん》・貧弱《ひんじゃく》・貧富《ひんぷ》・貧乏《びんぼう》

対語《たいご》　富《と(む)》
貧《まず》しい⇔富《と》む

「できるだけ貧富《ひんぷ》の差《さ》がなく、貧《まず》しい人《ひと》も安心《あんしん》して暮《く》らせる世《よ》の中《なか》になるといいですね。」

「前田《まえだ》さんと一緒《いっしょ》に、そうじ係《がかり》か。貧乏《びんぼう》くじを引《ひ》いちまったね。」

チェックポイント
「貝《かい》を分《わ》けあう貧《まず》しいくらし」と覚《おぼ》える。

布

（5画《かく》）

音読《おんよ》み　フ
訓読《くんよ》み　ぬの
部首《ぶしゅ》　巾／はば

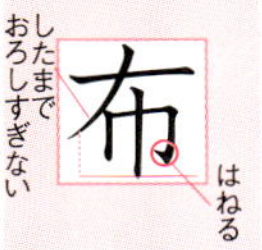
したまでおろしすぎない
はねる

成《な》り立《た》ちと意味《いみ》

もとの字《じ》は爷《ふ》で、父《ふ》がフの読《よ》み方《かた》を示《しめ》します。巾《きん》には「ぬぐう」意味《いみ》があり、「ぬの」を表《あらわ》している字《じ》です。「しく、ひろげる、ひろめる」としても使《つか》われます。

使《つか》い方《かた》　布教《ふきょう》・布告《ふこく》・布陣《ふじん》・布団《ふとん》・公布《こうふ》・財布《さいふ》・散布《さんぷ》・敷布《しきふ》・湿布《しっぷ》・配布《はいふ》・発布《はっぷ》・分布《ぶんぷ》・毛布《もうふ》・布地《ぬのじ》

「お母《かあ》さん、その布《ぬの》で何《なに》を作《つく》ってるのか、教《おし》えて。」

「お財布《さいふ》なんかを入《い》れる袋《ふくろ》を作《つく》ってるの。昔《むかし》からあるもので、巾着《きんちゃく》っていうのよ。」

チェックポイント
書《か》き順《じゅん》を特《とく》に注意《ちゅうい》しよう。

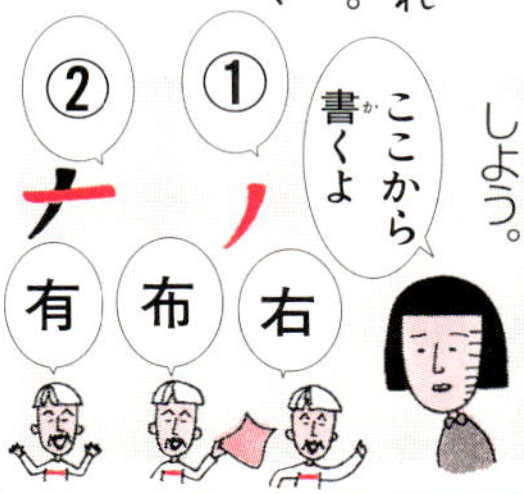
ここから書《か》くよ
①
②
右
布
有

婦

（11画《かく》）

音読《おんよ》み　フ

訓読《くんよ》み

部首《ぶしゅ》　女／おんなへん

成《な》り立《た》ちと意《い》味《み》

帚は、ほうき（⺷）を表《あらわ》しています。「そうじをする女《おんな》の人《ひと》」を意《い》味《み》している字《じ》で、「おんな、よめ、つま」として使《つか》われています。

使《つか》い方《かた》　婦《ふ》人《じん》・主《しゅ》婦《ふ》・新《しん》婦《ぶ》・夫《ふう》婦《ふ》

「新《あたら》しくできたデパートの**婦《ふ》人《じん》服《ふく》売《う》り場《ば》**に行《い》ったら、あんまり広《ひろ》いんで、おどろいたわ。**夫《ふう》婦《ふ》連《づ》れ**で大《だい》混《こん》雑《ざつ》だった。」

「**新《しん》郎《ろう》新《しん》婦《ぷ》**の入《にゅう》場《じょう》です、という声《こえ》を合《あい》図《ず》に、花《はな》輪《わ》クンと腕《うで》を組《く》んで歩《ある》いていくの。」

チェックポイント

「ふじん」の使《つか》い分《わ》け。

・婦《ふ》人《じん》…成《せい》人《じん》した女《じょ》性《せい》。

・夫《ふ》人《じん》…結《けっ》婚《こん》した女《じょ》性《せい》の敬《けい》称《しょう》。

富

（12画《かく》）

音読《おんよ》み　フ・フウ

訓読《くんよ》み　とむ・とみ

部首《ぶしゅ》　宀／うかんむり

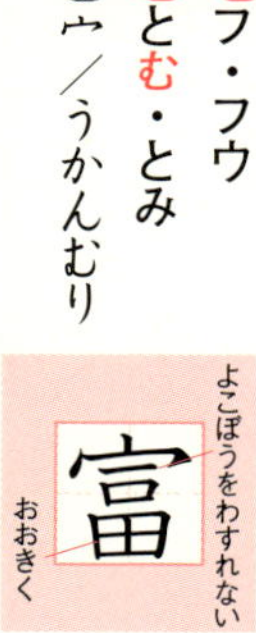

成《な》り立《た》ちと意《い》味《み》

畐《ふ》には「ゆたか」の意《い》味《み》があり、フの読《よ》み方《かた》を示《しめ》します。家《いえ》（宀＝うかんむり）の中《なか》がゆたかということから、「とみ、とむ」の意《い》味《み》に使《つか》われます。

使《つか》い方《かた》　富《ふ》豪《ごう》・富《ふ》裕《ゆう》・富《ふ》士《じ》山《さん》・豊《ほう》富《ふ》・富《ふう》貴《き》

「静《しず》岡《おか》の名《めい》物《ぶつ》といやあ、なんといっても富《ふ》士《じ》山《さん》だろう。」

「まるちゃんって、絵《え》の才《さい》能《のう》に富《と》んでいるんだね。うらやましいな。」

「お笑《わら》いの知《ち》識《しき》も、豊《ほう》富《ふ》だしね。」

ちょっとひとこと

「富《ふう》貴《き》」はお金《かね》をたくさん持《も》ち、身《み》分《ぶん》の高《たか》いこと。「富《ふっ》貴《き》」とも読《よ》む。

武

（8画《かく》）

音読《おんよ》み ブ・ム

訓読《くんよ》み 止／とめる

部首《ぶしゅ》 止

成《な》り立《た》ちと意味《いみ》

もとは𢦏で、ぶきのほこ（戈）と足《あし》（止）からできました。ぶきを持《も》って進《すす》むということから、「いくさ、つよい」の意味《いみ》を表《あらわ》す字《じ》です。

にしない
だす
はねる
レにしない
はねる

使《つか》い方《かた》

武器《ぶき》・武家《ぶけ》・武士《ぶし》・武術《ぶじゅつ》・武将《ぶしょう》・武力《ぶりょく》・武勇伝《ぶゆうでん》・武者《むしゃ》

「杉山《すぎやま》くんって、戦国時《せんごくじ》代《だい》に生《う》まれたら、りりしい若武者《わかむしゃ》だったかも。ステキ…。」

「武術《ぶじゅつ》なら、ボクも得意《とくい》さ、ベイビー。」

「試合開始直前《しあいかいしちょくぜん》は、武者《むしゃ》ぶるいが出《で》るな。」

ちょっとひとこと

地名《ちめい》の「武蔵《むさし》」や剣豪《けんごう》の「宮《みや》本《もと》武蔵《むさし》」は「むさし」と読《よ》む。

武蔵《むさし》

武武武武武武武武

復

（12画《かく》）

音読《おんよ》み フク

訓読《くんよ》み ―

部首《ぶしゅ》 彳／ぎょうにんべん

成《な》り立《た》ちと意味《いみ》

复《ふく》には「かさねる」意味《いみ》があり、フクの読《よ》み方《かた》を示《しめ》します。彳（ぎょうにんべん）は道《みち》（亍）を表《あらわ》し、「道《みち》を重《かさ》ねて歩《ある》く」ことから、「かえる、もどる」意味《いみ》に使《つか》われます。

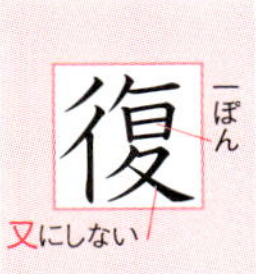

一ぽん
又にしない

使《つか》い方《かた》

復員《ふくいん》・復学《ふくがく》・復元《ふくげん》・復習《ふくしゅう》・復調《ふくちょう》・復活《ふっかつ》・復帰《ふっき》・復旧《ふっきゅう》・復古《ふっこ》・復興《ふっこう》・復路《ふくろ》・往復《おうふく》・回復《かいふく》・反復《はんぷく》・報復《ほうふく》

対語《たいご》

往《おう》 復路《ふくろ》⇔往路《おうろ》

「基礎的《きそてき》なプレーを反復《はんぷく》してくりかえすのが、サッカーで上《じょう》達《たつ》する方法《ほうほう》だ。」

チェックポイント

似《に》ている字《じ》に注意《ちゅうい》。

・復《ふく》…道《みち》（彳）を戻《もど》る。

・複《ふく》…衣《ころも》を重《かさ》ねる。

ズッシリ

復復復復復復復復復復復復

複

（14画《かく》）

音読《おんよ》み　フク

訓読《くんよ》み

部首《ぶしゅ》　ネ／ころもへん

ネにしない
一ぽん
そろえる

成《な》り立《た》ちと意味《いみ》

复《ふく》には「かさねる」意味《いみ》があり、フクの読《よ》み方《かた》を示《しめ》します。衣《ころも》（ネ＝ころもへん）を重《かさ》ねることを表《あらわ》し、「かさなる、二《ふた》つ以上《いじょう》ある」意味《いみ》に使《つか》われる字《じ》です。

使《つか》い方《かた》

複合《ふくごう》・複雑《ふくざつ》・複写《ふくしゃ》・複数《ふくすう》・複製《ふくせい》・複線《ふくせん》・複文《ふくぶん》・重複《ちょうふく》

対語《たいご》

単《たん》　複線《ふくせん》⇔単線《たんせん》

「花輪《はなわ》クンが人気《にんき》があるのは、うれしいけど、ちょっと複雑《ふくざつ》な気持《きも》ちだわ。」

「複数《ふくすう》の人《ひと》から愛《あい》されるとは、困《こま》ったなあ、ベイビー。」

チェックポイント

「复《ふく》」のつく字《じ》はフクと読《よ》む。

腹フク
複フク
覆フク
フク
復フク

野口《のぐち》さん何《なん》の本《ほん》読《よ》んでるの？
怪人二十面相《かいじんにじゅうめんそう》
へぇーおもしろそうどんな話《はなし》なの？
怪人《かいじん》が出《で》る複雑怪奇《ふくざつかいき》な話《はなし》…
でも大《たい》して複雑《ふくざつ》でもないから…
くる
ククク
大丈夫《だいじょうぶ》だね
？
単純《たんじゅん》なさくらさんにでも読《よ》めるよ…なーんちゃって
…気《き》にしない気《き》にしない
クククク
この人《ひと》のほうがずっと複雑怪奇《ふくざつかいき》だと思《おも》うまる子《こ》とたまえであった―

仏

（4画《かく》）

音読《おんよ》み ブツ
訓読《くんよ》み ほとけ
部首《ぶしゅ》 亻／にんべん

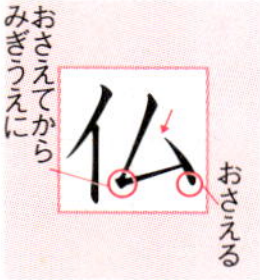
おさえてから みぎうえに
おさえる

成《な》り立《た》ちと意味《いみ》

古《ふる》い字《じ》は佛《ぶつ》で、亻（にんべん）は人《ひと》を表《あらわ》し、弗《ふつ》がブツと変《か》わって読《よ》み方《かた》を示《しめ》します。「ほとけ」のことをインドの言葉《ことば》でブッダといい、中国《ちゅうごく》では読《よ》み方《かた》の似《に》ているこの字《じ》があてて使《つか》われたため、「ほとけ」を表《あらわ》すようになりました。

使《つか》い方《かた》

仏教《ぶっきょう》・仏具《ぶつぐ》・仏像《ぶつぞう》・仏壇《ぶつだん》・仏殿《ぶつでん》・仏堂《ぶつどう》・成仏《じょうぶつ》・神仏《しんぶつ》・石仏《せきぶつ》・大仏《だいぶつ》

「仏《ほとけ》の顔《かお》も三度《さんど》までってっていうのは、仏様《ほとけさま》みたいに優《やさ》しい人《ひと》でも、最後《さいご》には、おこりだすってことよ！」

ちょっとひとこと

仏国《ふっこく》…仏《ほとけ》の国《くに》ではなくフランスのこと。
米国《べいこく》…アメリカ
英国《えいこく》…イギリス

仏 仏 仏 仏

編

（15画《かく》）

音読《おんよ》み ヘン
訓読《くんよ》み あむ
部首《ぶしゅ》 糸／いとへん

だださない
あける
はねる
はねない

成《な》り立《た》ちと意味《いみ》

扁《へん》は「竹《たけ》の札《ふだ》」の意味《いみ》があり、ヘンの読《よ》み方《かた》を示《しめ》します。昔《むかし》は竹《たけ》の札《ふだ》を糸《いと》でつづり合《あ》わせて書物《しょもつ》を作《つく》ったことから、「あむ、じゅんにくみたてる、書物《しょもつ》を作《つく》る」の意味《いみ》に使《つか》われています。

使《つか》い方《かた》

編曲《へんきょく》・編集《へんしゅう》・編成《へんせい》・編隊《へんたい》・編入《へんにゅう》・前編《ぜんぺん》・後編《こうへん》・新編《しんぺん》・長編《ちょうへん》・短編《たんぺん》・全編《ぜんぺん》・続編《ぞくへん》・編《あ》み物《もの》・手編《てあ》み

「セーター編《あ》んだら、杉山《すぎやま》くん、着《き》てくれるかしら。」
「紫式部《むらさきしきぶ》の書《か》いた源氏物語《げんじものがたり》は、全部《ぜんぶ》で五十四巻《ごじゅうよんかん》もある長編小説《ちょうへんしょうせつ》なんですって。」

編 編 編 編 編 編 編 編 編 編 編 編 編 編

チェックポイント

「扁《へん》」のつく字《じ》はヘンと読《よ》む。

遍 ヘン
編 ヘン
ヘン
偏 ヘン

フ・ヘ

弁

（5画《かく》）

音読《おんよ》み　ベン

訓読《くんよ》み

部首《ぶしゅ》　ム／む

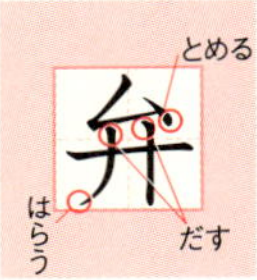

成《な》り立《た》ちと意味《いみ》

もとは〈卅〉で、両手《りょうて》で冠《かんむり》をかぶろうとしている形《かたち》からできました。「冠《かんむり》」を表《あらわ》す字《じ》だったのが、同《おな》じ読《よ》みの「辨《べん》（二《ふた》つに分《わ》ける）・瓣《べん》（はなびら）・辯《べん》（ことば）」の代《か》わりとして用《もち》いられるようになり、辨《べん》の意味《いみ》では弁別《べんべつ》、瓣《べん》の意味《いみ》では花弁《かべん》、辯《べん》の意味《いみ》では弁論《べんろん》などと使《つか》われます。

使《つか》い方《かた》　弁解《べんかい》・弁護《べんご》・弁償《べんしょう》・弁当《べんとう》・弁論《べんろん》・駅弁《えきべん》・花弁《かべん》・勘弁《かんべん》・答弁《とうべん》・熱弁《ねつべん》

「藤木《ふじき》くん、そうやって弁解《べんかい》ばかりするから、ひきょうだって言《い》われるんだよ。」

「えっ、お弁当《べんとう》？　もしかして、くれるの？」

ちょっとひとこと

昔《むかし》の「弁《べん》」の使《つか》われ方《かた》。

・辨當《べんとう》(弁当《べんとう》)
・花瓣《かべん》(花弁《かべん》)
・辯護《べんご》(弁護《べんご》)

弁弁弁弁弁

保

（9画《かく》）

音読《おんよ》み　ホ

訓読《くんよ》み　たもつ

部首《ぶしゅ》　亻／にんべん

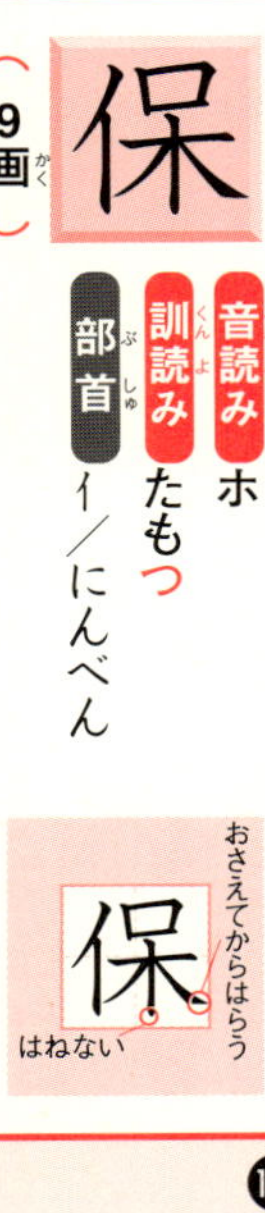

成《な》り立《た》ちと意味《いみ》

人《ひと》（亻＝にんべん）が、子供《こども》(子)を背負《せお》っている形《かたち》からできました。「そだてる、たもつ、やしなう」などの意味《いみ》を表《あらわ》す字《じ》です。

使《つか》い方《かた》　保育《ほいく》・保温《ほおん》・保健《ほけん》・保険《ほけん》・保護《ほご》・保持《ほじ》・保守《ほしゅ》・保証《ほしょう》・保障《ほしょう》・保存《ほぞん》・保母《ほぼ》・保有《ほゆう》・確保《かくほ》

「美《うつく》しさを保《たも》つひけつは、きちんと睡眠《すいみん》をとることらしいわよ。」

「このマンガ、まるちゃん、絶対気《ぜったいき》に入《い》るよ。わたしが保証《ほしょう》する。」

「ありがとう、とし子《こ》ちゃん。」

ちょっとひとこと

片仮名《かたかな》の「ホ」、平仮名《ひらがな》の「ほ」は、この字《じ》からできた。

保保保保保保保保保

墓

（13画《かく》）

音読《おんよ》み　ボ
訓読《くんよ》み　はか
部首《ぶしゅ》　土／つち

おさえてからはらう
ながく

成《な》り立《た》ちと意味《いみ》

莫《ぼ》には「おおう」意味《いみ》があり、ボの読《よ》み方《かた》を示《しめ》します。死《し》んだ人《ひと》をうずめて、土《つち》でおおった「はか」を表《あらわ》している字《じ》です。

使《つか》い方《かた》

墓前《ぼぜん》・墓地《ぼち》・墓石《はかいし》・墓場《はかば》・墓参《はかまい》り

「お盆《ぼん》には、ご先祖様《せんぞさま》のお墓参《はかまい》りをするならわしだよ。」

「よし、今夜《こんや》は墓場《はかば》で、きもだめし大会《たいかい》をやるぞ。」

「墓地《ぼち》の前《まえ》に集合《しゅうごう》するのかい。そりゃあ、ゾッとするね…。」

チェックポイント

似《に》ている字《じ》に注意《ちゅうい》しよう。
・暮《く(れる)》…日《ひ》が暮《く》れる。
・墓《はか》…土《つち》を盛《も》った墓《はか》。

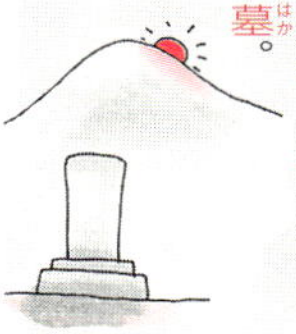

墓墓墓墓墓墓墓墓墓墓墓墓墓

報

（12画《かく》）

音読《おんよ》み　ホウ
訓読《くんよ》み　むくいる
部首《ぶしゅ》　土／つち

したをながく
にしない
とめる

成《な》り立《た》ちと意味《いみ》

𠬝《ふく》には着《き》る「服《ふく》」の意味《いみ》があり、ホウと変《か》わって読《よ》み方《かた》を示《しめ》します。幸は、もとは㚔で、刑罰《けいばつ》の道具《どうぐ》を表《あらわ》しています。「罪《つみ》に服《ふく》させる」ことから、「むくい、しらせる」意味《いみ》に使《つか》われる字《じ》です。

使《つか》い方《かた》

報恩《ほうおん》・報告《ほうこく》・報道《ほうどう》・報復《ほうふく》・果報《かほう》・吉報《きっぽう》・警報《けいほう》・公報《こうほう》・広報《こうほう》・時報《じほう》・速報《そくほう》・電報《でんぽう》・予報《よほう》

「花輪家《はなわけ》から受《う》けたご恩《おん》に報《むく》いるよう、努力《どりょく》してまいります。」

「天気予報《てんきよほう》だと、あしたは大雨《おおあめ》らしいね。」

「ニュース速報《そくほう》で、台《たい》風《ふう》が上陸《じょうりく》するって！」

チェックポイント

「卩」の書《か》き順《じゅん》に注意《ちゅうい》しよう。
× 丨→卩
○ 𠃍→卩

「𠃍」が先《さき》だね

報報報報報報報報報報報報

へ・ホ

豊

（13画《かく》）

音読《おんよ》み　ホウ

訓読《くんよ》み　ゆたか

部首《ぶしゅ》　豆／まめ

成《な》り立《た》ちと意味《いみ》

食器《しょっき》の上《うえ》に食物《しょくもつ》がたくさん盛《も》ってある形《かたち》（豐）からできました。丰《ほう》には、「飽《ほう》（＝いっぱい）」の意味《いみ》もあり、ホウの読《よ》み方《かた》を示《しめ》しています。「ゆたか、たくさん」の意味《いみ》を表《あらわ》す字《じ》です。

使《つか》い方《かた》　豊作《ほうさく》・豊年《ほうねん》・豊富《ほうふ》・豊満《ほうまん》・豊漁《ほうりょう》

「お金《かね》もうけより、知識《ちしき》や心《こころ》を豊《ゆた》かにしたほうが幸《しあわ》せなこともあるんじゃよ。」

「今年《ことし》は豊漁《ほうりょう》で、清《し》水港《みずこう》も、にぎわっているんだって。」

ちょっとひとこと

地名《ちめい》・人名《じんめい》の時《とき》は、「とよ」としても使《つか》われる。

防

（7画《かく》）

音読《おんよ》み　ボウ

訓読《くんよ》み　ふせぐ

部首《ぶしゅ》　阝／こざとへん

成《な》り立《た》ちと意味《いみ》

阝（こざとへん）は盛《も》りあがった土《つち》を表《あらわ》し、方《ほう》がボウと変《か》わって読《よ》み方《かた》を示《しめ》します。川《かわ》の岸《きし》に盛《も》った「ていぼう」を表《あらわ》し、水《みず》をふせぐことから、「ふせぐ」意味《いみ》に使《つか》われています。

使《つか》い方《かた》　防衛《ぼうえい》・防音《ぼうおん》・防火《ぼうか》・防災《ぼうさい》・防止《ぼうし》・防水《ぼうすい》・防犯《ぼうはん》・防備《ぼうび》・消防《しょうぼう》・堤防《ていぼう》・予防《よぼう》・防波堤《ぼうはてい》・防風林《ぼうふうりん》

対語《たいご》　攻《せ(める)》　防《ふせ》ぐ⇔攻《せ》める

「このコートは防水加《ぼうすいか》工《こう》してあるから、水《みず》も寒《さむ》さも防《ふせ》げるんだよ、ベイビー。」

チェックポイント

「方《ほう》」がついてボウと読《よ》む字《じ》。

貿

（12画《かく》）

音読《おんよ》み ボウ

訓読《くんよ》み

部首《ぶしゅ》 貝／かい

刀にしない
わすれない
はねる

成《な》り立《た》ちと意味《いみ》

卯《ぼう》と貝《かい》からできました。卯《ぼう》がボウの読《よ》み方《かた》を示《しめ》し、ボウの音《おん》には「ひとしい」の意味《いみ》があります。お金《かね》（貝《かい》）と品物《しなもの》を同《おな》じわりあいで取《と》りかえることを表《あらわ》し、「交《こう》かんする、売《う》り買《か》いする」意味《いみ》に使《つか》われます。

使《つか》い方《かた》 貿易《ぼうえき》（貿易港《ぼうえきこう》・貿易船《ぼうえきせん》・貿易風《ぼうえきふう》）

「日本《にほん》は、一八五三年《ねん》に黒船《くろふね》がやってくるまで、外国《がいこく》との貿易《ぼうえき》を、ほとんどしてなかったんだよ。」

「横浜《よこはま》や神戸《こうべ》は日本《にほん》を代《だい》表《ひょう》する貿易港《ぼうえきこう》です。」

ちょっとひとこと

「貿易《ぼうえき》」は、国《くに》同士《どうし》の商品《しょうひん》の売《う》り買《か》いに、使《つか》う言葉《ことば》。

暴

（15画《かく》）

音読《おんよ》み ボウ・バク

訓読《くんよ》み あばく・あばれる

部首《ぶしゅ》 日／ひ

くにしない
はねる

成《な》り立《た》ちと意味《いみ》

もとの字《じ》は㬥で、米《こめ》を日《ひ》にさらしてかわかす様子《ようす》を表《あらわ》します。物《もの》をさらすとそこなわれることがあるため、「そこなう」意味《いみ》を持《も》ち、「さらす、そこなう、あばれる、はげしい」などの意味《いみ》に使《つか》われる字《じ》です。

使《つか》い方《かた》 暴行《ぼうこう》・暴走《ぼうそう》・暴投《ぼうとう》・暴動《ぼうどう》・暴発《ぼうはつ》・暴風《ぼうふう》・暴力《ぼうりょく》・暴飲《ぼういん》暴食《ぼうしょく》・横暴《おうぼう》・乱暴《らんぼう》・暴露《ばくろ》・暴《あば》れん坊《ぼう》

「のらねこをだっこしたら暴《あば》れだして、ひっかかれちゃった。」

「秘密《ひみつ》を暴《あば》くことを暴露《ばくろ》というんだよ。」

チェックポイント

「氺」が「水《みず》」にならないように。

×暴
○暴
こっちだブー
氺

務

音読《おんよ》み　ム

訓読《くんよ》み　つとめる

部首《ぶしゅ》　力／ちから

（11画《かく》）

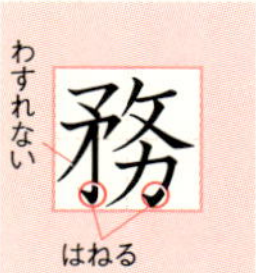

わすれない
はねる

成《な》り立《た》ちと意味《いみ》

矛《む》は武器《ぶき》の「ほこ」を表《あらわ》し、ムの読《よ》み方《かた》を示《しめ》します。攵（ぼくにょう）は手《て》（ヨ）に武器《ぶき》（卜）を持《も》っている形《かたち》（攴）からできました。力《ちから》を入《い》れて戦《たたか》うことを表《あらわ》し、「つとめ」の意味《いみ》に使《つか》われます。

使《つか》い方《かた》

義務《ぎむ》・勤務《きんむ》・公務《こうむ》・残務《ざんむ》・事務《じむ》・職務《しょくむ》・総務《そうむ》・任務《にんむ》・本務《ほんむ》・要務《ようむ》・外務大臣《がいむだいじん》

「ズバリ！　私《わたくし》が議長《ぎちょう》を務《つと》めるでしょう！」

「外務大臣《がいむだいじん》には、日本《にほん》のために外国《がいこく》と交渉《こうしょう》したり、外国《がいこく》へ行《い》く人《ひと》のためにパスポートを発行《はっこう》したりする任務《にんむ》があります。」

チェックポイント

「予《よ》」と「矛《む》」を区《く》別《べつ》しよう。

・預《よ》…ひげがない。

・務《む》・霧《む》…ひげがある。

あれ？　消《け》しゴム忘《わす》れちゃった…
ズバリ！　これをお使《つか》いください
わたくし2こ持ってます
ありがとう
クラスメイトが困《こま》っている時《とき》に助《たす》けるのはズバリ！　学級委員《がっきゅういいん》としての務《つと》めでしょう！
丸尾《まるお》くん　おいらも宿題《しゅくだい》忘《わす》れたじょー
困ってるじょー
いや…　それは　それは
それは助《たす》けないのが学級委員《がっきゅういいん》の務《つと》めである

もっとくわしく

「つとめる」の使《つか》い分《わ》け

務《つと》める…役目《やくめ》を行《おこな》う。

・司会《しかい》を務《つと》める。

努《つと》める…精《せい》を出《だ》す。

・勉学《べんがく》に努《つと》める。

勤《つと》める…職場《しょくば》で働《はたら》く。

・会社《かいしゃ》に勤《つと》める。

夢

（13画《かく》）

音読《おんよ》み ム

訓読《くんよ》み ゆめ

部首《ぶしゅ》 夕／ゆう（ゆうべ・た）

成《な》り立《た》ちと意味《いみ》

夕《ゆう》は「夜《よる》」、𦫳《ぼう》には「くらい」の意味《いみ》があります。夜《よる》がくらいことを表《あらわ》す字《じ》だったのが、後《のち》にムと読《よ》んで、「ゆめ」の意味《いみ》に使《つか》われるようになりました。

使《つか》い方《かた》

夢中《むちゅう》・夢心地《ゆめごこち》・初夢《はつゆめ》・正夢《まさゆめ》・逆夢《さかゆめ》

「うわっ、すごいごちそうだ。まさか夢《ゆめ》じゃないだろうな。」

「やっぱり夢《ゆめ》か。正夢《まさゆめ》にならないかな。」

「野口《のぐち》さんって、今《いま》、どんなお笑《わら》い芸人《げいにん》に夢中《むちゅう》なの？」

チェックポイント

「むがむちゅう」の書《か》き方《かた》に注意《ちゅうい》。

×無我無中

○無《む》我《が》夢《む》中《ちゅう》

迷

（9画《かく》）

音読《おんよ》み メイ

訓読《くんよ》み まよう

部首《ぶしゅ》 辶／しんにょう

成《な》り立《た》ちと意味《いみ》

辶（しんにょう）は道《みち》（𠃍𠃌）と足《あし》（⛀）からでき、道《みち》を歩《ある》くことを表《あらわ》します。米《まい》がメイと変《か》わって読《よ》み方《かた》を示《しめ》し、メイの音《おん》には「目《め》が見《み》えない」の意味《いみ》があります。行《い》く道《みち》がわからないことを表《あらわ》し「まよう」意味《いみ》に使《つか》われます。

使《つか》い方《かた》

迷信《めいしん》・迷路《めいろ》・迷惑《めいわく》・低迷《ていめい》・迷《まよ》い道《みち》・迷子《まいご》

「まるちゃん、この犬《いぬ》、首輪《くびわ》してるよ。くさりがはずれて、迷《まよ》っちゃったんだね。」

「連《つ》れて帰《かえ》りたいけど、迷惑《めいわく》だから、だめって言《い》われるかな。」

チェックポイント

「迷子《まいご》」は特別《とくべつ》に許《ゆる》された読《よ》み方《かた》。

綿

（14画《かく》）

音読《おんよ》み メン
訓読《くんよ》み わた
部首《ぶしゅ》 糸／いとへん

成《な》り立《た》ちと意味《いみ》

もとの字《じ》は緜《めん》です。帛《はく》は「きぬ」を、系《けい》は「糸《いと》をつなぐ」意味《いみ》を表《あらわ》し、糸《いと》をつないで、きぬを織《お》る意味《いみ》の字《じ》でした。後《のち》に「綿《めん》」と変《か》わり、糸《いと》の原料《げんりょう》である「わた」の字《じ》として使《つか》われるようになっています。

使《つか》い方《かた》

綿花《めんか》・綿糸《めんし》・綿密《めんみつ》・綿羊《めんよう》・綿織物《めんおりもの》・海綿《かいめん》・脱脂綿《だっしめん》・綿雲《わたぐも》・綿毛《わたげ》・綿雪《わたゆき》・綿菓子《わたがし》・真綿《まわた》・木綿《もめん》

「綿雪《わたゆき》って、ほんとに脱脂綿《だっしめん》みたいだね。」

「わたしには綿菓子《わたがし》に見《み》えるよ。おいしそうだね。」

チェックポイント

「木綿《もめん》」は特別《とくべつ》に許《ゆる》された読《よ》み方《かた》。

輸

（16画《かく》）

音読《おんよ》み ユ
訓読《くんよ》み
部首《ぶしゅ》 車／くるまへん

成《な》り立《た》ちと意味《いみ》

兪《ゆ》がユの読《よ》み方《かた》を示《しめ》し、ユの音《おん》には「うつす」意味《いみ》があります。車《くるま》で物《もの》をはこぶことを表《あらわ》し、「おくる、はこぶ」意《い》味《み》に使《つか》われる字《じ》です。

使《つか》い方《かた》

輸血《ゆけつ》・輸出《ゆしゅつ》・輸入《ゆにゅう》・輸送《ゆそう》・空輸《くうゆ》・密輸《みつゆ》

「日本《にほん》は、主《おも》に食《た》べ物《もの》や工業《こうぎょう》の原料《げんりょう》を輸入《ゆにゅう》し、工業《こうぎょう》製品《せいひん》を輸出《ゆしゅつ》しています。」

「おじいちゃん、清水港《しみずこう》からも、新鮮《しんせん》な魚《さかな》が全国《ぜんこく》に輸送《ゆそう》されてるんだって。」

チェックポイント

似《に》ている字《じ》に注意《ちゅうい》しよう。

輪 リン わ

余

（7画《かく》）

音読《おんよ》み ヨ

訓読《くんよ》み あまる・あます

部首《ぶしゅ》 へ／ひとがしら（ひとやね）

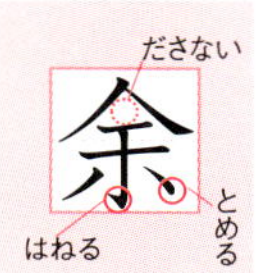

成《な》り立《た》ちと意味《いみ》

古《ふる》い字《じ》は餘《よ》です。余《よ》はヨの読《よ》み方《かた》を示《しめ》し、ヨの音《おん》には「のびる」という意味《いみ》があります。食《た》べ物《もの》がたくさんあることを表《あらわ》し、「あまる」として使《つか》われる字《じ》です。

使《つか》い方《かた》 余暇《よか》・余興《よきょう》・余計《よけい》・余罪《よざい》・余談《よだん》・余地《よち》・余波《よは》・余白《よはく》・余分《よぶん》・余裕《よゆう》・残余《ざんよ》・余《あま》り物《もの》

「まる子《こ》、買《か》い物《もの》に行《い》ってきてちょうだい。お金《かね》が余《あま》っても、**余分**《よぶん》なものを買《か》うんじゃないよ。」

「カレーライス三《さん》ばい？ そんなの**余裕**《よゆう》だよ。」

チェックポイント

次《つぎ》のような「あまり」は平仮名《ひらがな》で書《か》く。

・あまりうれしくない。

・あまり食《た》べたくない。

預

（13画《かく》）

音読《おんよ》み ヨ

訓読《くんよ》み あずける・あずかる

部首《ぶしゅ》 頁／おおがい（いちのかい）

成《な》り立《た》ちと意味《いみ》

予《よ》がヨの読《よ》み方《かた》を示《しめ》し、ヨの音《おん》には「のびる」の意味《いみ》があります。頁（おおがい）は「顔《かお》」を表《あらわ》し、「のびやかな顔《かお》」の意味《いみ》の字《じ》だったのが、後《のち》に「たくわえる」の意味《いみ》に借《か》りて用《もち》いられ、「あずける」として使《つか》われるようになりました。

使《つか》い方《かた》 預金《よきん》・預貯金《よちょきん》

「お年玉《としだま》で本《ほん》、買《か》おうかな。銀行《ぎんこう》に**預金**《よきん》しようかな。」

「それより、わたしに**預**《あず》けてみない？ 有効《ゆうこう》に活用《かつよう》するからさ。」

ちょっとひとこと

「預金《よきん》」と「貯金《ちょきん》」。主《おも》に銀行《ぎんこう》などにお金《かね》を預《あず》けるのを「預金《よきん》」、郵便《ゆうびん》局《きょく》に預《あず》けるのを「貯金《ちょきん》」という。

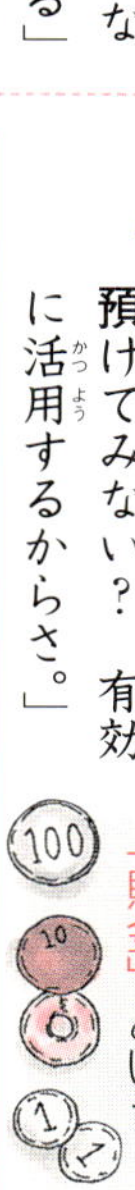

容

（10画《かく》）

音読《おんよ》み　ヨウ

訓読《くんよ》み

部首《ぶしゅ》　宀／うかんむり

容
おさえてから
はらう

成《な》り立《た》ちと意味《いみ》

谷《こく》には「つきぬけている」意《い》味《み》があり、家《いえ》（宀＝うかんむり）の中《なか》が、がらんとして、「物《もの》を入《い》れることができる」様子《ようす》を表《あらわ》しています。「いれる、なかみ、すがた、やさしい」の意《い》味《み》に使《つか》われる字《じ》です。

使《つか》い方《かた》　容易《ようい》・容器《ようき》・容疑《ようぎ》・容姿《ようし》・容積《ようせき》・容量《ようりょう》・容認《ようにん》・許容《きょよう》・形容《けいよう》・収容《しゅうよう》・内容《ないよう》・美容《びよう》

「城ケ崎《じょうがさき》さんみたいな人《ひと》を、容姿《ようし》が美《うつく》しいっていうんだね。」

「美容《びよう》にはビタミンC《シー》が効《き》くの。」

容容容容容容容容容容

チェックポイント

「やさしい」意《い》味《み》の「容易《ようい》」の書《か》き方《かた》に注意《ちゅうい》。

×要易

×用易

○容易《ようい》

略

（11画《かく》）

音読《おんよ》み　リャク

訓読《くんよ》み

部首《ぶしゅ》　田／たへん

ださない
略

成《な》り立《た》ちと意味《いみ》

各《かく》がリャクと変《か》わって読《よ》み方《かた》を示《しめ》します。もとは田《た》の境《さかい》を表《あらわ》す字《じ》だったのが、「約《やく》（＝あらまし）」の意《い》味《み》に借《か》りて用《もち》いられたため、「あらまし、かんたん、はぶく、はかりごと」の意《い》味《み》を持《も》つようになりました。

使《つか》い方《かた》　略画《りゃくが》・略語《りゃくご》・略字《りゃくじ》・略式《りゃくしき》・略図《りゃくず》・略服《りゃくふく》・計略《けいりゃく》・攻略《こうりゃく》・策略《さくりゃく》・省略《しょうりゃく》・侵略《しんりゃく》・政略《せいりゃく》・戦略《せんりゃく》

「まる子《こ》が自分《じぶん》からお手伝《てつだ》いするなんて、何《なに》か計略《けいりゃく》がありそうだね。」

「そうかのお。」

略略略略略略略略略略略

ちょっとひとこと

「略語《りゃくご》」は、長《なが》い言葉《ことば》を短《みじか》く略《りゃく》した言葉《ことば》。

・特別急行《とくべつきゅうこう》→特急《とっきゅう》

・高等学校《こうとうがっこう》→高校《こうこう》

留

（10画《かく》）

音読《おんよ》み リュウ・ル

訓読《くんよ》み とめる・とまる

部首《ぶしゅ》 田／た

クにしない
わすれない

成《な》り立《た》ちと意味《いみ》

留《りゅう》からできた字《じ》です。卯《りゅう》がリュウの読《よ》み方《かた》を示《しめ》し、リュウの音《おん》には「とどまる」意味《いみ》があります。もとは田《た》にとどまることを表《あらわ》す字《じ》だったのが、現在《げんざい》はただの「とどまる、とまる、のこる」として使《つか》われます。

使《つか》い方《かた》

留意《りゅうい》・留学《りゅうがく》・留置・遺留・居留・在留・残留《ざんりゅう》・保留《ほりゅう》・停留所《ていりゅうじょ》・留守《るす》・留《と》め金《がね》・書留《かきとめ》・帯留《おびど》め

「お母《かあ》さん、背中《せなか》のボタン留《と》めて。」

「おじいちゃん、まる子《こ》と出《で》かけてくるから、留守番《るすばん》お願《ねが》いしますね。」

チェックポイント

郵便《ゆうびん》の「書留《かきとめ》」は特別《とくべつ》に送《おく》り仮名《がな》を省《はぶ》く。

書留
書留《かきとめ》です

領

（14画《かく》）

音読《おんよ》み リョウ

訓読《くんよ》み

部首《ぶしゅ》 頁／おおがい（いちのかい）

とめる
とめる

成《な》り立《た》ちと意味《いみ》

頁（おおがい）は「あたま、かお」を表《あらわ》し、令《りょう》がリョウの読《よ》み方《かた》を示《しめ》します。もとは「くびすじ」を表《あらわ》す字《じ》で、「だいじなところ、おさめる、うけとる」などの意味《み》に使《つか》われています。

使《つか》い方《かた》

領域《りょういき》・領事《りょうじ》・領主《りょうしゅ》・領地《りょうち》・領土《りょうど》・領分《りょうぶん》・領収《りょうしゅう》・受領《じゅりょう》・横領《おうりょう》・首領《しゅりょう》・占領《せんりょう》・要領《ようりょう》・大統領《だいとうりょう》

「お母《かあ》さん、まる子《こ》がいつのまにか、テレビの前《まえ》の特等席《とくとうせき》を占《せん》領《りょう》してる。」

「まる子《こ》は要領《ようりょう》がいいわね。」

チェックポイント

似《に》ている字《じ》に注意《ちゅうい》しよう。

預 ヨ あずける あずかる

へんがちがう
「預金《よきん》」の「預《よ》」ね

漢《かん》字《じ》新《しん》聞《ぶん》

第弐号《だいにごう》

熟語《じゅくご》には重箱《じゅうばこ》と湯桶《ゆとう》もある!

熟語《じゅくご》はお正月《しょうがつ》みたいじゃのお
おめでたいねー
熟語《じゅくご》ばんざーい!!
ドン
チャン

この熟語《じゅくご》はなんて読《よ》むのかな?
早速
「はやくはやく」ってせかされてる感《かん》じだよね
ズバリ!「早速《さっそく》」熟語《じゅくご》の勉強《べんきょう》をするでしょう!

熟語《じゅくご》は意味《いみ》がとてもわかりやすい!

一字《いちじ》でも意味《いみ》のある漢字《かんじ》を、二字《にじ》以上《いじょう》組《く》み合《あ》わせて一《ひと》つの言葉《ことば》にすれば、よりハッキリとした表現《ひょうげん》ができるのでは—。こうして生《う》まれた独特《どくとく》の言葉《ことば》が熟語《じゅくご》です。

熟語《じゅくご》の成《な》り立《た》ち

熟語《じゅくご》には種類《しゅるい》があります。

①同《おな》じ字《じ》を重《かさ》ねたもの。
堂堂《どうどう》、重重《じゅうじゅう》、満満《まんまん》、続続《ぞくぞく》
(堂々《どうどう》、重々《じゅうじゅう》、満々《まんまん》、続々《ぞくぞく》)

②似《に》た意味《いみ》の字《じ》を重《かさ》ねたもの。
温暖《おんだん》、表現《ひょうげん》、永遠《えいえん》、起立《きりつ》

③反対《はんたい》の意味《いみ》の字《じ》を重《かさ》ねたもの。
高低《こうてい》、遠近《えんきん》、強弱《きょうじゃく》、公私《こうし》

④関連《かんれん》した字《じ》を重《かさ》ねたもの。
山河《さんが》、氷雪《ひょうせつ》、風雨《ふうう》

⑤上《うえ》の字《じ》が下《した》の字《じ》にかかるもの。
深海《しんかい》、国語《こくご》、特技《とくぎ》、古都《こと》

⑥下《した》の字《じ》が上《うえ》の字《じ》にかかるもの。
作文《さくぶん》、消火《しょうか》、登山《とざん》、決心《けっしん》

⑦上《うえ》の字《じ》が下《した》の字《じ》を打《う》ち消《け》しているもの。
未熟《みじゅく》、非常《ひじょう》、無力《むりょく》

「堂堂《どうどう》」などを「堂々《どうどう》」と書《か》くこともあるよ

「重箱読《じゅうばこよ》み」と「湯桶読《ゆとうよ》み」って?

熟語《じゅくご》の読《よ》み方《かた》は、上《うえ》の字《じ》が音読《おんよ》みなら下《した》の字《じ》も音読《おんよ》み、訓読《くんよ》みなら訓読《くんよ》みと統一《とういつ》されます。

○音読《おんよ》みの場合《ばあい》。

先生《せんせい》、正直《しょうじき》、住所《じゅうしょ》、算数《さんすう》

○訓読《くんよ》みの場合《ばあい》。

右手《みぎて》、青空《あおぞら》、初雪《はつゆき》、花火《はなび》

ところが、上《うえ》の字《じ》と下《した》の字《じ》の読《よ》み方《かた》が変《か》わる場合《ばあい》があります。この場合《ばあい》、上《うえ》を音読《おんよ》み、下《した》を訓読《くんよ》みするものを重箱読《じゅうばこよ》みといい、上《うえ》を訓読《くんよ》み、下《した》を音読《おんよ》みするものを湯桶読《ゆとうよ》みといいます。

これは色紙《しきし》
これは色紙《いろがみ》

「重《じゅう》」は音読《おんよ》み「箱《はこ》」は訓読《くんよ》みでしょう!

○重箱読《じゅうばこよ》み（音読《おんよ》み＋訓読《くんよ》み）。

絵心《えごころ》、毎朝《まいあさ》、台所《だいどころ》、茶畑《ちゃばたけ》

○湯桶読《ゆとうよ》み（訓読《くんよ》み＋音読《おんよ》み）。

油絵《あぶらえ》、見本《みほん》、親分《おやぶん》、場面《ばめん》

「湯《ゆ》」は訓読《くんよ》み「桶《とう》」は音読《おんよ》みなんだね

今日　きょう（熟字訓《じゅくじくん》）　こんにち（音読《おんよ》み）

熟字訓《じゅくじくん》ってなんだ!?

熟語《じゅくご》には、一字一字《いちじいちじ》の読《よ》みを無視《むし》して、熟語《じゅくご》となった言葉《ことば》を、一《ひと》つの読《よ》み方《かた》に当《あ》てはめてしまったものがあります。これを熟字訓《じゅくじくん》といいます。

★七夕《たなばた》、河原《かわら》、果物《くだもの》、上手《じょうず》、博士《はかせ》、部屋《へや》、迷子《まいご》、今日《きょう》

「今日《きょう》」は読《よ》み方《かた》によって意味《いみ》が変《か》わるね

ズバリ! 四字熟語《よじじゅくご》

花輪《はなわ》クンは勉強《べんきょう》もスポーツもできてまさに文武両道《ぶんぶりょうどう》だね〜
ズバリ!「文武両道《ぶんぶりょうどう》」とは四字熟語《よじじゅくご》でしょう!
そ…そうだね
わたしにお似合《にあ》いなのは「三日坊主《みっかぼうず》」
オレは「大器晩成《たいきばんせい》」
わたしは「美人薄命《びじんはくめい》」…
美《うつく》しさってはかないのね
四字熟語《よじじゅくご》は使《つか》い方《かた》が難《むずか》しいと思《おも》う まる子《こ》であった—

駅前《えきまえ》の四階《よんかい》
ウィーン
居酒屋《いざかや》十九五《じゅ(う)くご》

みんなが疑問《ぎもん》に思《おも》う漢字《かんじ》Q《キュー》&《アンド》A《エー》 ②

Z会《ゼットかい》に、よく送《おく》られる質問《しつもん》の一《ひと》つに、画数《かくすう》や書《か》き方《かた》の質問《しつもん》があります。

Q1 「比《ひ》」は四画《よんかく》？ それとも五画《ごかく》？

A 「比《ひ》」は四画《よんかく》です。印刷《いんさつ》の字《じ》によって、左側《ひだりがわ》が三画《さんかく》に見《み》える字《じ》がありますが、二画《にかく》ですので気《き》をつけましょう。

Q2 「改《かい》」の三画目《さんかくめ》ははねるの？ はねないの？

A 「改《かい》」の場合《ばあい》は、はねずにとめますが、「己《おのれ》」の場合《ばあい》は、はねます。注意《ちゅうい》してください。

Q3 「令」と「令」はどちらが正《ただ》しい字《じ》？

A 「令《れい》」です。教科書《きょうかしょ》でも「令《れい》」になっていますね。ほかの本《ほん》では「令」と表記《ひょうき》されていることも多《おお》いですが、書《か》き取《と》りなどでは「令《れい》」と書《か》きましょう。

Q4 「〜という」の「いう」は漢字《かんじ》？ 平仮名《ひらがな》？

A 「意見《いけん》を言《い》う」など、「話《はな》す・声《こえ》に出《だ》す」といった意味《いみ》で使《つか》う時《とき》は漢字《かんじ》です。「クマノミという魚《さかな》」「机《つくえ》がガタガタという」など、「その名前《なまえ》で呼《よ》ばれている・音《おと》をたてる」といった意味《いみ》で使《つか》われている時《とき》は平仮名《ひらがな》です。

おもしろ漢字《かんじ》パズル ②

次《つぎ》の□をうめて漢字《かんじ》にすると二字《にじ》熟語《じゅくご》ができるよ。点線《てんせん》でつながっている□には同《おな》じものが入《はい》るよ。

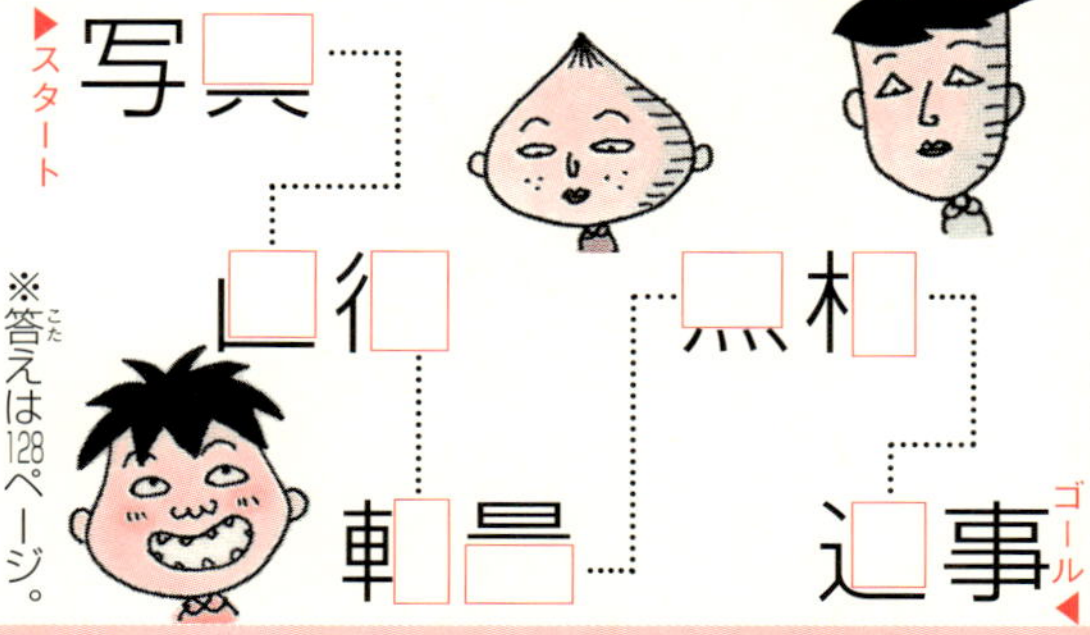

※答《こた》えは128ページ。

協力《きょうりょく》：Z会《ゼットかい》

Z会《ゼットかい》からの漢字《かんじ》問題《もんだい》 ②

1 次の漢字の正しい書き順を選び、□に書きなさい。

1 考　ア　イ
2 列　ア　イ
3 世　ア　イ
4 州　ア　イ

（1 □ 2 □ 3 □ 4 □）

2 次の漢字の総画数を漢数字で書きなさい。

1 比（　）画　2 電（　）画
3 追（　）画　4 飲（　）画
5 島（　）画　6 勢（　）画
7 貿（　）画　8 費（　）画

3 次の1～3の説明に当てはまる漢字を、自分で考えて書きなさい。

1 心を表すへんと、きよい意味を表すつくりからなり、人間の生まれながらに美しい心や、ありのままという意味を表す。（　）

2 屋根におおわれた家を表すかんむりの下に女性が座っている様子を表し、静かにとどまる・やすらかの意味を表す。（　）

3 あなの意味を表すかんむりに、のみでつきとおす意味の字からなり、中に何もないなどの意味を表す。（　）

4 漢和辞典では、漢字は部首別に分けられ、部首を除いた画数順に並んでいます。たとえば「仁」は「亻（にんべん）の部の二画」にあります。次の漢字は【　】の部首の何画にあるか、漢数字で書きなさい。

1 編【いとへん】の（　）画
2 確【いしへん】の（　）画
3 講【ごんべん】の（　）画
4 採【てへん】の（　）画

※答《こた》えは242ページ。

5 次の熟語の読み仮名を（　）に書き、読み方の種類として正しいものをあとのア〜エから選び、□に書きなさい。

1 台所（　　）□　2 手本（　　）□
3 調査（　　）□　4 物語（　　）□
5 場面（　　）□　6 平和（　　）□

ア 音読み（音読み＋音読み）　イ 訓読み（訓読み＋訓読み）　ウ 重箱読み（音読み＋訓読み）　エ 湯桶読み（訓読み＋音読み）

6 次のア〜オの中で、―の漢字の読み方がちがうものを一つだけ選び、□に書きなさい。

1 ア 簡易　イ 貿易　ウ 安易　エ 容易　オ 難易　□
2 ア 武器　イ 武家　ウ 武勇　エ 武者　オ 文武　□
3 ア 禁物　イ 名物　ウ 物理　エ 植物　オ 人物　□
4 ア 重宝　イ 重大　ウ 重箱　エ 比重　オ 厳重　□
5 ア 頭角　イ 年頭　ウ 街頭　エ 番頭　オ 頭脳　□

7 次の熟語はどのような組み立てになっていますか。あとのア〜カから選んで（　）に書きなさい。

1 作文（　　）　2 無事（　　）　3 高熱（　　）
4 禁止（　　）　5 見聞（　　）　6 昼夜（　　）
7 最高（　　）　8 不利（　　）　9 絵画（　　）

ア 「出発」のように、似た意味の字を重ねてできた熟語。
イ 「明暗」のように、反対の意味の字を重ねてできた熟語。
ウ 「風雨」のように、関連した字を重ねてできた熟語。
エ 「青空」のように、上の字が下の字にかかっている熟語。
オ 「読書」のように、下の字が上の字にかかっている熟語。
カ 「不足」のように、上の字が下の字を打ち消している熟語。

※答《こた》えは242ページ。

第《だい》2章《しょう》

六《ろく》年《ねん》生《せい》で習《なら》う漢《かん》字《じ》

異

（11画《かく》）

音読《おんよ》み イ

訓読《くんよ》み こと

部首《ぶしゅ》 田／た

ながく

とめる

成《な》り立《た》ちと意味《いみ》

人《ひと》がお面《めん》をかぶった形《かたち》（𢍰）からできました。「別《べつ》の人《ひと》」になるということから、「ことなる（＝べつ、ふつうとちがう）」として使《つか》われる字《じ》です。

使《つか》い方《かた》

異義《いぎ》・異議《いぎ》・異国《いこく》・異質《いしつ》・異状《いじょう》・異常《いじょう》・異人《いじん》・異性《いせい》・異物《いぶつ》・異変《いへん》・異様《いよう》・差異《さい》・変異《へんい》

「まるちゃんと、わたしの意見《いけん》が異《こと》なることは、めったにないね。」

「でも、異性《いせい》の好《この》みはどうだろうね？」

チェックポイント

二《ふた》つの「いぎ」を使《つか》い分《わ》けよう。

・異義《いぎ》…異《こと》なる意味《いみ》。

・異議《いぎ》…異《こと》なる意見《いけん》。

遺

（15画《かく》）

音読《おんよ》み イ・ユイ

部首《ぶしゅ》 ⻌／しんにょう

ながく

ださない

成《な》り立《た》ちと意味《いみ》

⻌（しんにょう）は道《みち》（⼻）と足《あし》（⽌）からでき、道《みち》を歩《ある》くことを表《あらわ》します。貴《き》がイと変《か》わって読《よ》み方《かた》を示《しめ》し、キの音《おん》は「棄《き》（＝すてる）」の意味《いみ》があります。道《みち》に物《もの》をすてることから「すてる、なくす、のこす」意味《いみ》に使《つか》われます。

使《つか》い方《かた》

遺骨《いこつ》・遺作《いさく》・遺産《いさん》・遺児《いじ》・遺書《いしょ》・遺跡《いせき》・遺族《いぞく》・遺体《いたい》・遺伝《いでん》・遺品《いひん》・遺留《いりゅう》・遺失物《いしつぶつ》・遺言《ゆいごん》

「あと何千年《なんぜんねん》かたつと、うちも遺跡《いせき》になって、教科書《きょうかしょ》にのるのかな？」

「のるかもね。」

※

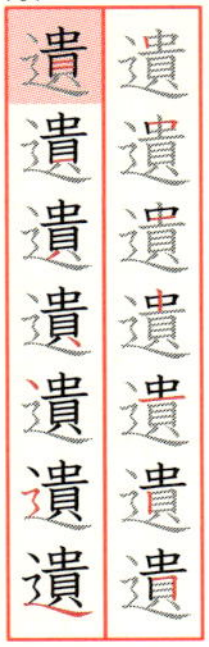

チェックポイント

似《に》ている字《じ》に注意《ちゅうい》しよう。

遣 ケン　つかう　つかわす

※この本《ほん》の書《か》き順《じゅん》で、バックが赤《あか》くなっているのは、二画《にかく》以上《いじょう》まとめて表《あらわ》したところです。

域

（11画《かく》）

音読《おんよ》み イキ

訓読《くんよ》み

部首《ぶしゅ》 土／つちへん

わすれない
はねる

成《な》り立《た》ちと意味《いみ》

或《いき》には「さかいのある場所《ばしょ》」の意味《いみ》があり、イキの読《よ》み方《かた》を示《しめ》します。土地《とち》を表《あらわ》す土（つちへん）がついて、「くぎり、さかい、ところ」の意味《いみ》に使《つか》われます。

使《つか》い方《かた》

区域《くいき》・聖域《せいいき》・全域《ぜんいき》・地域《ちいき》・流域《りゅういき》・領域《りょういき》

「日曜日《にちようび》、地域《ちいき》のゲートボール大会《たいかい》が開《ひら》かれるそうですよ。」

「静岡県全域《しずおかけんぜんいき》に大雨《おおあめ》注意報《ちゅういほう》が発令《はつれい》されました。川《かわ》の流域《りゅういき》では、特《とく》に注意《ちゅうい》が必要《ひつよう》です。」

ちょっとひとこと

「或」を「口」でかこむと、「くに」になる。

國《くに》 昔《むかし》の「くに」。

国《くに》 今《いま》の「くに」。

くにくにくに
くにくにくにくに
くに「にく!!」

宇

（6画《かく》）

音読《おんよ》み ウ

訓読《くんよ》み

部首《ぶしゅ》 宀／うかんむり

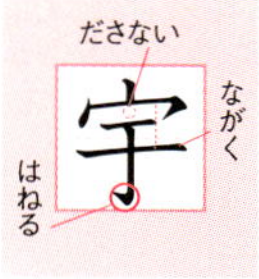
ださない
ながく
はねる

成《な》り立《た》ちと意味《いみ》

于《う》がウの読《よ》み方《かた》を示《しめ》し、宀（うかんむり）は家《いえ》を表《あらわ》します。家《いえ》の「のき、やね」を表《あらわ》す字《じ》で、天《てん》がおおうところの「天地四方《てんちしほう》」の意味《いみ》にも使《つか》われます。

使《つか》い方《かた》

宇宙《うちゅう》（宇宙船《うちゅうせん》・宇宙旅行《うちゅうりょこう》）・気宇壮大《きうそうだい》

「みなさんが大人《おとな》になるころには、宇宙旅行《うちゅうりょこう》が可能《かのう》になっているかもしれませんね。」

「気宇壮大《きうそうだい》っていうのは、すごく心《こころ》のスケールが大《おお》きいってことさ。」

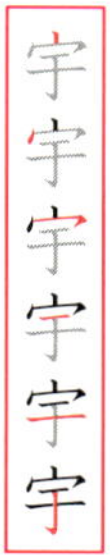

ちょっとひとこと

片仮名《かたかな》の「ウ」、平《ひら》仮名《がな》の「う」はこの字《じ》からできた。

なるほどね
宇
ウ
う

映

（9画《かく》）

音読《おんよ》み エイ

訓読《くんよ》み うつる・うつす・はえる

部首《ぶしゅ》 日／ひへん

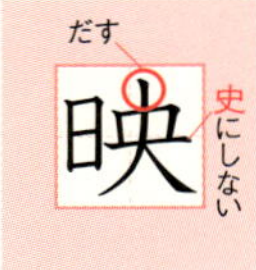

だす
史にしない

成《な》り立《た》ちと意味《いみ》

央《おう》がエイと変《か》わって読《よ》み方《かた》を示《しめ》します。オウの音《おん》には「応（＝返《かえ》ってくる）」の意味《いみ》があり、日《ひ》の光《ひかり》の照《て》り返《かえ》しを表《あらわ》し、「うつる、はえる」の意味《いみ》に使《つか》われます。

使《つか》い方《かた》

映画《えいが》・映写《えいしゃ》・映像《えいぞう》・上映《じょうえい》・反映《はんえい》・放映《ほうえい》・夕映《ゆうば》え

映映映映映映映映映

「まる子《こ》ったら、顔《かお》にごはんつぶがついてるよ。鏡《かがみ》に映《うつ》して、見《み》てごらんよ。」

「おじいさん、たまには一緒《いっしょ》に、映画《えいが》でも行《い》こうかね。昔《むかし》の名作《めいさく》が上映《じょうえい》されてるそうだよ。」

チェックポイント

「映《は》え」と「栄《は》え」の使《つか》い分《わ》け。

映《は(え)》…光《ひか》りかがやく。
・夕映《ゆうば》え。

栄《は(え)》…めいよ。
・栄《は》えある優勝《ゆうしょう》。

もっとくわしく

「うつす」の使《つか》い分《わ》け

映《うつ》す…光《ひかり》などでうつしだす。
・映像《えいぞう》で映《うつ》す。

写《うつ》す…そのままうつしとる。
・カメラで写《うつ》す。

たまえを写《うつ》す

まるちゃんあしたの午後《ごご》何《なに》してる？
映画《えいが》行《い》くよ！お姉《ねえ》ちゃんと
いいな～
エヘヘ
映画《えいが》行《い》くよ
……
エイが行《い》くよ
…………
ククク
野口《のぐち》さん…またヘンなこと考《かんが》えてるね…
一度《いちど》火《ひ》がつくとどうにも止《と》まらない野口《のぐち》さんであった

延

（8画《かく》）

音読《おんよ》み エン

訓読《くんよ》み のびる・のべる・のばす

部首《ぶしゅ》 廴／えんにょう

成《な》り立《た》ちと意味《いみ》

丿が「のびる」ことを表《あらわ》しています。廴（えんにょう）は道路《どうろ》の一《いっ》方《ぽう》をのばした形《かたち》（⺄）、止は足《あし》の形《かたち》（凵）で、この二《ふた》つが合《あ》わさってエンの読《よ》み方《かた》を示《しめ》します。「遠《とお》くへ行《い》く」ことを表《あらわ》し、「のびる、のばす」意味《いみ》に使《つか》われます。

延 壬にしない

使《つか》い方《かた》

延期《えんき》・延焼《えんしょう》・延長《えんちょう》・順延《じゅんえん》・延《の》べ人員《じんいん》

「八月三十一日《はちがつさんじゅういちにち》なのに、宿《しゅく》題《だい》が終《お》わってない。提出《ていしゅつ》の期限《きげん》、延《の》ばしてくれないかな。」

「雨《あめ》で遠足《えんそく》が順延《じゅんえん》になった。これで、もう一回《いっかい》、お弁当《べんとう》が食《た》べられる！」

延 延 延 延 延 延 延 延

チェックポイント

つぎたすようにのびるのは「延《の》びる」、そのままのびるのは「伸《の》びる」。

・線路《せんろ》が延《の》びる。
・身長《しんちょう》が伸《の》びる。

沿

（8画《かく》）

音読《おんよ》み エン

訓読《くんよ》み そう

部首《ぶしゅ》 氵／さんずい

成《な》り立《た》ちと意味《いみ》

氵（さんずい）は水《みず》を表《あらわ》します。㕣《えん》がエンの読《よ》み方《かた》を示《しめ》し、エンの音《おん》には「縁《えん》（＝ふち）」の意味《いみ》があります。水《みず》の岸《きし》にそっていることを表《あらわ》し、「そう」の意味《いみ》に使《つか》われる字《じ》です。

沿 八やソにしない

使《つか》い方《かた》

沿海《えんかい》・沿岸《えんがん》・沿線《えんせん》・沿道《えんどう》・海沿《うみぞ》い

「春《はる》の小川《おがわ》に沿《そ》って、花輪《はなわ》クンといつまでも歩《ある》いていたいわ。」

「駿河湾《するがわん》の沿岸《えんがん》漁業《ぎょぎょう》では、シラス漁《りょう》が有名《ゆうめい》じゃよ。」

沿 沿 沿 沿 沿 沿 沿 沿

チェックポイント

「㕣」の書《か》き方《かた》に注意《ちゅうい》しよう。

×㕣 ×㕣 ○㕣

我

（7画《かく》）

音読《おんよ》み　ガ
訓読《くんよ》み　われ・わ
部首《ぶしゅ》　戈／ほこづくり（ほこがまえ）

成《な》り立《た》ちと意味《いみ》

武器《ぶき》のほこ（）で物《もの》をついた形《かたち》（）からできました。カといった「ほこ」がガと変《か》わって読《よ》み方《かた》を示《しめ》します。「ほこでついて殺《ころ》す」意味《いみ》の字《じ》だったのが、同《おな》じ読《よ》み方《かた》の「ガ（＝じぶん）」の言葉《ことば》に借《か》りて使《つか》われるようになったため、もとの意味《いみ》がなくなっています。

使《つか》い方《かた》　無我夢中《むがむちゅう》・我《が》を張《は》る・我勝《われが》ち・我知《われし》らず・我《わ》がまま

「我《われ》を忘《わす》れて何《なに》かに夢《む》中《ちゅう》になることを、無《む》我夢中《がむちゅう》っていうんだ」

「ズバリ！　一心不乱《いっしんふらん》ともいうでしょう！」

我我我我我我我

チェックポイント

「わ」と「われ」の使《つか》い方《かた》に注意《ちゅうい》。
×我国
○我《わ》が国《くに》
×我れら
○我《われ》ら

灰

（6画《かく》）

音読《おんよ》み　カイ
訓読《くんよ》み　はい
部首《ぶしゅ》　火／ひ

成《な》り立《た》ちと意味《いみ》

もとはで、火《ひ》が消《き》えて手《て》（）でつかめるようになったもえがらを表《あらわ》しました。「はい」の意味《いみ》に使《つか》われる字《じ》です。

使《つか》い方《かた》　石灰《せっかい》・降灰《こうかい》・灰色《はいいろ》・灰皿《はいざら》・火山灰《かざんばい》

「わらを燃《も》やして灰《はい》を作《つく》り、木《き》の根《ね》っこのところにまくと肥料《ひりょう》になるんだよ。」

「永沢《ながさわ》くん、空《そら》が灰色《はいいろ》になってきたよ。今《いま》にも雨《あめ》が降《ふ》りだしそうだね。」

「ぼくたちの心《こころ》の中《なか》みたいだね。」

灰灰灰灰灰灰

ちょっとひとこと

灰《はい》が降《ふ》る意味《いみ》の「降灰《こうかい》」は「降灰《こうはい》」とも読《よ》む。

拡

（8画《かく》）

音読《おんよ》み　カク

訓読《くんよ》み

部首《ぶしゅ》　扌／てへん

おさえる
はねる

成《な》り立《た》ちと意味《いみ》

「ひろげる」意味《いみ》の広《こう》が、カクと変《か》わって読《よ》み方《かた》を示《しめ》します。扌（てへん）は手《て》（𠂹）を表《あらわ》し、「手《て》でひろげる」ことを表《あらわ》す字《じ》です。

使《つか》い方《かた》

拡散《かくさん》・拡充《かくじゅう》・拡大《かくだい》・拡張《かくちょう》・拡声器《かくせいき》

「大気汚染《たいきおせん》のせいで、酸性雨《さんせいう》の被害《ひがい》が拡大《かくだい》しているそうです。木《き》のことも心配《しんぱい》です。」

「ズバリ！　演説《えんぜつ》の時《とき》に拡声器《かくせいき》を使《つか》うと、いかにも選挙《せんきょ》っぽいでしょう。」

チェックポイント

似《に》ている字《じ》に注《ちゅう》意《い》しよう。

・拡《かく》…手《て》で広《ひろ》げるカク。

・鉱《こう》…金《きん》属《ぞく》をふくむコウ。

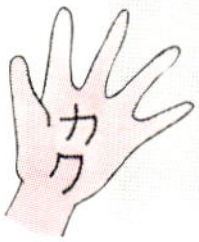
カク

革

（9画《かく》）

音読《おんよ》み　カク

訓読《くんよ》み　かわ

部首《ぶしゅ》　革／かわ

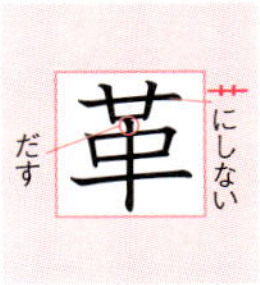
にしない
だす

成《な》り立《た》ちと意味《いみ》

両手《りょうて》（𦥑）と、動物《どうぶつ》の骨組《ほねぐ》み（廿）とを合《あ》わせた形《かたち》（革）からできました。動物《どうぶつ》の皮《かわ》をはいでいる様子《ようす》を表《あらわ》し、「なめしがわ」として使《つか》われる字《じ》です。手《て》を加《くわ》えるということから、「あらためる」としても使《つか》われます。

使《つか》い方《かた》

革新《かくしん》・革命《かくめい》・改革《かいかく》・変革《へんかく》・皮革《ひかく》・革靴《かわぐつ》

「かばんやベルト、革《かわ》靴《ぐつ》など、動物《どうぶつ》の皮《かわ》で作《つく》ったものを皮革製《ひかくせい》品《ひん》というんだよ。」

「ズバリ！　クラスの改革《かいかく》を行《おこな》い、より良《よ》くするでしょう！」

チェックポイント

動物《どうぶつ》の皮《かわ》を加工《かこう》したのが「革《かわ》」、そのほかは「皮《かわ》」を使《つか》う。

・革《かわ》ひも。

・リンゴの皮《かわ》。

・人《ひと》の皮膚《ひふ》。

Z会《ゼット　かい》の「漢字《かんじ》の覚《おぼ》え方《かた》紹介《しょうかい》③」

同音異義語《どうおんいぎご》、同訓異字《どうくんいじ》、同義語《どうぎご》、反対語《はんたいご》は覚《おぼ》え方《かた》を工夫《くふう》しましょう。

①同音異義語《どうおんいぎご》や同訓異字《どうくんいじ》は例文《れいぶん》で覚《おぼ》える。

◆音読《おんよ》みが同《おな》じで意味《いみ》が異《こと》なる同音異義語《どうおんいぎご》は、例文《れいぶん》と一緒《いっしょ》に覚《おぼ》え、使《つか》い方《かた》のちがいを理解《りかい》する。

感心《かんしん》…すばらしい成果《せいか》に感心《かんしん》する。
関心《かんしん》…世界《せかい》の歴史《れきし》に関心《かんしん》がある。

対称《たいしょう》…左右対称《さゆうたいしょう》の図形《ずけい》。
対象《たいしょう》…小学生《しょうがくせい》を対象《たいしょう》とした調査《ちょうさ》。
対照《たいしょう》…対照的《たいしょうてき》な性格《せいかく》の二人《ふたり》。

特徴《とくちょう》…話《はな》し方《かた》に特徴《とくちょう》がある。
特長《とくちょう》…自分《じぶん》の特長《とくちょう》を生《い》かす。

◆訓読《くんよ》みが同《おな》じで意味《いみ》が異《こと》なる同訓異字《どうくんいじ》は、例文《れいぶん》と一緒《いっしょ》に覚《おぼ》え、使《つか》い方《かた》のちがいを理解《りかい》する。

冷《さ》ます…お湯《ゆ》を冷《さ》ます。
覚《さ》ます…目《め》を覚《さ》ます。

治《おさ》める…国《くに》を治《おさ》める。
修《おさ》める…学業《がくぎょう》を修《おさ》める。
収《おさ》める…道具《どうぐ》を箱《はこ》に収《おさ》める。
納《おさ》める…税金《ぜいきん》を納《おさ》める。

敗《やぶ》れる…サッカーの試合《しあい》に敗《やぶ》れる。
破《やぶ》れる…本《ほん》のページが破《やぶ》れる。

②反対語《はんたいご》や同義語《どうぎご》は、対《つい》で覚《おぼ》える。

◆反対《はんたい》の意味《いみ》を持《も》つ反対語《はんたいご》の熟語《じゅくご》を、対《つい》にして覚《おぼ》える。

「成功《せいこう》」↕「失敗《しっぱい》」
「生産《せいさん》」↕「消費《しょうひ》」
「必要《ひつよう》」↕「不要《ふよう》」
「利益《りえき》」↕「損失《そんしつ》」
「理想《りそう》」↕「現実《げんじつ》」
「前進《ぜんしん》」↕「後退《こうたい》」
「増進《ぞうしん》」↕「減退《げんたい》」
「支出《ししゅつ》」↕「収入《しゅうにゅう》」

◆似《に》た意味《いみ》を持《も》つ同義語《どうぎご》の熟語《じゅくご》を、対《つい》にして覚《おぼ》える。

「準備《じゅんび》」＝「用意《ようい》」
「不在《ふざい》」＝「留守《るす》」
「永久《えいきゅう》」＝「永遠《えいえん》」
「欠点《けってん》」＝「短所《たんしょ》」

閣（14画）

- **音読み**　カク
- **訓読み**
- **部首**　門／もんがまえ

成り立ちと意味

各がカクの読み方を示し、カクの音には「とめる」意味があります。門のとびらをとめる「かんぬき」を表し、後に「たな」の意味が加わりました。現在は「たかどの（高いごてん）、ないかく」などの意味に使われます。

使い方
閣議・閣下・内閣・入閣・仏閣・金閣寺・銀閣寺・天守閣

「政治を行う大臣たちの集まりが内閣で、その最高責任者が内閣総理大臣です。」

「金閣寺と銀閣寺が見たいよ。京都に行ってみたいなあ。」

💡 **ちょっとひとこと**
「天守閣」は、城の中心に造った高い建物。

ここだよ

閣 閣 閣 閣 閣 閣 閣 閣 閣

（はねる／はねない／だす）

割（12画）

- **音読み**　カツ
- **訓読み**　わる・わり・われる・さく
- **部首**　刂／りっとう

成り立ちと意味

害がカツと変わって読み方を示します。刀（刂＝りっとう）で切りさくことを表し、「わる」意味に使われる字です。また、わるということから、「わりあい」も表します。

使い方
分割・割り算・割れ目・割れ物・割り ばし・時間割り・仲間割れ・割合・割引

「ねえ、お姉ちゃん、割り算のしかた、教えてよ。」

「悪いけど、あしたはテストがあるの。そんなことに割いている時間はないわ。」

✅ **チェックポイント**
「時間割り」は、「時間割」と書く人も多いが、正しく「時間割り」と書こう。

割 割 割 割 割 割 割 割 割 割

（はねる／だす／ださない／おっと）

株

（10画《かく》）

音読《おんよ》み
訓読《くんよ》み　かぶ
部首《ぶしゅ》　木／きへん

だす
ながく
はねない

成《な》り立《た》ちと意味《いみ》

この字《じ》の、もともとの中国《ちゅうごく》での読《よ》み方《かた》はシュで、シュの音《おん》には「かなめ」の意味《いみ》があります。木《き》のかなめということから「根《ね》もと」を表《あらわ》し、「きりかぶ」の意味《いみ》に使《つか》われ、「株式《かぶしき》（＝会社《かいしゃ》に資金《しきん》を出《だ》して得《え》る権利《けんり》）」としても使《つか》われます。

使《つか》い方《かた》

株券《かぶけん》・株式《かぶしき》・株主《かぶぬし》・株分《かぶわ》け・切《き》り株《かぶ》

「おばあちゃん、株式《かぶしき》会社《がいしゃ》って何《なに》？」

「株券《かぶけん》を発行《はっこう》してお金《かね》を集《あつ》め、それを資金《しきん》に運営《うんえい》する会社《かいしゃ》だよ。」

「切《き》り株《かぶ》の年輪《ねんりん》を数《かぞ》えると、その木《き》が何歳《なんさい》だったか、わかるんですよ。」

チェックポイント

「木《き》の中心《ちゅうしん》が朱色《しゅいろ》（赤《あか》）になっている切《き》り株《かぶ》」と覚《おぼ》えてもいい。

二丁目《にちょうめ》の吉田《よしだ》さん 株《かぶ》で大《おお》もうけしたんですって
うらやましいわ〜
おい カブで大《おお》もうけって知《し》ってるか？
ブ？
ああ 安《やす》い時《とき》に買《か》って高《たか》い時《とき》に売《う》ってもうけるのさ
まあ キミたちには まだ難《むずか》しいけど…あれ？
よし おこづかい持《も》って神社《じんじゃ》に集合《しゅうごう》だ！
おう
ほら 今日《きょう》特売日《とくばいび》だブー
おじさん カブ買《か》えるだけ！
へい いらっしゃい！
大安売
おこづかい全部《ぜんぶ》カブに つぎこんだ二人《ふたり》であった——

カ

干

（3画《かく》）

音読《おんよ》み カン

訓読《くんよ》み ほ**す**・ひ**る**

部首《ぶしゅ》 干／かん（いちじゅう）

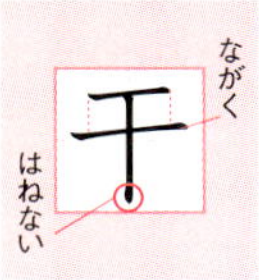
ながく
はねない

成《な》り立《た》ちと意味《いみ》

もとの形《かたち》は Y で、武器《ぶき》の「ほこ」または「たて」を表《あらわ》します。「おかす、ふせぐ」ということから、「かかわる」意味《いみ》を持《も》つ字《じ》です。「乾《かん》（＝ほす）」と読《よ》みが同《おな》じなので、「ほす、ひでり」としても使《つか》われます。

使《つか》い方《かた》

干害《かんがい》・干渉《かんしょう》・干拓《かんたく》・干満《かんまん》・若干《じゃっかん》・干潟《ひがた》・干物《ひもの》・干し草《くさ》・虫干《むしぼ》し・物干《ものほ》しざお・潮干狩《しおひが》り

対語《たいご》

満《まん》　干潮《かんちょう》⇔満潮《まんちょう》

「やっと雨《あめ》が上《あ》がったわね。これでせんたくものを干《ほ》せるわ。」

「干潮《かんちょう》で潮《しお》が引《ひ》くと、干潟《ひがた》で潮干狩《しおひが》りができるんじゃよ。」

チェックポイント

最初《さいしょ》の横棒《よこぼう》の書《か》く向《む》きに注意《ちゅうい》。

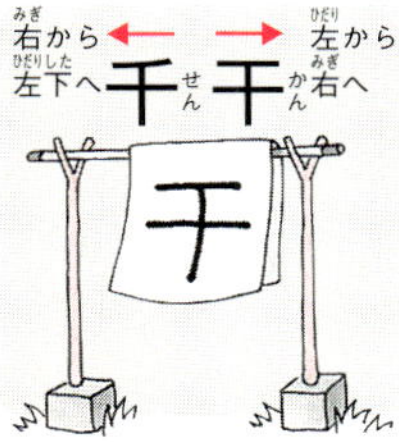
左《ひだり》から右《みぎ》へ
干《かん》
右《みぎ》から左下《ひだりした》へ
千《せん》
干

干干干

巻

（9画《かく》）

音読《おんよ》み カン

訓読《くんよ》み ま**く**・まき

部首《ぶしゅ》 己／おのれ（き）

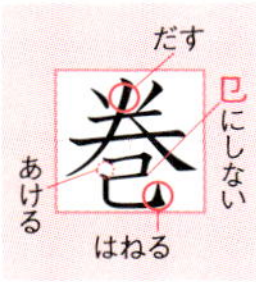
だす
已にしない
あける
はねる

成《な》り立《た》ちと意味《いみ》

ごはん（米）を両手《りょうて》（𠬞）で丸《まる》めている形《かたち》（类）と、人《ひと》が体《からだ》を丸《まる》めている形《かたち》（㔾）が組《く》み合《あ》わさって、「丸《まる》める、まく」意味《いみ》を表《あらわ》しています。また、昔《むかし》の書物《しょもつ》は「巻《ま》き物《もの》」だったことから、「書物《しょもつ》」を表《あらわ》す字《じ》にも使《つか》われます。

使《つか》い方《かた》

巻頭《かんとう》・圧巻《あっかん》・上巻《じょうかん》・中巻《ちゅうかん》・下巻《げかん》・全巻《ぜんかん》・巻紙《まきがみ》・巻《ま》き貝《がい》・巻《ま》き尺《じゃく》・腹巻《はらま》き・右巻《みぎま》き・左巻《ひだりま》き

「巻《ま》き貝《がい》に耳《みみ》を近《ちか》づけると、波《なみ》の音《おと》が聞《き》こえそうだね。」

「今月号《こんげつごう》の雑誌《ざっし》の巻頭《かんとう》ページは、カラーなんだって。」

チェックポイント

「己《おのれ》」の形《かたち》に注意《ちゅうい》しよう。

×巻
×巻
○巻

己《おのれ》じゃよ

巻巻巻巻巻巻巻巻巻

看

（9画《かく》）

音読《おんよ》み　カン

訓読《くんよ》み

部首《ぶしゅ》　目／め

ださない　一にしない　看

成《な》り立《た》ちと意味《いみ》

目《め》の上《うえ》に手《て》をかざしている形《かたち》の字《じ》です。「遠《とお》くを見《み》る」ことを表《あらわ》し、「見《み》る、ながめる、見《み》まもる」として使《つか》われています。

使《つか》い方《かた》

看護《かんご》・看守《かんしゅ》・看板《かんばん》・看病《かんびょう》

「あ、ラーメン屋《や》さんが看板《かんばん》をしまってる。そうか！　だから店《みせ》を閉《し》めることを、看板《かんばん》って、いうのか。」

「かぜはつらいけど、お母《かあ》さんに看病《かんびょう》してもらうのは、なんだかうれしいな。」

チェックポイント

「手」の形《かたち》に気《き》をつけて書《か》こう。

×看

○看

看看看看看看看看看

簡

（18画《かく》）

音読《おんよ》み　カン

訓読《くんよ》み

部首《ぶしゅ》　竹／たけかんむり

とめる　はねる　簡

成《な》り立《た》ちと意味《いみ》

古《ふる》い字《じ》は簡《かん》です。間《かん》がカンの読《よ》み方《かた》を示《しめ》し、カンの音《おん》には「けずる」の意味《いみ》があります。文字《もじ》を書《か》き写《うつ》すためにけずった竹《たけ》の札《ふだ》を表《あらわ》し、「しょもつ、てがみ」の意味《いみ》に使《つか》われる字《じ》です。また「てがる」の意味《いみ》にも使《つか》われます。

使《つか》い方《かた》

簡易《かんい》・簡潔《かんけつ》・簡素《かんそ》・簡単《かんたん》・簡略《かんりゃく》・書簡《しょかん》

「ズバリ！　とても簡単《かんたん》な計算問題《けいさんもんだい》なのに、まちがえてしまったでしょう!!」

「ククク…。話《はなし》は簡潔《かんけつ》にって言《い》ってる校長先生《こうちょうせんせい》の話《はなし》が、すごく長《なが》いね。」

簡簡簡簡簡簡簡簡簡簡簡簡簡簡簡簡簡簡

ちょっとひとこと

昔《むかし》、紙《かみ》ができる前《まえ》は、竹《たけ》の板《いた》に文《も》字《じ》を書《か》いた。

危

（6画《かく》）

音読《おんよ》み　キ

訓読《くんよ》み　あぶない・あやうい・あやぶむ

部首《ぶしゅ》　㔾／ふしづくり

とめる
㔾にしない
はねる

成《な》り立《た》ちと意味《いみ》

もとは⺈厄で、がけ（厂）の上《うえ》に立《た》っている人《ひと》（⺈）が、こわくなってひざまずく（㔾）様子《ようす》を示《しめ》します。「あぶない」の意味《いみ》を表《あらわ》す字《じ》です。

使《つか》い方《かた》

危害《きがい》・危急《ききゅう》・危険《きけん》・危地《きち》・危機一髪《ききいっぱつ》

「夜《よる》、自転車《じてんしゃ》に乗《の》る時《とき》はライトをつけないと、危《あぶ》ないですよ。また、二人乗《ふたりの》りは危険《きけん》ですから、やめましょう。」

「お気《き》に入《い》りのアニメ、危《あや》うく見逃《みのが》すところだった。まさに危機一髪《ききいっぱつ》だね。」

チェックポイント

正《ただ》しく書《か》こう。

×危　×危　×危　○危

危危危危危危

机

（6画《かく》）

音読《おんよ》み　キ

訓読《くんよ》み　つくえ

部首《ぶしゅ》　木／きへん

はねる
はねない

成《な》り立《た》ちと意味《いみ》

几《き》は物《もの》をのせる台《だい》の形《かたち》で、キという読《よ》み方《かた》を示《しめ》しています。木《き》で作《つく》った「つくえ」を表《あらわ》す字《じ》です。

使《つか》い方《かた》

机上《きじょう》・文机《ふづくえ》・学習机《がくしゅうづくえ》・勉強机《べんきょうづくえ》

「机《つくえ》の上《うえ》で考《かんが》えることはできても、実際《じっさい》には実現《じつげん》できないことを、机上《きじょう》の空論《くうろん》っていうのよ。」

「マンガは、勉強机《べんきょうづくえ》で読《よ》むよりも、寝《ね》っころがって読《よ》んだほうが、だんぜんおもしろいね。」

「あっ、机《つくえ》の上《うえ》に、おかしがある！」

チェックポイント

「文机《ふづくえ》」は特別《とくべつ》な読《よ》み方《かた》。日本式《にほんしき》の机《つくえ》で「文机《ふみづくえ》」とも読《よ》む。

机机机机机机

揮

（12画《かく》）

音読《おんよ》み キ

訓読《くんよ》み

部首《ぶしゅ》 扌／てへん

成《な》り立《た》ちと意味《いみ》

軍《ぐん》がキと変《か》わって読《よ》み方《かた》を示《しめ》します。扌（てへん）は、手《て》（扌）を表《あらわ》し、「軍隊《ぐんたい》を手《て》でさしずする」ことから、「ふるう、さしずする、まきちらす」の意味《いみ》に使《つか》われる字《じ》です。

使《つか》い方《かた》 揮《き》発《はつ》（揮《き》発《はつ》性《せい》・揮《き》発《はつ》油《ゆ》）・指《し》揮《き》・発《はっ》揮《き》

「今日《きょう》の体力《たいりょく》テストで、特訓《とっくん》の成果《せいか》を**発揮《はっき》**して、みんなをおどろかすぞ。」

「オーケストラの**指揮者《しきしゃ》**を、コンダクターというのさ。」

「花輪《はなわ》クン、似合《にあ》いそうだね。」

チェックポイント

「軍《ぐん》」が「キ」という読《よ》み方《かた》を示《しめ》す字《じ》には「輝《き》」もある。

揮揮揮揮揮揮揮揮揮揮揮揮

貴

（12画《かく》）

音読《おんよ》み キ

訓読《くんよ》み たっとい・とうとい・たっとぶ・とうとぶ

部首《ぶしゅ》 貝／かい

成《な》り立《た》ちと意味《いみ》

もとの字《じ》は貴《き》です。臾《き》がキの読《よ》み方《かた》を示《しめ》し、キの音《おん》には「蒐《き》（＝あつめる）」の意味《いみ》があります。お金《かね》（貝《かい》）があつまるということから、「ねだんが高《たか》い、たっとい、とうとい」として使《つか》われます。

使《つか》い方《かた》 貴《き》族《ぞく》・貴《き》重《ちょう》・貴《き》金《きん》属《ぞく》・貴《き》婦《ふ》人《じん》・高《こう》貴《き》

「ボクのママは、**貴婦人《きふじん》**みたいな人《ひと》だよ。ボクにとっては、どんな**貴重《きちょう》**な宝《たから》物《もの》より、**貴《とうと》**いんだ。」

「**貴《とうと》**いは**貴《たっと》**いとも読《よ》むよ。」

「金《きん》や銀《ぎん》みたいに、産出量《さんしゅつりょう》が少《すく》ない**貴重《きちょう》**な金属《きんぞく》を、**貴《き》**金属《きんぞく》っていうのよ。」

チェックポイント

「たっとい・とうとい」には「尊《たっとい・とうとい》い」もある。
（198ページ参照《さんしょう》）

貴貴貴貴貴貴貴貴貴貴貴貴

キ

疑

（14画《かく》）

音読《おんよ》み ギ
訓読《くんよ》み うたがう
部首《ぶしゅ》 疋／ひき

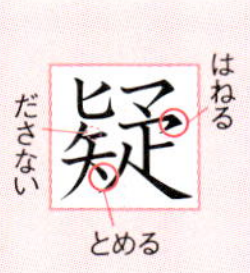
はねる
ださない
とめる

成《な》り立《た》ちと意味《いみ》

𠤕《ぎ》はもと〔古字〕で、人《ひと》が立《た》っている形《かたち》、疋は子供《こども》（〔古字〕）が立《た》ち止《ど》まっている様子《ようす》（〔古字〕）です。子供《こども》が前《まえ》に進《すす》めないでいることを表《あらわ》し、𠤕《ぎ》がギの読《よ》み方《かた》を示《しめ》します。同《おな》じギの読《よ》み方《かた》の「うたがう」意味《いみ》の言葉《ことば》に借《か》りて用《もち》いられたため、「うたがう」の意味《いみ》の字《じ》になりました。

使《つか》い方《かた》

疑似《ぎじ》・疑念《ぎねん》・疑問《ぎもん》・疑惑《ぎわく》・質疑《しつぎ》・容疑《ようぎ》・半信半疑《はんしんはんぎ》・疑《うたが》い深《ぶか》い

「つまみぐいなんか、してないって。疑《うたが》い深《ぶか》いねえ。」
「何《なに》か疑問《ぎもん》がある人《ひと》は、手《て》を挙《あ》げて質問《しつもん》してください。」

チェックポイント

似《に》ている字《じ》に注意《ちゅうい》しよう。
擬 ギ
・模擬試験《もぎしけん》

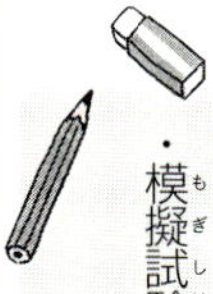

吸

（6画《かく》）

音読《おんよ》み キュウ
訓読《くんよ》み すう
部首《ぶしゅ》 口／くちへん

だす
ださない

成《な》り立《た》ちと意味《いみ》

口《くち》で息《いき》をすいこむ時《とき》、キューと音《おと》がすることから、キュウの読《よ》み方《かた》の及《きゅう》と口《くち》を合《あ》わせ、「すう」意味《いみ》を表《あらわ》した字《じ》です。

使《つか》い方《かた》

吸引《きゅういん》・吸血《きゅうけつ》・吸収《きゅうしゅう》・呼吸《こきゅう》・吸《す》い殻《がら》・吸《す》い込《こ》む

対語《たいご》

呼《こ》　呼気《こき》⇔吸気《きゅうき》

「あー、山《やま》の空気《くうき》っていいな。胸《むね》いっぱい吸《す》い込《こ》んで帰《かえ》ろうね。」
「やっと頂上《ちょうじょう》だよ。少《すこ》し休《やす》んで呼吸《こきゅう》が落《お》ち着《つ》いたら、お弁当《べんとう》にしようね、たまちゃん。」

チェックポイント

「呼吸《こきゅう》」は息《いき》を「口《くち》でコーとはいて、キューとすう」と覚《おぼ》える。

キュー
コー

供

（8画《かく》）

音読《おんよ》み キョウ・ク
訓読《くんよ》み そなえる・とも
部首《ぶしゅ》 亻／にんべん

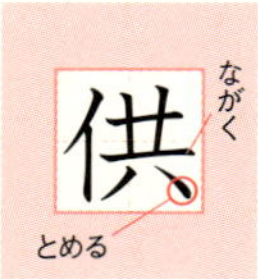

成《な》り立《た》ちと意味《いみ》

共《きょう》には「ささげる」意味《いみ》があり、キョウの読《よ》み方《かた》を示《しめ》します。「人《ひと》（亻＝にんべん）にささげる」ことを表《あらわ》し、「さし出《だ》す、そなえる」という意味《いみ》に使《つか》われる字《じ》です。

使《つか》い方《かた》

供給《きょうきゅう》・供述《きょうじゅつ》・自供《じきょう》・提供《ていきょう》・供物《くもつ》・供養《くよう》・子供《こども》・お供《とも》・お供《そな》え

「あ、お地蔵《じぞう》さんだ。お花《はな》を供《そな》えていこう。」

「まるちゃん、このお地蔵《じぞう》さん、小《ちい》さくて、子供《こども》みたいだね。」

「ボクの家《いえ》をパーティー会場《かいじょう》に提供《ていきょう》しよう。」

供供供供供供供供

チェックポイント

「供物《くもつ》」は神《かみ》や仏《ほとけ》へのお供《そな》え。「備《そな》える」との区《く》別《べつ》→107ページ

胸

（10画《かく》）

音読《おんよ》み キョウ
訓読《くんよ》み むね・むな
部首《ぶしゅ》 月／にくづき

成《な》り立《た》ちと意味《いみ》

匈《きょう》はあな（凶）を包《つつ》む（勹）ことを表《あらわ》し、凶《きょう》はキョウの読《よ》み方《かた》を示《しめ》します。月（にくづき）は肉《にく》（⺼）です。「ろっこつにつつまれた体《からだ》のあな」ということから、「むね」を表《あらわ》す字《じ》です。

使《つか》い方《かた》

胸囲《きょうい》・度胸《どきょう》・胸元《むなもと》・胸騒《むなさわ》ぎ

「今日《きょう》は席替《せきが》え。花輪《はなわ》クンのとなりになれるかしら。期待《きたい》に胸《むね》がふくらむわ。」

「きもだめしのとちゅうで逃《に》げ出《だ》すなんて、藤木《ふじき》くん、きみは度胸《どきょう》がないね。」

胸胸胸胸胸胸胸胸胸胸

ちょっとひとこと

「胸騒《むなさわ》ぎ」は、悪《わる》い予感《よかん》がして落《お》ち着《つ》かない様子《ようす》。

郷

（11画《かく》）

音読《おんよ》み キョウ・ゴウ

訓読《くんよ》み

部首《ぶしゅ》 阝／おおざと

郷
、をつけない
阝にしない

成《な》り立《た》ちと意味《いみ》

もとはで人《ひと》が向《む》かい合《あ》って物《もの》を食《た》べている形《かたち》を表《あらわ》します。人《ひと》びとが集《あつ》まって宴会《えんかい》をする所《ところ》を表《あらわ》す字《じ》でしたが、現在《げんざい》は「むら、ふるさと」の意味《いみ》に使《つか》われています。

使《つか》い方《かた》 郷土《きょうど》・郷里《きょうり》・帰郷《ききょう》・故郷《こきょう》・同郷《どうきょう》・望郷《ぼうきょう》・近郷《きんごう》・理想郷《りそうきょう》

「サケは川《かわ》で生《う》まれ、海《うみ》に下《くだ》って成長《せいちょう》したあと、故郷《こきょう》の川《かわ》に帰《かえ》ってくるんです。」

「郷《ごう》に入《い》っては郷《ごう》に従《したが》え。」これは、どこかへ行《い》ったら、その土地《とち》の習《なら》わしに従《したが》いなさいという意味《いみ》なんじゃよ。」

チェックポイント

注意《ちゅうい》して書《か》こう。

×郷 ×郷 ○郷

よく見《み》よう

西郷隆盛《さいごうたかもり》
郷《ごう》ひろみ
白川郷《しらかわごう》
「郷《きょう》」という字《じ》は「ゴウ」のほうがなじみがある気《き》がする
う〜ん
……お姉《ねえ》ちゃん何《なに》か悩《なや》みでもあるのかい?
「郷《ごう》」を「きょう」と読《よ》むのが覚《おぼ》えられなくて…
ななんと!
「清水次郎長《しみずのじろちょう》は郷土《きょうど》のほこり」と覚《おぼ》えるんじゃ!
バサ
そうかっ

勤

（12画《かく》）

音読《おんよ》み キン・ゴン

訓読《くんよ》み つとめる・つとまる

部首《ぶしゅ》 力／ちから

成《な》り立《た》ちと意味《いみ》

菫《きん》がキンという読《よ》み方《かた》を示《しめ》しています。キンの音《おん》には「つくす」という意味《いみ》があり、力《ちから》を入《い》れて仕事《しごと》をするということから、「はたらく、つとめる」の意味《いみ》に使《つか》われます。

使《つか》い方《かた》

勤続《きんぞく》・勤勉《きんべん》・勤務《きんむ》・勤労《きんろう》・皆勤《かいきん》・出勤《しゅっきん》・欠勤《けっきん》・通勤《つうきん》・転勤《てんきん》・夜勤《やきん》・勤行《ごんぎょう》・勤《つと》め人《にん》

「私《わたくし》が、運転手《うんてんしゅ》として花輪家《はなわけ》に勤《つと》めているヒデでございます。」

「毎日《まいにち》、予習復習《よしゅうふくしゅう》をきちんとやるなんて、勤勉《きんべん》な人《ひと》だねえ。」

チェックポイント

「つとめる」には「努《つと》める・務《つと》める」もある。

（118ページ参照《さんしょう》）

筋

（12画《かく》）

音読《おんよ》み キン

訓読《くんよ》み すじ

部首《ぶしゅ》 竹／たけかんむり

成《な》り立《た》ちと意味《いみ》

肉《にく》を表《あらわ》す月（にくづき）と力《ちから》で、きんにくに力《ちから》を入《い》れるすじを表《あらわ》します。さらに、すじの多《おお》い竹《たけ》を加《くわ》えて、「すじ」の意味《いみ》を表《あらわ》した字《じ》です。

使《つか》い方《かた》

筋骨《きんこつ》・筋肉《きんにく》・筋力《きんりょく》・鉄筋《てっきん》・筋金《すじがね》・筋道《すじみち》・青筋《あおすじ》・大筋《おおすじ》・背筋《せすじ》・血筋《ちすじ》・本筋《ほんすじ》・道筋《みちすじ》・筋書《すじが》き

「作文《さくぶん》を書《か》く時《とき》は、できるだけ、できごとの筋道《すじみち》に沿《そ》って書《か》くようにしましょう。」

「あたたた…。体中《からだじゅう》の筋《すじ》が痛《いた》いよ。昨日《きのう》、山登《やまのぼ》りしたからだね。」

「おやおや、もう筋肉痛《きんにくつう》かい。」

チェックポイント

似《に》ている字《じ》に注意《ちゅうい》しよう。

節　セツ　セチ　ふし

系

（7画《かく》）

音読《おんよ》み ケイ

訓読《くんよ》み

部首《ぶしゅ》 糸／いと

成《な》り立《た》ちと意味《いみ》

丿はもと𠂇で「手《て》」を表《あらわ》します。手《て》で糸《いと》をつないでいる様《よう》子《す》を示《しめ》した字《じ》で、「つながり、すじ、つづき」として使《つか》われます。

使《つか》い方《かた》

系図《けいず》・系統《けいとう》・系譜《けいふ》・系列《けいれつ》・家系《かけい》・体系《たいけい》・直系《ちょっけい》・太陽系《たいようけい》

「地球《ちきゅう》は、太陽《たいよう》を中心《ちゅうしん》とする太陽系《たいようけい》という星《ほし》の集《あつ》まりに属《ぞく》しています。」

「先祖代々《せんぞだいだい》の人《ひと》の名《な》や関係《かんけい》を記《しる》した図《ず》を、系《けい》図《ず》というんじゃよ。」

「うちの家系《かけい》のとりえといえば、まあ、体《からだ》が、じょうぶなことだな。」

チェックポイント

「一」が「二」にならないように。

○系　×系

敬

（12画《かく》）

音読《おんよ》み ケイ

訓読《くんよ》み うやまう

部首《ぶしゅ》 攵／ぼくにょう（ぼくづくり・のぶん）

成《な》り立《た》ちと意味《いみ》

攵（ぼくにょう）は手《て》（⺕）に棒《ぼう》（卜）を持《も》った形《かたち》で、「むりにさせる」意味《いみ》を表《あらわ》します。苟《きょく》がケイと変《か》わって読《よ》み方《かた》を示《しめ》し、キョクの音《おん》には「曲《きょく》（=まげる）」の意味《いみ》があります。体《からだ》をまげて礼《れい》をさせることを表《あらわ》し、「うやまう」として使《つか》われる字《じ》です。

使《つか》い方《かた》

敬愛《けいあい》・敬意《けいい》・敬遠《けいえん》・敬語《けいご》・敬服《けいふく》・敬礼《けいれい》・敬老《けいろう》・失敬《しっけい》・尊敬《そんけい》・不敬《ふけい》

「ズバリ、九月十五日《くがつじゅうごにち》の敬《けい》老《ろう》の日《ひ》は、お年寄《としよ》りを敬《うやま》うための祝日《しゅくじつ》でしょう！」

「さくらさんのお笑《わら》いのセンスには、敬服《けいふく》してるよ。」

ちょっとひとこと

野球《やきゅう》の「敬遠《けいえん》」は、打者《だしゃ》と勝《しょう》負《ぶ》しないで歩《ある》かせること。

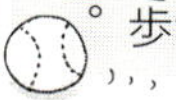

警

（19画《かく》）

音読《おんよ》み ケイ

訓読《くんよ》み

部首《ぶしゅ》 言／げん

成《な》り立《た》ちと意味《いみ》

敬《けい》には「いましめる」意味《いみ》があり、ケイの読《よ》み方《かた》を示《しめ》します。言葉《ことば》でいましめることを表《あらわ》し、「いましめる、まもる、用心《ようじん》する」の意味《いみ》に使《つか》われる字《じ》です。

使《つか》い方《かた》

警戒《けいかい》・警官《けいかん》・警護《けいご》・警告《けいこく》・警察《けいさつ》・警笛《けいてき》・警備《けいび》・警報《けいほう》・警棒《けいぼう》・警視庁《けいしちょう》・婦警《ふけい》

「まる子《こ》ったら、おじいちゃんに、ねだりものする気《き》だわ。警告《けいこく》しとかなきゃ。」

「まる子《こ》警報《けいほう》だな。」

チェックポイント

似《に》ている字《じ》に注意《ちゅうい》しよう。

驚 キョウ おどろく おどろかす

劇

（15画《かく》）

音読《おんよ》み ゲキ

訓読《くんよ》み

部首《ぶしゅ》 刂／りっとう

成《な》り立《た》ちと意味《いみ》

豦《げき》がゲキの読《よ》み方《かた》を示《しめ》しています。もとは、力《ちから》を出《だ》して働《はたら》く意《い》味《み》の勮という字《じ》だったのが、まちがって刂（りっとう）が用《もち》いられるようになりました。「はげしい、しばい」の意味《いみ》に使《つか》われます。

使《つか》い方《かた》

劇化《げきか》・劇画《げきが》・劇場《げきじょう》・劇団《げきだん》・劇的《げきてき》・劇薬《げきやく》・演劇《えんげき》・歌劇《かげき》・喜劇《きげき》・悲劇《ひげき》・寸劇《すんげき》・時代劇《じだいげき》・無言劇《むごんげき》

「ジャイアンツが劇的《げきてき》なサヨナラ勝《が》ちだ！」

「時代劇《じだいげき》が見《み》たいから、チャンネル変《か》えるよ。」

チェックポイント

へんの部分《ぶぶん》の形《かたち》に注意《ちゅうい》。

激（16画《かく》）

音読《おんよ》み ゲキ
訓読《くんよ》み はげしい
部首《ぶしゅ》 氵／さんずい

欠にしない

成《な》り立《た》ちと意味《いみ》

敫《きょう》には「とびあがる」意味《いみ》があり、ゲキと変《か》わって読《よ》み方《かた》を示《しめ》します。水《みず》（氵＝さんずい）が岩《いわ》などに当《あ》たってしぶきをあげることを表《あらわ》し、「はげしい」の意味《いみ》に使《つか》われる字《じ》です。

使《つか》い方《かた》

激化《げきか》・激戦《げきせん》・激闘《げきとう》・激突《げきとつ》・激流《げきりゅう》・激励《げきれい》・過激《かげき》・感激《かんげき》・急激《きゅうげき》・刺激《しげき》

「まずい、お母《かあ》さん、激《はげ》しくおこってるよ。」

「お母《かあ》さん、プレゼントに感激《かんげき》してくれるかな。」

チェックポイント

「げき薬《やく》」の書《か》き方《かた》に注意《ちゅうい》。

×激薬

○劇《げき》薬《やく》

注意《ちゅうい》！

穴（5画《かく》）

音読《おんよ》み ケツ
訓読《くんよ》み あな
部首《ぶしゅ》 穴／あな

おさえてから
はらう

成《な》り立《た》ちと意味《いみ》

宀（うかんむり）は「いえ」を表《あらわ》し、八《はつ》がケツと変《か》わって読《よ》み方《かた》を示《しめ》します。土《つち》をほって作《つく》った家《いえ》を表《あらわ》し、「あな、ほらあな、あやまち、欠点《けってん》」などの意味《いみ》に使《つか》われます。

使《つか》い方《かた》

穴居《けっきょ》・墓穴《ぼけつ》・穴蔵《あなぐら》・穴場《あなば》・大穴《おおあな》・節穴《ふしあな》

「墓穴《ぼけつ》を掘《ほ》るっていうのは、自分《じぶん》で掘《ほ》った穴《あな》に落《お》ちるように、自分《じぶん》で身《み》をほろぼす原因《げんいん》を作《つく》ってしまうことよ。」

「トホホ…。今《いま》のあたしみたいだね。」

究《きゅう》
空《そら》

チェックポイント

部首《ぶしゅ》の「穴」は「あなかんむり」として使《つか》われると、形《かたち》が「穴」→「穴」になる。

絹

（13画《かく》）

音読《おんよ》み ケン

訓読《くんよ》み きぬ

部首《ぶしゅ》 糸／いとへん

ださない
はねない
はねる

成り立《なた》ちと意味《いみ》

肙《けん》がケンの読《よ》み方《かた》を示《しめ》します。ケンの音《おん》には「わら」の意味《いみ》があり、わらの色《いろ》のような浅黄色《あさぎいろ》をした糸《いと》「きぬ」を表《あらわ》す字《じ》です。

使《つか》い方《かた》

絹布《けんぷ》・絹雲《けんうん》・絹糸《きぬいと》・絹針《きぬばり》・正絹《しょうけん》・人絹《じんけん》・絹織物《きぬおりもの》

「やっぱり、絹《きぬ》のハンカチは使《つか》いやすくていいわよね。」

「絹《きぬ》は、蚕《かいこ》というガのまゆからとれるよ。」

「本物《ほんもの》の絹《きぬ》で織《お》った布《ぬの》が正絹《しょうけん》、絹《きぬ》に似《に》た化学繊維《かがくせんい》で織《お》ったのが人絹《じんけん》じゃ。」

絹 絹 絹 絹 絹 絹 絹 絹 絹 絹 絹 絹 絹

チェックポイント

「糸《いと》を口《くち》から（月《つき》）だしきった」と覚《おぼ》える。

ビシッ

今日《きょう》 花輪《はなわ》クン きれいなスベスベしたシャツ着《き》てたね
これは絹《きぬ》なのさ
あれはシルクだよ
シルクって何《なに》？
絹《きぬ》のことをシルクっていうんだよ
絹《きぬ》かぁ そんな高級《こうきゅう》なもの うちにはないだろうね
ククク
シルクなら持《も》ってるよ
シルクキャンディーなんちゃって…ククク
それはミルクでは……
うまい！
ミルクキャンディ

権

（15画《かく》）

音読《おんよ》み　ケン・ゴン

訓読《くんよ》み

部首《ぶしゅ》　木／きへん

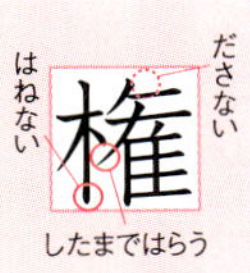
ださない
はねない
したまではらう

成《な》り立《た》ちと意味《いみ》

古《ふる》い字《じ》は權《けん》で、雚《かん》がケンと変《か》わって読《よ》み方《かた》を示《しめ》します。ケンという木《き》の名《な》を表《あらわ》す字《じ》だったのが、同《おな》じ読《よ》み方《かた》の「懸《けん》（＝かける）」の意味《いみ》に借《か》りて用《もち》いられ、「はかり、つりあい、他人《たにん》を支配《しはい》する力《ちから》」の意味《いみ》を持《も》つようになった字《じ》です。

使《つか》い方《かた》

権限《けんげん》・権利《けんり》・権力《けんりょく》・人権《じんけん》・政権《せいけん》・同権《どうけん》・特権《とっけん》・参政権《さんせいけん》・選挙権《せんきょけん》・所有権《しょゆうけん》・優先権《ゆうせんけん》・権現《ごんげん》

「自分《じぶん》の権利《けんり》を主張《しゅちょう》するだけじゃなく、きちんと義務《ぎむ》を果《は》たさなきゃのう。それが、ちゃんとした大人《おとな》じゃろうな。」

権
権
権
権
権
権
権
権
権
権

チェックポイント

似《に》ている字《じ》に注意《ちゅうい》。

観《かん》（観客《かんきゃく》）
勧《かん》（勧誘《かんゆう》）
歓《かん》（歓迎《かんげい》）

憲

（16画《かく》）

音読《おんよ》み　ケン

訓読《くんよ》み

部首《ぶしゅ》　心／こころ

だす
ださない
はねる

成《な》り立《た》ちと意味《いみ》

害《けん》がケンの読《よ》み方《かた》を示《しめ》します。心《こころ》のはたらきを表《あらわ》す字《じ》だったのが、とちゅうで「すじみち」の意味《いみ》に借《か》りて用《もち》いられたため、「おきて、てほん」の意味《いみ》を持《も》つようになりました。

使《つか》い方《かた》

憲法《けんぽう》・合憲《ごうけん》・児童憲章《じどうけんしょう》

「五月三日《ごがつみっか》の憲法記念日《けんぽうきねんび》、どこかに連《つ》れて行《い》ってよ。」

「児童憲章《じどうけんしょう》とは、子供《こども》が幸《しあわ》せに暮《く》らせるように作《つく》られた決《き》まりのことです。」

憲
憲
憲
憲
憲
憲
憲
憲
憲
憲
憲
憲

ちょっとひとこと

今《いま》の憲法《けんぽう》は「日本国憲法《にほんこくけんぽう》」、その前《まえ》は「大日本帝国憲法《だいにっぽんていこくけんぽう》」といった。

源

（13画《かく》）

音読《おんよ》み　ゲン
訓読《くんよ》み　みなもと
部首《ぶしゅ》　氵／さんずい

成《な》り立《た》ちと意味《いみ》

原《げん》がゲンの読《よ》み方《かた》を示《しめ》します。原《げん》はがけ（厂＝がんだれ）と泉《いずみ》からでき、「岩《いわ》の間《あいだ》から水《みず》が流《なが》れ出《で》る」意味《いみ》の「みなもと」を表《あらわ》す字《じ》でした。しかし、野《の》原《はら》などの「はら」として使《つか》われることが多《おお》くなったため、水《みず》（氵＝さんずい）を加《くわ》えて新《あら》たに「源《みなもと》」の字《じ》が作《つく》られました。

使《つか》い方《かた》

源《げん》泉《せん》・源《げん》流《りゅう》・起《き》源《げん》・語《ご》源《げん》・光《こう》源《げん》・根《こん》源《げん》・財《ざい》源《げん》・資《し》源《げん》・水《すい》源《げん》・電《でん》源《げん》・震《しん》源《げん》地《ち》

「川《かわ》の源《みなもと》をたどっていくと、どんどん山《やま》に入《はい》っていくんだブー。すると水《すい》源《げん》に着《つ》くんだブー。」

チェックポイント

「みなもと」は「水《みず》のもと」の意《い》味《み》。なお「起《き》源《げん》」は「起《き》原《げん》」とも書《か》く。

源源源源源源源源源源源源

厳

（17画《かく》）

音読《おんよ》み　ゲン・ゴン
訓読《くんよ》み　おごそか・きびしい
部首《ぶしゅ》　⺌／つかんむり

成《な》り立《た》ちと意味《いみ》

古《ふる》い字《じ》は嚴で、吅《げん》がゲンの読《よ》み方《かた》を示《しめ》します。厂（がんだれ）はがけの形《かたち》、敢《かん》は敵《てき》と戦《たたか》うことを表《あらわ》し、がけと敵《てき》と戦《たたか》うことを組《く》み合《あ》わせて、「きびしいようす」を表《あらわ》した字《じ》です。「おごそか」の意《い》味《み》にも使《つか》われます。

使《つか》い方《かた》

厳《げん》格《かく》・厳《げん》禁《きん》・厳《げん》刑《けい》・厳《げん》守《しゅ》・厳《げん》重《じゅう》・厳《げん》正《せい》・厳《げん》選《せん》・厳《げん》罰《ばつ》・厳《げん》密《みつ》・厳《げん》命《めい》・尊《そん》厳《げん》・荘《そう》厳《ごん》

「厳《きび》しい練《れん》習《しゅう》になるから、そのつもりでな。」

「時《じ》間《かん》厳《げん》守《しゅ》だぜ。」

「花《はな》輪《わ》クンと結《けっ》婚《こん》するなら、式《しき》は教《きょう》会《かい》で厳《おごそ》かに行《おこな》いたいわ。」

厳厳厳厳厳厳厳
厳厳厳厳厳厳厳

チェックポイント

「⺌」が「⺍」にならないように。

×厳　○厳

己

（3画《かく》）

音読《おんよ》み コ・キ
訓読《くんよ》み おのれ
部首《ぶしゅ》 己／おのれ（き）

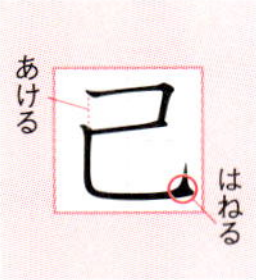

成《な》り立《た》ちと意味《いみ》

もとの字《じ》は乙です。人《ひと》が腰《こし》を曲《ま》げ、ひざをついてひれふしている形《かたち》からでき、「おのれ（＝じぶん）」の意味《いみ》に使《つか》われる字《じ》です。

使《つか》い方《かた》

自己《じこ》・利己《りこ》・克己《こっき》・知己《ちき》

「己《おのれ》の利益《りえき》だけを考《かんが》えて行動《こうどう》することを、**利己主義《りこしゅぎ》**というんだ。藤木《ふじき》くん、身《み》に覚《おぼ》えがないかい？」

「ズバリ！　選挙演説《せんきょえんぜつ》の前《まえ》に改《あらた》めて**自己紹介《じこしょうかい》**するでしょう。」

「知《し》り合《あ》いになることを、**知己《ちき》**を得《え》るというんだよ。」

ちょっとひとこと

片仮名《かたかな》の「コ」、平仮名《ひらがな》の「こ」はこの字《じ》からできた。

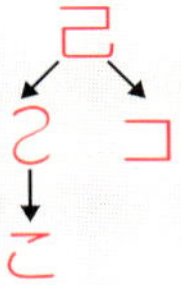

呼

（8画《かく》）

音読《おんよ》み コ
訓読《くんよ》み よぶ
部首《ぶしゅ》 口／くちへん

成《な》り立《た》ちと意味《いみ》

乎《こ》は息《いき》をはき出《だ》す音《おと》「コ」を示《しめ》し、口《くち》からはく息《いき》を表《あらわ》した字《じ》です。「よぶ、さけぶ」としても使《つか》われます。

使《つか》い方《かた》

呼応《こおう》・呼吸《こきゅう》・歓呼《かんこ》・点呼《てんこ》・呼《よ》び名《な》・呼《よ》び水《みず》・呼《よ》び物《もの》・呼《よ》び鈴《りん》・呼《よ》び捨《す》て

対語《たいご》

吸《きゅう》　呼気《こき》⇕吸気《きゅうき》

「まる子《こ》、そろそろ晩《ばん》ご飯《はん》だから、おじいちゃん呼《よ》んできて。」

「何《なに》かする時《とき》、すごく気《き》が合《あ》うことを、**呼吸《こきゅう》**が合《あ》うというんじゃ。」

「おじいちゃんと、わたしみたいだね。」

ちょっとひとこと

「点呼《てんこ》」は、名前《なまえ》を呼《よ》んで人員《じんいん》を調《しら》べること。

誤

（14画《かく》）

音読《おんよ》み　ゴ

訓読《くんよ》み　あやまる

部首《ぶしゅ》　言／ごんべん

成《な》り立《た》ちと意味《いみ》

呉《ご》がゴの読《よ》み方《かた》を示《しめ》し、ゴの音《おん》には「くいちがう」の意味《いみ》があります。言葉《ことば》のくいちがいを表《あらわ》し、「あやまり、まちがえる」として使《つか》われる字《じ》です。

使《つか》い方《かた》　誤解《ごかい》・誤算《ごさん》・誤字《ごじ》・誤診《ごしん》・誤報《ごほう》・正誤《せいご》

対語《たいご》　正《せい》　誤解《ごかい》⇔正解《せいかい》

「まる子《こ》が、そうじ係《がかり》だって？　そりゃ人選《じんせん》を誤《あやま》ったな。」

「五回《ごかい》も続《つづ》けて誤解《ごかい》されちゃった。なんちゃって…。」

「まるちゃんの手紙《てがみ》って、誤字《ごじ》が多《おお》いな。」

チェックポイント

「あやまり」の送《おく》り仮名《がな》に注意《ちゅうい》しよう。

×誤やまり

×誤まり

○誤《あやま》り

誤誤誤誤誤誤誤誤誤誤誤誤誤

后

（6画《かく》）

音読《おんよ》み　コウ

訓読《くんよ》み

部首《ぶしゅ》　口／くち

成《な》り立《た》ちと意味《いみ》

口《こう》はあなを表《あらわ》し、コウの読《よ》み方《かた》も示《しめ》しています。もとは「後《うし》ろ（後《こう》）」の意味《いみ》に使《つか》われていたのが、「皇《こう》＝きみ」と読《よ》み方《かた》が同《おな》じだったため「きみ」の意味《いみ》に変《か》わり、君主《くんしゅ》の「きさき」を指《さ》すようになった字《じ》です。

使《つか》い方《かた》　立后《りっこう》・皇后《こうごう》・皇太后《こうたいごう》

「天皇陛下《てんのうへいか》の奥《おく》さんのことを皇后《こうごう》というんだよ。」

「前《まえ》の天皇陛下《てんのうへいか》の奥《おく》さんのことは皇太后《こうたいごう》というんじゃ。」

「天皇皇后両陛下《てんのうこうごうりょうへいか》って、聞《き》いたことあるよ。」

ちょっとひとこと

「午後《ごご》」は俗《ぞく》に「午后《ごご》」とも書《か》くが、「午後《ごご》」と正《ただ》しく書《か》こう。

后后后后后后

孝

（7画《かく》）

音読《おんよ》み コウ
訓読《くんよ》み
部首《ぶしゅ》 子／こ

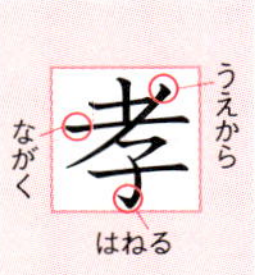
うえから
ながく
はねる

成《な》り立《た》ちと意《い》味《み》

耂は〓で、こしの曲《ま》がった老《ろう》人《じん》を示《しめ》します。下《した》に子《こ》が加《くわ》わって「老《ろう》人《じん》を子《こ》がいたわる」ことを表《あらわ》し、先《せん》祖《ぞ》や父《ふ》母《ぼ》によく仕《つか》えるということから、「こうこう」の意《い》味《み》に使《つか》われる字《じ》です。

使《つか》い方《かた》

孝《こう》行《こう》・孝《こう》子《し》・孝《こう》女《じょ》・忠《ちゅう》孝《こう》・不《ふ》孝《こう》

「親《おや》孝《こう》行《こう》は、できるだけ子《こ》供《ども》の時《とき》から、しておいたほうがいいでしょう。ズバリ！親《おや》孝《こう》行《こう》、したい時《とき》には親《おや》はなしでしょう！」

「だいじょうぶ、まる子《こ》は親《おや》を泣《な》かせるような親《おや》不《ふ》孝《こう》な子《こ》じゃないよ。」

チェックポイント

似《に》ている字《じ》に注《ちゅう》意《い》しよう。

考 コウ かんがえる

孝

皇

（9画《かく》）

音読《おんよ》み コウ・オウ
訓読《くんよ》み
部首《ぶしゅ》 白／しろ

いっぽん
ながく

成《な》り立《た》ちと意《い》味《み》

もとは〓で、大《おお》きい（＝王）かんむりを表《あらわ》していましたが、とちゅうでもとの意《い》味《み》が失《うしな》われ、「王《おう》」の意《い》味《み》に使《つか》われるようになりました。「天《てん》のう、天《てん》子《し》」を表《あらわ》します。

使《つか》い方《かた》

皇《こう》位《い》・皇《こう》居《きょ》・皇《こう》后《ごう》・皇《こう》室《しつ》・皇《こう》女《じょ》・皇《こう》族《ぞく》・皇《こう》帝《てい》・皇《こう》太《たい》后《ごう》・皇《こう》太《たい》子《し》・上《じょう》皇《こう》・皇《おう》子《じ》・天《てん》皇《のう》・法《ほう》皇《おう》

「皇《こう》居《きょ》って、天《てん》皇《のう》陛《へい》下《か》のお住《す》まいなんでしょ。どんなところなのかなあ。」

「皇《おう》子《じ》っていうのは天《てん》皇《のう》の男《おとこ》の子《こ》、皇《こう》女《じょ》とは天《てん》皇《のう》の女《おんな》の子《こ》のことだよ。」

チェックポイント

上《うえ》に「ン」がつく時《とき》、「オウ」は「ノウ」になる。

天《てん》＋皇《おう》→てんのう
親《しん》＋皇《おう》→しんのう
勤《きん》＋皇《おう》→きんのう

ブー

紅

（9画《かく》）

音読《おんよ》み　コウ・ク

訓読《くんよ》み　べに・くれない

部首《ぶしゅ》　糸／いとへん

成《な》り立《た》ちと意味《いみ》

工《こう》がコウの読《よ》み方《かた》を示《しめ》し、コウの音《おん》は「桃色《ももいろ》」を表《あらわ》します。「桃色《ももいろ》の糸《いと》」の意味《いみ》の字《じ》で、「あか（べに、くれない）の色《いろ》」として使《つか》われます。

使《つか》い方《かた》

紅顔《こうがん》・紅茶《こうちゃ》・紅梅《こうばい》・紅白《こうはく》・紅葉《こうよう》・真紅《しんく》・

深紅《しんく》・紅色《くれないいろ》・口紅《くちべに》・紅葉《もみじ》

「紅葉《こうよう》した紅葉《もみじ》みたいな、あざやかな赤《あか》を、紅《べに》とか紅《くれない》っていうんだって。ねえ、野口《のぐち》さん、知《し》ってた？」

「口紅《くちべに》をくれない。なんちゃって。」

チェックポイント

「紅葉《もみじ》」は特別《とくべつ》に許《ゆる》された読《よ》み方《かた》。

降

（10画《かく》）

音読《おんよ》み　コウ

訓読《くんよ》み　おりる・おろす・ふる

部首《ぶしゅ》　阝／こざとへん

成《な》り立《た》ちと意味《いみ》

阝（こざとへん）は土《つち》が盛《も》りあがった山《やま》の形《かたち》、夅《こう》のもとの形《かたち》は夂㐄で、両足《りょうあし》が下向《したむ》きになっている形《かたち》を表《あらわ》します。山《やま》をおりるということから、「おりる、ふる」意味《いみ》に使《つか》われます。

使《つか》い方《かた》

降雨《こうう》・降下《こうか》・降参《こうさん》・降車《こうしゃ》・降水《こうすい》・降伏《こうふく》（服《ふく》）・以降《いこう》・下降《かこう》・昇降口《しょうこうぐち》・乗降《じょうこう》（乗《の》り降《お》り）

対語《たいご》

昇《のぼ》(る)　降《お》りる⇔昇《のぼ》る

乗《の》(る)　降《お》りる⇔乗《の》る

「電車《でんしゃ》を降《お》りたとたん、雨《あめ》が降《ふ》ってきて、参《まい》ったよ。降水確率《こうすいかくりつ》は低《ひく》かったのにな。」

チェックポイント

「降《お》ろす」と「下《お》ろす」の使《つか》い分《わ》け。
・乗客《じょうきゃく》を降《お》ろす。
・幕《まく》を下《お》ろす。

鋼

（16画《かく》）

音読《おんよ》み コウ

訓読《くんよ》み はがね

部首《ぶしゅ》 金／かねへん

とめる
ださない
はねる

成《な》り立《た》ちと意味《いみ》

岡《こう》がコウの読《よ》み方《かた》を示《しめ》し、コウの音《おん》には「硬《こう》（＝かたい）」という意味《いみ》があります。かたくきたえた金属《きんぞく》（鉄《てつ》）を表《あらわ》していて、「はがね、こうてつ」として使《つか》われている字《じ》です。

使《つか》い方《かた》 鋼鉄《こうてつ》・製鋼《せいこう》・鉄鋼《てっこう》

「ズバリ！ 炭素《たんそ》を含《ふく》む強《つよ》い鉄《てつ》のことを、鋼《はがね》とか鋼鉄《こうてつ》とかいうでしょう！」

「日本《にほん》では、昔《むかし》から、鉄鉱石《てっこうせき》から鋼鉄《こうてつ》を作《つく》る鉄鋼業《てっこうぎょう》が盛《さか》んです。」

チェックポイント

似《に》ている字《じ》に注意《ちゅうい》しよう。

綱 コウ つな

・横綱《よこづな》

・綱引《つなひ》き

これは糸《いと》で作《つく》った「つな」

あのプロレスラーすごい体《からだ》してるねぇ
ああ鋼《はがね》のような肉体《にくたい》ってやつだな
「ハガネ」ってどういう意味《いみ》？
鋼鉄《こうてつ》みたいってことさロボットみたいにがんじょうってことだな
じゃあピストルのたまもはね返《かえ》しちゃうんだねぇ
おうそれが鋼《はがね》だ
ああ—どうやらギブアップつき指《ゆび》のようです
うお～
つき指《ゆび》だって
見《み》かけだおしだな

刻

（8画《かく》）

音読《おんよ》み　コク

訓読《くんよ》み　きざむ

部首《ぶしゅ》　刂／りっとう

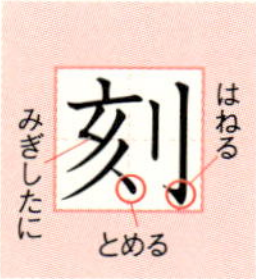

成《な》り立《た》ちと意味《いみ》

亥《こく》は草《くさ》の根《ね》の形《かたち》からでき、コクの読《よ》み方《かた》を示《しめ》します。刀《かたな》（刂＝りっとう）で「切《き》りきざむ」意味《いみ》に使《つか》われる字《じ》です。

使《つか》い方《かた》

刻印《こくいん》・刻限《こくげん》・刻刻《こっこく》・時刻《じこく》・深刻《しんこく》・遅刻《ちこく》・彫刻《ちょうこく》・定刻《ていこく》・小刻《こきざ》み

「思《おも》い出《で》というのは、いつまでも心《こころ》に刻《きざ》み込《こ》まれているものですよ。」

「藤木《ふじき》くん、やけに深刻《しんこく》そうな顔《かお》をしてるけど、きみでも考《かんが》えごとがあるのかい。」

チェックポイント

へんの形《かたち》に気《き》をつけよう。

×刻　×刻　○刻

穀

（14画《かく》）

音読《おんよ》み　コク

訓読《くんよ》み

部首《ぶしゅ》　禾／のぎ

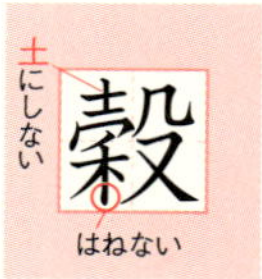

成《な》り立《た》ちと意味《いみ》

古《ふる》い字《じ》は穀《こく》です。禾（のぎ）は「こくもつ」の穂《ほ》のたれさがった形《かたち》からでき、𣪊《かく》には「かたい」の意味《いみ》があり、コクと変《か》わって読《よ》み方《かた》を示《しめ》します。「もみ、もみがら、こくもつ」として使《つか》われる字《じ》です。

使《つか》い方《かた》

穀倉《こくそう》・穀物《こくもつ》・穀類《こくるい》・五穀《ごこく》・脱穀《だっこく》・米穀《べいこく》

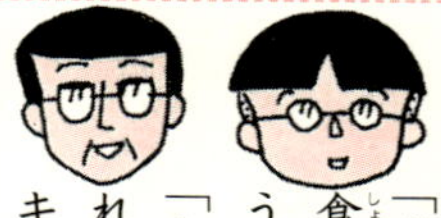

「米《こめ》や麦《むぎ》など、人間《にんげん》の主食《しょく》になるものを穀物《こくもつ》というんだよ。」

「なかでも、よく食《た》べられる米《こめ》、麦《むぎ》、豆《まめ》、アワ、キビのことを、五穀《ごこく》といいますね。」

チェックポイント

似《に》ている字《じ》に注意《ちゅうい》しよう。

殻　カク　から

・貝殻《かいがら》

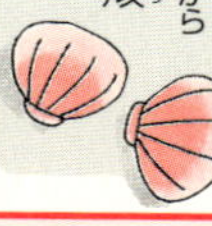

骨

（10画《かく》）

音読《おんよ》み コツ

訓読《くんよ》み ほね

部首《ぶしゅ》 骨／ほね

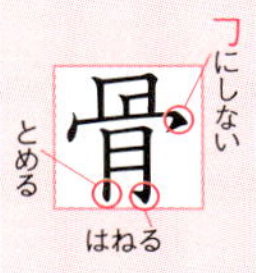
冂にしない
とめる
はねる

成《な》り立《た》ちと意味《いみ》

頭《ず》がいこつ（冎）と、体《からだ》を表《あらわ》す月（にくづき）からできた字《じ》です。体《からだ》の「ほね」を表《あらわ》します。

使《つか》い方《かた》

骨格《こっかく》・骨折《こっせつ》・遺骨《いこつ》・筋骨《きんこつ》・人骨《じんこつ》・鉄骨《てっこつ》・軟骨《なんこつ》・納骨《のうこつ》・白骨《はっこつ》・骨身《ほねみ》・背骨《せぼね》・骨折《ほねお》り・骨組《ほねぐ》み

「アハハ…。突風《とっぷう》のせいで、かさの骨《ほね》が折《お》れちゃったじょー。」

「カルシウムが不足《ふそく》すると、骨が弱くなって、骨折《こっせつ》しやすくなるのよ。気《き》をつけなさい。」

「牛乳《ぎゅうにゅう》、飲《の》もうっと。」

チェックポイント

「冎」の書《か》き順《じゅん》に注意《ちゅうい》。

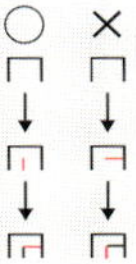
×
○

「過《か》」の書《か》き順《じゅん》も同《おな》じ

困

（7画《かく》）

音読《おんよ》み コン

訓読《くんよ》み こまる

部首《ぶしゅ》 口／くにがまえ

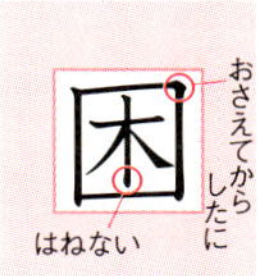
おさえてからしたに
はねない

成《な》り立《た》ちと意味《いみ》

かこみ（口＝くにがまえ）の中《なか》にあるため、木《き》がのびることができずに、こまっている様子《ようす》を表《あらわ》します。「こまる、なやむ」意味《いみ》に使《つか》われる字《じ》です。

使《つか》い方《かた》

困苦《こんく》・困難《こんなん》・貧困《ひんこん》

「ベイビーたち、浮《う》かない顔《かお》してるね。困《こま》ったことがあったら、何《なん》でも、ボクに言《い》ってくれたまえ。」

「まる子《こ》に勉強《べんきょう》を教《おし》えるなんて、そんな困難《こんなん》なことばっかり、わたしに押《お》しつけないでよ。」

チェックポイント

「木《き》がかこみ（口）のなかで困《こま》ってる」と覚《おぼ》える。

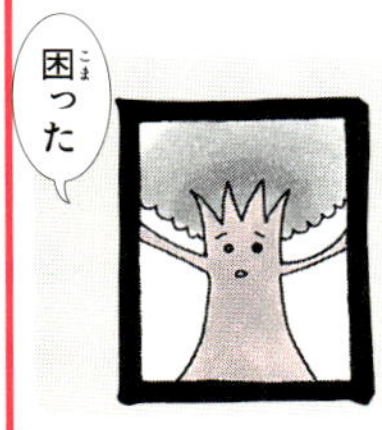
困《こま》った

砂

（9画《かく》）

音読《おんよ》み　サ・シャ
訓読《くんよ》み　すな
部首《ぶしゅ》　石／いしへん

成《な》り立《た》ちと意味《いみ》

もとはサと読《よ》んだ少《しょう》が読《よ》み方《かた》を示《しめ》し、サの音《おん》には「こまかい」の意味《いみ》があります。こまかい石《いし》のつぶということから、「すな」を表《あらわ》します。

使《つか》い方《かた》

砂丘《さきゅう》・砂金《さきん》・砂鉄《さてつ》・砂糖《さとう》・砂漠《さばく》・白砂《はくさ》・土砂《どしゃ》・白砂《はくしゃ》・砂煙《すなけむり》・砂場《すなば》・砂浜《すなはま》・砂山《すなやま》・砂利《じゃり》

「潮《しお》が引《ひ》いた砂浜《すなはま》を、杉山《すぎやま》くんと二人《ふたり》で歩《ある》いてみたいな。」

「砂場《すなば》じゃだめなの？」

「うわっ！　コーヒーに砂糖《さとう》とまちがえて、塩《しお》を入《い》れちゃったよ。」

チェックポイント

「砂利《じゃり》」は特別《とくべつ》に許《ゆる》された読《よ》み方《かた》。

座

（10画《かく》）

音読《おんよ》み　ザ
訓読《くんよ》み　すわる
部首《ぶしゅ》　广／まだれ

成《な》り立《た》ちと意味《いみ》

坐《ざ》が「すわる」意味《いみ》とザの読《よ》み方《かた》を示《しめ》し、广（まだれ）は家《いえ》を表《あらわ》します。人《ひと》が集《あつ》まってすわる所《ところ》を表《あらわ》し、「せき、すわる、あつまり、げきじょう、げきだん」の意味《いみ》に使《つか》われる字《じ》です。

使《つか》い方《かた》

座高《ざこう》・座敷《ざしき》・座席《ざせき》・座談《ざだん》・座長《ざちょう》・座布団《ざぶとん》・王座《おうざ》・講座《こうざ》・正座《せいざ》・星座《せいざ》・退座《たいざ》・台座《だいざ》

「公園《こうえん》のベンチに座《すわ》って、花輪《はなわ》クンと冬《ふゆ》の星座《せいざ》を観賞《かんしょう》したいわ。」

「丸尾《まるお》くん、学級委員《がっきゅういいん》の座《ざ》をねらったりしないから、安心《あんしん》してくれたまえ。」

ちょっとひとこと

「すわる」は、もと「坐《すわ》る」と書《か》いた。

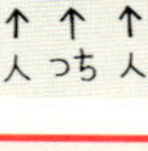

済

（11画《かく》）

音読《おんよ》み サイ

訓読《くんよ》み すむ・すます

部首《ぶしゅ》 氵／さんずい

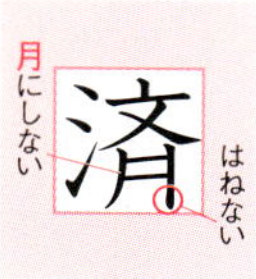
月にしない
はねない

成《な》り立《た》ちと意味《いみ》

古《ふる》い字《じ》は濟《さい》で、氵（さんずい）は水《みず》です。サイの読《よ》み方《かた》を示《しめ》す齊《さい》はセイとも読《よ》み、「清《せい》（＝きよらか）」の意味《いみ》を持《も》ちます。よくすんだ川《かわ》の意味《いみ》で、中国《ちゅうごく》の川《かわ》の名《な》を表《あらわ》す字《じ》でしたが、後《のち》に「きまりがつく、たすける、すむ（＝終《お》わる）」の意味《いみ》に使《つか》われるようになりました。

使《つか》い方《かた》

救済《きゅうさい》・経済《けいざい》・決済《けっさい》・返済《へんさい》・弁済《べんさい》

「まる子《こ》、遊《あそ》びに行《い》くのは、宿題《しゅくだい》を済《す》ましてからにしなさい。」

「お姉《ねえ》ちゃんに借《か》りたお金《かね》を返済《へんさい》したら、お年玉《としだま》、ほとんど残《のこ》らない…。」

チェックポイント

似《に》ている字《じ》に注意《ちゅうい》しよう。

斉 セイ
・一斉《いっせい》・斉唱《せいしょう》

裁

（12画《かく》）

音読《おんよ》み サイ

訓読《くんよ》み たつ・さばく

部首《ぶしゅ》 衣／ころも

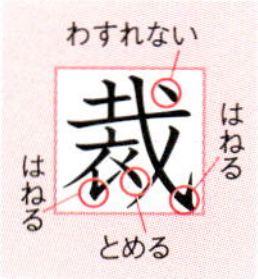
わすれない
はねる
はねる
とめる

成《な》り立《た》ちと意味《いみ》

𢦏《さい》には「きりはなす」意味《いみ》があり、サイの読《よ》み方《かた》を示《しめ》します。「布《ぬの》をたちきって衣《ころも》を作《つく》ること」を表《あらわ》し、「たちきる、さばく」という意味《いみ》に使《つか》われる字《じ》です。

使《つか》い方《かた》

裁決《さいけつ》・裁断《さいだん》・裁定《さいてい》・裁判《さいばん》・裁縫《さいほう》・決裁《けっさい》・制裁《せいさい》・総裁《そうさい》・仲裁《ちゅうさい》・体裁《ていさい》・独裁《どくさい》・裁《た》ちばさみ

「よし、おれが、お前《まえ》たちのけんかを裁《さば》いてやろう。」

「お母《かあ》さん、裁縫《さいほう》で、まる子《こ》に、かわいい服《ふく》、作《つく》ってくれない？」

チェックポイント

似《に》ている字《じ》に注意《ちゅうい》。

・裁《さい》…衣《ころも》をつくる（裁縫《ほうさい》）。

・栽《さい》…木《き》をうえる（栽培《さいばい》）。

策

（12画《かく》）

音読《おんよ》み サク

訓読《くんよ》み

部首《ぶしゅ》 竹／たけかんむり

成《な》り立《た》ちと意味《いみ》

朿《し》はとげのある木《き》（）を表《あらわ》し、サクと変《か》わって読《よ》み方《かた》を示《しめ》します。竹《たけ》のむちを表《あらわ》す字《じ》だったのが、とちゅうで「はかりごと」の意味《いみ》に借《か》りて用《もち》いられたため、「はかりごと」を表《あらわ》すようになりました。

使《つか》い方《かた》

策略《さくりゃく》・失策《しっさく》・政策《せいさく》・対策《たいさく》・秘策《ひさく》・方策《ほうさく》

「まる子《こ》、あんたの策《さく》略《りゃく》ぐらい、お見通《みとお》しだからね。」

「試合《しあい》が始《はじ》まる前《まえ》に、みんなで知恵《ちえ》をしぼって対策《たいさく》をねろうぜ。」

チェックポイント

「朿」の形《かたち》に注意《ちゅうい》。

×束 ○朿

冊

（5画《かく》）

音読《おんよ》み サツ・サク

訓読《くんよ》み

部首《ぶしゅ》 冂／どうがまえ（けいがまえ・まきがまえ）

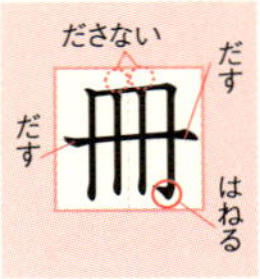

成《な》り立《た》ちと意味《いみ》

天子《てんし》からのいいつけや記録《きろく》を竹《たけ》の札《ふだ》に書《か》き、横《よこ》からひもを通《とお》した形《かたち》からできました。「書《か》きつけ、書物《しょもつ》」を表《あらわ》している字《じ》です。

使《つか》い方《かた》

冊子《さっし》・分冊《ぶんさつ》・別冊《べっさつ》・短冊《たんざく》

「さくらさん、雑誌《ざっし》についてた別冊《べっさつ》の付録《ふろく》、貸《か》してもらえない？」

「七夕《たなばた》の時《とき》に願《ねが》いごとを書《か》く細長《ほそなが》い紙《かみ》は、短《たん》冊《ざく》っていうんだよ。」

「俳句《はいく》を書《か》く時《とき》にも使《つか》うんじゃや。」

チェックポイント

横棒《よこぼう》をしっかり出《だ》す。

×冊 ○冊

蚕

（10画《かく》）

音読《おんよ》み サン

訓読《くんよ》み かいこ

部首《ぶしゅ》 虫／むし

成《な》り立《た》ちと意味《いみ》

もとはテンと読《よ》み、「みみず」を表《あらわ》す字《じ》だったのが、蠶《さん》（＝かいこ）の略字《りゃくじ》として使《つか》われたため、ガの一種《いっしゅ》である「かいこ」の意味《いみ》を持《も》つようになりました。

ながく
とめる

使《つか》い方《かた》 蚕糸《さんし》・蚕食《さんしょく》・養蚕《ようさん》

「絹糸《きぬいと》は、蚕《かいこ》というガのまゆから作《つく》られます。化学繊維《かがくせんい》が普及《ふきゅう》するまで、日本《にほん》では、蚕《かいこ》を育《そだ》てる養《よう》蚕が盛《さか》んでした。」

「蚕《かいこ》がクワの葉《は》を食《た》べ尽《つ》くすように人《ひと》の物《もの》をうばうのを、蚕食《さんしょく》というよ。」

チェックポイント

蚕《かいこ》はだいじな虫《むし》なので、（天《てん》からあたえられた）「天《てん》の虫《むし》」と覚《おぼ》える。

至

（6画《かく》）

音読《おんよ》み シ

訓読《くんよ》み いたる

部首《ぶしゅ》 至／いたる

成《な》り立《た》ちと意味《いみ》

矢《や》が飛《と》んできて地面《じめん》につきささった形《かたち》（）からできました。「いたる」の意味《いみ》を表《あらわ》し、「きわまる、きわめて」としても使《つか》われる字《じ》です。

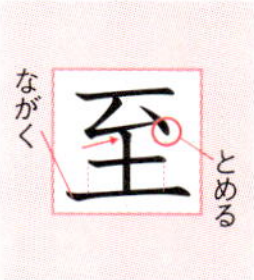
ながく
とめる

使《つか》い方《かた》 至急《しきゅう》・至近《しきん》・至極《しごく》・至上《しじょう》・至難《しなん》・至便《しべん》・夏至《げし》・冬至《とうじ》・必至《ひっし》・至《いた》れり尽《つ》くせり

「たいへんなことになることを、大事《だいじ》に至《いた》るっていうの。そうなる前《まえ》に、大至急《だいしきゅう》かたづけちゃいなさい。」

「一年《いちねん》でいちばん昼《ひる》が長《なが》いのが夏至《げし》の日《ひ》よ。」

ちょっとひとこと

「夏至《げし》」は夏《なつ》に至《いた》るということからできた言葉《ことば》。

冬至《とうじ》は夜《よる》が最《もっと》も長《なが》いの
反対《はんたい》は冬至《とうじ》だよ

私

（7画《かく》）

音読《おんよ》み シ

訓読《くんよ》み わたくし

部首《ぶしゅ》 禾／のぎへん

成《な》り立《た》ちと意味《いみ》

もとの字《じ》は私《し》で、禾は穀《こく》物《もつ》の穂《ほ》がたれさがった形《かたち》を表《あらわ》します。囗《い》は囲《かこ》むことを表《あらわ》し、シと変《か》わって読《よ》み方《かた》も示《しめ》しています。穀《こく》物《もつ》を自《じ》分《ぶん》のものにすることを表《あらわ》し、「わたくし、こじん」の意《い》味《み》に使《つか》われる字《じ》です。

とめる

使《つか》い方《かた》

私《し》営《えい》・私《し》学《がく》・私《し》語《ご》・私《し》財《ざい》・私《し》設《せつ》・私《し》的《てき》・私《し》鉄《てつ》・私《し》道《どう》・私《し》物《ぶつ》・私《し》有《ゆう》・私《し》用《よう》・私《し》書《しょ》箱《ばこ》・公《こう》私《し》

対《たい》語《ご》 公《こう》　私《し》立《りつ》⇕公《こう》立《りつ》

「ズバリ！　学《がっ》級《きゅう》委《い》員《いん》になったあかつきには、私《わたくし》のためでなく、みんなのために働《はたら》くでしょう！」

チェックポイント

「私《わたくし》」は「わたし」とは読《よ》まない。「わたし」は平《ひら》仮《が》名《な》で書《か》く。

「わたし」は「わたし」よ

うちの近所《きんじょ》のお姉《ねえ》さん私立《しりつ》の女子中《じょしちゅう》に通《かよ》ってるんだよ
へ―
女子中《じょしちゅう》ってなんかあこがれるよね―
うん ちょっと行《い》ってみたいよね
どうすれば入《はい》れるんだろう
勉強《べんきょう》して試験《しけん》に合格《ごうかく》しないとね
それに お金《かね》もかかるんだって
えっ しけん？
お金？
まるちゃん知《し》らなかったんだ
―早《はや》くも夢《ゆめ》破《やぶ》れる まる子《こ》であった

もっとくわしく

「私《わたくし》」から「あたい」へ発音《はつおん》しやすいように、赤《あか》い部《ぶ》分《ぶん》が省略《しょうりゃく》されていきました。

watakusi
わたくし
↓
wata(ku)si
わたし
↓
(w)atasi
あたし
↓
ata(s)i
あたい

シ

姿

（9画《かく》）

音読《おんよ》み シ

訓読《くんよ》み すがた

部首《ぶしゅ》 女／おんな

ややつきだす
とめる

成《な》り立《た》ちと意味《いみ》

次《し》がシという読《よ》み方《かた》を示《しめ》しています。シの音《おん》には「もと」の意《い》味《み》があり、「女《おんな》の生《う》まれつき」から「生《う》まれつきのすがた」を表《あらわ》している字《じ》です。「すがた、かたち」として使《つか》われています。

使《つか》い方《かた》

姿勢《しせい》・雄姿《ゆうし》・容姿《ようし》・姿見《すがたみ》

「今日《きょう》の、たまえの姿《すがた》を、永《えい》遠《えん》に写真《しゃしん》に残《のこ》しておこう。」

「スポーツも勉強《べんきょう》も、最後《さいご》まであきらめない姿勢《しせい》が大切《たいせつ》だな。」

「あしたのサッカーの試合《しあい》、杉山《すぎやま》くんの雄姿《ゆうし》が見《み》られるといいな。」

チェックポイント

「次《つぎ》の女《おんな》の姿《すがた》がみえた」と覚《おぼ》える。

次《つぎ》の方《かた》ー

姿姿姿姿姿姿姿姿姿

視

（11画《かく》）

音読《おんよ》み シ

訓読《くんよ》み

部首《ぶしゅ》 見／みる

ネにしない
はねる

成《な》り立《た》ちと意味《いみ》

古《ふる》い字《じ》は視《し》です。示《し》（ネ）がシの読《よ》み方《かた》を示《しめ》し、シの音《おん》には「止《し》（＝とめる）」の意《い》味《み》があります。目《め》をとめて「よく見《み》る」ことを表《あらわ》している字《じ》です。

使《つか》い方《かた》

視界《しかい》・視覚《しかく》・視察《しさつ》・視線《しせん》・視聴《しちょう》・視野《しや》・視力《しりょく》・遠視《えんし》・近視《きんし》・監視《かんし》・巡視《じゅんし》・直視《ちょくし》・透視《とうし》

「暗《くら》いところで本《ほん》を読《よ》むと、視力《しりょく》が落《お》ちる原《げん》因《いん》になるので注意《ちゅうい》しましょう。」

「藤木《ふじき》くん、二人《ふたり》とも、暗《くら》いって思《おも》われてる事《じ》実《じつ》を直視《ちょくし》したほうがいいと思《おも》うよ。」

チェックポイント

「ネ＝しめすへん」は神《かみ》を表《あらわ》すが、「視《し》」の場合《ばあい》は神《かみ》ではなく「し」の読《よ》み方《かた》を示《しめ》す。

神《かみ》の意味《いみ》ではない

視視視視視視視視視視視

詞

（12画《かく》）

音読《おんよ》み　シ
訓読《くんよ》み
部首《ぶしゅ》　言／ごんべん

成《な》り立《た》ちと意味《いみ》

司《し》がシの読《よ》み方《かた》を示《しめ》し、シの音《おん》には「ことば」の意味《いみ》があります。また、「言《げん》」も言葉《ことば》を表《あらわ》し、「ことば」の意味《いみ》に使《つか》われている字《じ》です。

使《つか》い方《かた》

名詞《めいし》・動詞《どうし》・数詞《すうし》・代名詞《だいめいし》・形容詞《けいようし》・接続詞《せつぞくし》・歌詞《かし》・作詞《さくし》・祝詞《のりと》

「静岡《しずおか》といいやぁ、温暖《おんだん》で住《す》みやすい土地《とち》の代名詞《だいめいし》だ。暖《あたた》かいって形容詞《けいようし》が、ぴったりだな。」

「一個《いっこ》や一本《いっぽん》など、数《かず》を数《かぞ》える時《とき》に使《つか》う言葉《ことば》を数詞《すうし》といいます。」

チェックポイント

「祝詞《のりと》」は特別《とくべつ》に許《ゆる》された読《よ》み方《かた》。

誌

（14画《かく》）

音読《おんよ》み　シ
訓読《くんよ》み
部首《ぶしゅ》　言／ごんべん

成《な》り立《た》ちと意味《いみ》

志《し》がシの読《よ》み方《かた》を示《しめ》し、シの音《おん》には「止《し》（＝とどめおく）」の意味《いみ》があります。言葉《ことば》でとどめておくことを表《あらわ》し、「しるす、書《か》きつけ、事実《じじつ》をしるした文章《ぶんしょう》」の意味《いみ》に使《つか》われる字《じ》です。

使《つか》い方《かた》

誌面《しめん》・雑誌《ざっし》・日誌《にっし》・週刊誌《しゅうかんし》・月刊誌《げっかんし》

「今日《きょう》は学級日誌《がっきゅうにっし》をつける当番《とうばん》か。何書《なにか》こうかな。」

「今日《きょう》は、いつも楽《たの》しみにしている月刊誌《げっかんし》の発売日《はつばいび》だわ。」

「雑誌《ざっし》、読《よ》み終《お》えたら、かたづけときなさい。」

チェックポイント

「日記《にっき》」と「日誌《にっし》」。
・日記《にっき》…個人的《こじんてき》な記録《きろく》。
・日誌《にっし》…公《おおやけ》の記録《きろく》。

磁

（14画《かく》）

音読《おんよ》み ジ

訓読《くんよ》み

部首《ぶしゅ》 石／いしへん

磁

絲にしない

成《な》り立《た》ちと意味《いみ》

茲《じ》がジの読《よ》み方《かた》を示《しめ》し、ジの音《おん》には「つながる」の意味《いみ》があります。くっついてつながる石《いし》ということから、「じしゃく」として使《つか》われます。また、「磁器《じき》」のように、焼《や》き物《もの》の一種《いっしゅ》を表《あらわ》す言葉《ことば》としても使《つか》われる字《じ》です。

使《つか》い方《かた》

磁気《じき》・磁器《じき》・磁極《じきょく》・磁石《じしゃく》・磁針《じしん》・磁力《じりょく》

「高《たか》い温度《おんど》で焼《や》いた白《しろ》くて硬《かた》い焼《や》き物《もの》を、磁器《じき》っていうんだって。」

「定期券《ていきけん》や銀行《ぎんこう》のカードに磁石《じしゃく》を近《ちか》づけると、使《つか》えなくなることがあるんだよ。」

磁磁磁磁磁磁磁
磁磁磁磁磁磁磁

チェックポイント

似《に》ている字《じ》に注意《ちゅうい》しよう。

滋 ジ
・滋養《じよう》
・滋味《じみ》

「滋賀県《しがけん》」とも使《つか》いますね

射

（10画《かく》）

音読《おんよ》み シャ

訓読《くんよ》み いる

部首《ぶしゅ》 寸／すん

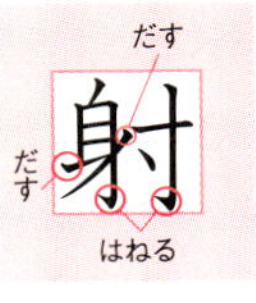
だす
だす
はねる

成《な》り立《た》ちと意味《いみ》

もとの形《かたち》は𢎗です。弓《ゆみ》（𢎗）に矢《や》（←）を手《て》（又）でつがえている様子《ようす》を表《あらわ》し、「弓《ゆみ》をいる」ことから、「うつ、勢《いきお》いよく発《はっ》する、あてる」の意味《いみ》に使《つか》われる字《じ》です。

使《つか》い方《かた》

射撃《しゃげき》・射殺《しゃさつ》・射程《しゃてい》・照射《しょうしゃ》・注射《ちゅうしゃ》・日射《にっしゃ》・発射《はっしゃ》・反射《はんしゃ》・放射《ほうしゃ》・射止《いと》める

「花輪《はなわ》クンのハートを射止《いと》めるには、いったい、どうすればいいのかしら。」

「ボクは射程距離《しゃていきょり》の外《そと》にいることにするよ、ベイビー。」

射射射射射射射射射射

チェックポイント

似《に》ている字《じ》に注《ちゅう》意《い》しよう。

謝 シャ あやまる
・言《こと》ばで謝《あやま》る。
・言《こと》ばで感謝《かんしゃ》。

捨

（11画《かく》）

音読《おんよ》み　シャ

訓読《くんよ》み　すてる

部首《ぶしゅ》　扌／てへん

成《な》り立《た》ちと意味《いみ》

扌(てへん)は手《て》（龵）を表《あらわ》し、舎《しゃ》がシャの読《よ》み方《かた》を示《しめ》します。シャの音《おん》には「除《じょ》（＝とりのぞく）」の意味《いみ》があり、手《て》でとりのぞくということから、「すてる」意《い》味《み》を表《あらわ》している字《じ》です。

使《つか》い方《かた》　取捨《しゅしゃ》・捨《す》て身《み》・呼《よ》び捨《す》て・見捨《みす》てる

対語《たいご》　拾《ひろ(う)》　捨《す》てる⇕拾《ひろ》う

「あっ、犬《いぬ》が捨《す》てられてる。こんな小《ちい》さな子《こ》、見捨《みす》てるわけにいかないよ。」

「ズバリ！　必要《ひつよう》なものだけ選《えら》ぶことを、取捨《しゅしゃ》選択《せんたく》というでしょう！」

チェックポイント

「拾《ひろ(う)》」と「捨《す(てる)》」を区《く》別《べつ》しよう。
・拾《ひろ》う
・捨《す》てる
「一《ひと》つひろって、土《つち》へすてる」と覚《おぼ》える。

捨捨捨捨捨捨捨捨捨捨捨

尺

（4画《かく》）

音読《おんよ》み　シャク

訓読《くんよ》み

部首《ぶしゅ》　尸／しかばね（かばね）

成《な》り立《た》ちと意味《いみ》

もとの形《かたち》は⺋で、親指《おやゆび》とほかの四本《よんほん》の指《ゆび》をいっぱいに開《ひら》き、物《もの》の長《なが》さを測《はか》っている様子《ようす》を示《しめ》します。昔使《むかしつか》われていた長《なが》さの単位《たんい》「しゃく」を表《あらわ》し、「ものさし」の意味《いみ》にも使《つか》われます。

使《つか》い方《かた》　尺度《しゃくど》・尺八《しゃくはち》・縮尺《しゅくしゃく》・巻《ま》き尺《じゃく》

「尺八《しゃくはち》は、竹《たけ》でできた昔《むかし》の笛《ふえ》じゃ。一尺八寸《いっしゃくはっすん》の長《なが》さだったから、この名《な》がついたんじゃよ。」

「縮尺《しゅくしゃく》一万分《いちまんぶん》の一《いち》の地図《ちず》では、一《いち》キロメートルは十《じっ》センチメートルになります。」

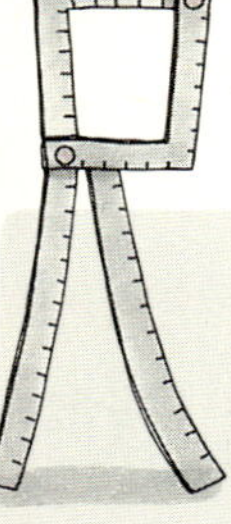

ちょっとひとこと

「一寸《いっすん》」は、約三《やくさん》センチメートル、「一尺《いっしゃく》」は、約三十《やくさんじっ》センチメートル。

尺尺尺尺

若

（8画《かく》）

音読《おんよ》み　ジャク・ニャク

訓読《くんよ》み　わかい・もしくは

部首《ぶしゅ》　艹／くさかんむり

成《な》り立《た》ちと意味《いみ》

もとの形《かたち》は𦫳です。クワの木《き》に新《あたら》しい芽《め》が生《は》え出《で》た様子《ようす》を表《あらわ》し、「わかい芽《め》」ということから「わかい」の意味《いみ》に使《つか》われる字《じ》です。

使《つか》い方《かた》　若干《じゃっかん》・老若《ろうにゃく》・若草《わかくさ》・若手《わかて》・若菜《わかな》・若葉《わかば》・若者《わかもの》・若武者《わかむしゃ》・若返《わかがえ》る・若若《わかわか》しい・若人《わこうど》

「若葉《わかば》を見《み》ていると気持《きも》ちが若返《わかがえ》るね。」

「今度《こんど》の土曜《どよう》、若《も》しくは日《にち》曜《よう》に、またうかがってもよろしいですか。」

「老若男女《ろうにゃくなんにょ》とは、年取《としと》った人《ひと》も若《わか》い人《ひと》もみんな、という意味《いみ》さ。」

若若若若若若若若

チェックポイント

「若人《わこうど》」は特《とく》別《べつ》に許《ゆる》された読《よ》み方《かた》。

樹

（16画《かく》）

音読《おんよ》み　ジュ

訓読《くんよ》み

部首《ぶしゅ》　木／きへん

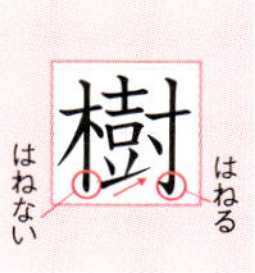

成《な》り立《た》ちと意味《いみ》

尌《じゅ》がジュの読《よ》み方《かた》を示《しめ》し、ジュの音《おん》には「まっすぐに立《た》つ」という意味《いみ》があります。まっすぐ立《た》つ木《き》を表《あらわ》し、「き、たてる」の意味《いみ》に使《つか》われる字《じ》です。

使《つか》い方《かた》　樹海《じゅかい》・樹脂《じゅし》・樹氷《じゅひょう》・樹木《じゅもく》・樹立《じゅりつ》・樹林《じゅりん》・果樹《かじゅ》・植樹《しょくじゅ》・大樹《たいじゅ》・街路樹《がいろじゅ》・常緑樹《じょうりょくじゅ》・落葉樹《らくようじゅ》

「このままいけば、ラーメンの大食《おおぐ》い新記録《しんきろく》を樹立《じゅりつ》するぞ。」

「一年中《いちねんじゅう》、葉《は》を落《お》とさない木《き》が常緑樹《じょうりょくじゅ》、葉《は》を落《お》として冬《ふゆ》を越《こ》す木《き》が落葉樹《らくようじゅ》です。」

樹樹樹樹樹樹樹
樹樹樹樹樹樹樹

チェックポイント

「木《き》」との区別《くべつ》。

・木《き》…加工《かこう》したものをふくめ、全部《ぜんぶ》の「き」。

・樹《じゅ》…立《た》ち木《き》だけ。

収

（4画《かく》）

音読《おんよ》み　シュウ

訓読《くんよ》み　おさめる・おさまる

部首《ぶしゅ》　又／また

くっつけない
おさえてからみぎうえに

成《な》り立《た》ちと意味《いみ》

丩《しゅう》がシュウの読《よ》み方《かた》を示《しめ》します。古《ふる》い字《じ》は収《しゅう》で、攵（ぼくにょう）は武器《ぶき》（卜）を持《も》つ手《て》（㇋）の形《かたち》（攴）からでき、武器《ぶき》を持《も》って悪人《あくにん》を捕《と》らえることを表《あらわ》した字《じ》です。「とり入《い》れる、おさめる」の意味《いみ》に使《つか》われます。

使《つか》い方《かた》

収益《しゅうえき》・収穫《しゅうかく》・収支《しゅうし》・収拾《しゅうしゅう》・収集《しゅうしゅう》・収縮《しゅうしゅく》・収得《しゅうとく》・収入《しゅうにゅう》・収容《しゅうよう》・収録《しゅうろく》・吸収《きゅうしゅう》・回収《かいしゅう》・領収《りょうしゅう》

「ボクの将来《しょうらい》の夢《ゆめ》は、とても作文用紙《さくぶんようし》二《に》、三枚《さんまい》には収《おさ》まりきらないよ。」

「まる子《こ》、古新聞《ふるしんぶん》の回収日《かいしゅうび》だから、新聞《しんぶん》まとめるの手伝《てつだ》ってちょうだい。」

チェックポイント

「おさめる」には「納《おさ》める」もある。（211ページ参照《さんしょう》）

パチン

宗

（8画《かく》）

音読《おんよ》み　シュウ・ソウ

部首《ぶしゅ》　宀／うかんむり

ながく
ださない
はねる

成《な》り立《た》ちと意味《いみ》

示《じ》は神《かみ》にお供《そな》えをする時《とき》の机《つくえ》で、宀（うかんむり）は家《いえ》を意《い》味《み》します。「祖先《そせん》をまつる家《いえ》」の意味《いみ》から、「おおもとの家《いえ》、かしら」を表《あらわ》し、「しゅうきょう」の意《い》味《み》にも使《つか》われます。

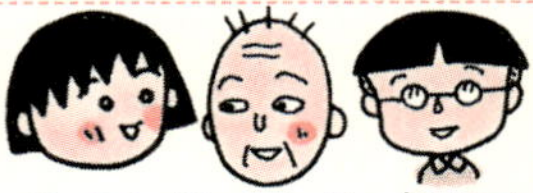

使《つか》い方《かた》

宗教《しゅうきょう》・宗徒《しゅうと》・宗派《しゅうは》・改宗《かいしゅう》・宗家《そうけ》

「イスラム教《きょう》、キリスト教《きょう》、仏教《ぶっきょう》を、世界《せかい》の三大宗教《さんだいしゅうきょう》というよ。」

「お花《はな》や茶道《さどう》の流派《りゅうは》の中心《ちゅうしん》となる家《いえ》が、宗家《そうけ》じゃ。」

「おじいちゃんは心《こころ》の俳句《はいく》の宗家《そうけ》だね。」

ちょっとひとこと

「宗家《そうけ》」と同《おな》じ意味《いみ》の言葉《ことば》に「家元《いえもと》」がある。

家元《いえもと》

就

（12画《かく》）

音読《おんよ》み シュウ・ジュ

訓読《くんよ》み つく・つける

部首《ぶしゅ》 尢／だいのまげあし（おう）

わすれない
はねる
はねる

成《な》り立《た》ちと意味《いみ》

京《きょう》には「高《たか》い丘《おか》」の意味《いみ》があり、尤《しゅう》はシュウの読《よ》み方《かた》と「つく」の意味《いみ》を持《も》っています。丘《おか》の上《うえ》に住《す》みつくということから、「つく、できあがる」の意味《いみ》に使《つか》われる字《じ》です。

使《つか》い方《かた》

就学《しゅうがく》・就業《しゅうぎょう》・就航《しゅうこう》・就職《しゅうしょく》・就寝《しゅうしん》・就任《しゅうにん》・去就《きょしゅう》・成就《じょうじゅ》

「まる子《こ》、もう就寝《しゅうしん》の時間《じかん》でしょ。早《はや》く床《とこ》に就《つ》きなさい。」

「将来《しょうらい》は、おすし屋《や》さんに就職《しゅうしょく》しようか、それともラーメン屋《や》さんかな。店長《てんちょう》に就任《しゅうにん》すれば、好《す》きなだけ食《た》べられるかな。」

チェックポイント

「つく」の使《つか》い分《わ》け。
・墨《すみ》が付《つ》く。
・駅《えき》に着《つ》く。
・役職《やくしょく》に就《つ》く。

つく

山田《やまだ》さんちのお兄《にい》ちゃん就職活動中《しゅうしょくかつどうちゅう》なんですって
へえ〜もうそんな年《とし》かあ
しゅうしょくかつどうって何《なに》？
会社《かいしゃ》に入《はい》るために面接《めんせつ》やら試験《しけん》やら受《う》けるのさたいへんだぞ〜
え――？会社《かいしゃ》に入《はい》るのに試験《しけん》があるの？
そりゃそうよ
まる子《こ》もいつかやるんだよな
わたしはマンガ家《か》にでもなってのんびり暮《く》らすからいいよ！
………
マンガ家《か》にも厳《きび》しい現実《げんじつ》があることを知《し》る由《よし》もないまる子《こ》だった

衆

（12画《かく》）

音読み《おんよ》 シュウ・シュ

訓読み《くんよ》

部首《ぶしゅ》 血／ち

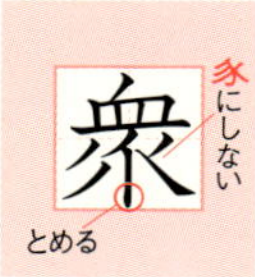

豕にしない
とめる

成り立ちと意味《なたいみ》

もとの形《かたち》は[glyph]です。口は地域《ちいき》を示《しめ》し、一《ひと》つの地域《ちいき》に人《ひと》（[glyph]）がたくさん集《あつ》まっていることを表《あらわ》します。「おおい、おおぜいの人《ひと》」の意味《いみ》に使《つか》われる字《じ》です。

使い方《つかかた》

衆知《しゅうち》・衆目《しゅうもく》・衆議院《しゅうぎいん》・観衆《かんしゅう》・群衆《ぐんしゅう》・公衆《こうしゅう》・大衆《たいしゅう》・聴衆《ちょうしゅう》・民衆《みんしゅう》・合衆国《がっしゅうこく》・衆生《しゅじょう》

「ズバリ！　私《わたくし》の演説《えんぜつ》は聴衆《ちょうしゅう》の心《こころ》を揺《ゆ》り動《うご》かすでしょう！　アメリカ合衆国《がっしゅうこく》に生《う》まれてたら、大統領《だいとうりょう》も夢《ゆめ》じゃないでしょう！」

チェックポイント

下《した》の形《かたち》に注意《ちゅうい》。

×象　○衆

下《した》の形《かたち》がだいじよ

従

（10画《かく》）

音読み《おんよ》 ジュウ・ショウ・ジュ

訓読み《くんよ》 したがう・したがえる

部首《ぶしゅ》 彳／ぎょうにんべん

ツにしない
おさえてからはらう

成り立ちと意味《なたいみ》

古《ふる》い字《じ》は從《じゅう》です。道《みち》（[glyph]）の形《かたち》からできた彳（ぎょうにんべん）が「行《ゆ》く」ことを表《あらわ》し、从は人《ひと》がくっついて行《ゆ》く形《かたち》、止は足《あし》（[glyph]）です。「人《ひと》がついて行《ゆ》く」ことを表《あらわ》し、「つきしたがう」意味《いみ》に使《つか》われます。

使い方《つかかた》

従業《じゅうぎょう》・従軍《じゅうぐん》・従順《じゅうじゅん》・従《じゅう》来《らい》・主従《しゅじゅう》・服従《ふくじゅう》・従容《しょうよう》・従三位《じゅさんみ》

「みなさん、どうしてわたしの指示《しじ》に従《したが》ってくれないんですか!?」

「クリスマスが近《ちか》づくと、まる子《こ》は素直《すなお》で従順《じゅうじゅん》になるな。」

ちょっとひとこと

「従容《しょうよう》」とは心《こころ》が落《お》ち着《つ》いていること、「従三位《じゅさんみ》」は位《くらい》の名《な》。

従容《しょうよう》

縦

（16画《かく》）

音読《おんよ》み ジュウ

訓読《くんよ》み たて

部首《ぶしゅ》 糸／いとへん

走にしない
ださない
はねない

成《な》り立《た》ちと意味《いみ》

従《じゅう》がジュウの読《よ》み方《かた》を示《しめ》し、長《なが》い糸《いと》を表《あらわ》している字《じ》です。はたおりの時《とき》は横《よこ》の糸《いと》よりも、たての糸《いと》のほうが長《なが》いので、「たて」として使《つか》われます。また、「自由《じゆう》にする」の意《い》味《み》もあります。

使《つか》い方《かた》 縦横《じゅうおう》・縦走《じゅうそう》・縦隊《じゅうたい》・縦断《じゅうだん》・操縦《そうじゅう》・縦笛《たてぶえ》

対語《たいご》 横《よこ》　縦書《たてが》き⇔横書《よこが》き

「正方形《せいほうけい》と長方形《ちょうほうけい》の面積《めんせき》は、縦《たて》かける横《よこ》。三角形《さんかくけい》は、底辺《ていへん》かける高《たか》さ、割《わ》る2だよ。」

チェックポイント 「糸《いと》が従《したが》う縦《たて》のほう」と覚《おぼ》える。

縮

（17画《かく》）

音読《おんよ》み シュク

訓読《くんよ》み ちぢむ・ちぢまる・ちぢめる・ちぢれる・ちぢらす

部首《ぶしゅ》 糸／いとへん

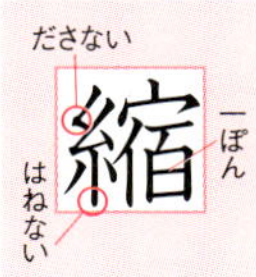

ださない
一ぽん
はねない

成《な》り立《た》ちと意味《いみ》

宿《しゅく》がシュクの読《よ》み方《かた》を示《しめ》し、シュクの音《おん》には「あつめる」意味《いみ》があります。糸《いと》を束《たば》ねて小《ちい》さくするということから、「ちぢめる」の意味《いみ》に使《つか》われます。

使《つか》い方《かた》 縮刷《しゅくさつ》・縮写《しゅくしゃ》・縮尺《しゅくしゃく》・縮小《しゅくしょう》・縮図《しゅくず》・圧縮《あっしゅく》・緊縮《きんしゅく》・軍縮《ぐんしゅく》・収縮《しゅうしゅく》・伸縮《しんしゅく》・短縮《たんしゅく》・濃縮《のうしゅく》・縮《ちぢ》れ毛《げ》

「予習《よしゅう》してなかったから、当《あ》てられたらどうしようって、身《み》の縮《ちぢ》む思《おも》いだったよ。短縮授業《たんしゅくじゅぎょう》が幸《さいわ》いしたね。」

チェックポイント 「糸《いと》がしゅく（宿）しゅく縮《ちぢ》んでる」と覚《おぼ》える。

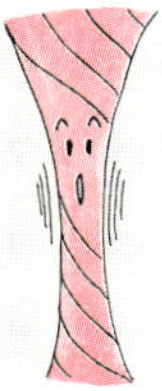

漢《かん》字《じ》新《しん》聞《ぶん》

第参号《だいさんごう》

漢字《かんじ》は中国《ちゅうごく》から来《き》ちゃいな《チャイナ》!

そんな遠《とお》く から 来《き》たなんて… そまつに できねえな…
中華《ちゅうか》そばや 肉《にく》まん チャーハンと 同《おな》じ国《くに》から 来《き》たのかぁ…
太極拳《たいきょくけん》 とも 同《おな》じなん だね

スクープ!! 漢字《かんじ》の発明者《はつめいしゃ》が判明《はんめい》!?

漢字《かんじ》を発明《はつめい》した人《ひと》がついに判明《はんめい》! 発明者《はつめいしゃ》は昔《むかし》、中国《ちゅうごく》にいた蒼頡《そうけつ》さん。なんと、物事《ものごと》を鋭《するど》く観察《かんさつ》するため、目《め》が四《よっ》つあったとか…!? というのは中国《ちゅうごく》の伝説上《でんせつじょう》のお話《はなし》…。

最古《さいこ》の漢字《かんじ》は紀元前十四世紀《きげんぜんじゅうよんせいき》ごろ、中国《ちゅうごく》の殷《いん》の時代《じだい》の字《じ》とされる甲骨文字《こうこつもじ》です。当時《とうじ》は物事《ものごと》を、カメの甲羅《こうら》や動物《どうぶつ》の骨《ほね》に焼《や》け火箸《ひばし》を当《あ》てて、できるひび割《わ》れで決《き》めており、その形《かたち》を骨《ほね》などに刻《きざ》んで残《のこ》したのが漢字《かんじ》の始《はじ》まりとか。

草
耳
これが 昔《むかし》の字《じ》なのか

漢字《かんじ》の歴史《れきし》って?

紀元前十一世紀以降《きげんぜんじゅういっせいきいこう》、周《しゅう》の時代《じだい》になると、文字《もじ》は青銅器《せいどうき》に刻《きざ》まれるようになりました。この文字《もじ》を金文《きんぶん》といいます。

時《とき》は流《なが》れ紀元前三世紀《きげんぜんさんせいき》ごろ、秦《しん》の始皇帝《しこうてい》により中国《ちゅうごく》が統一《とういつ》され、国内《こくない》でバラバラに使《つか》われていた漢字《かんじ》が、一《ひと》つにまとめられました。この文字《もじ》を篆《てん》文《ぶん》といいます。

しばらくして篆文《てんぶん》は、直線的《ちょくせんてき》に直《なお》され、隷書《れいしょ》になりました。

それをより簡単《かんたん》にした文字《もじ》が、三世紀以降《さんせいきいこう》に生《う》まれます。

実《じつ》はその文字《もじ》こそ、やがて朝鮮半島《ちょうせんはんとう》から海《うみ》を越《こ》え、はるばる日本《にほん》にやってきた漢字《かんじ》。現在《げんざい》、私《わたし》たちの使《つか》っている楷《かい》書《しょ》となるわけです。

漢字

ズバリ！音読《おんよ》みは中国《ちゅうごく》での読《よ》み方《かた》 訓読《くんよ》みは日本《にほん》で生《う》まれた読《よ》み方《かた》

日本《にほん》で書《か》かれたいちばん古《ふる》い漢字《かんじ》は、五世紀中《ごせいきなか》ごろのもののようですから、それ以前《いぜん》に朝鮮半島《ちょうせんはんとう》から渡《わた》ってきたものと思《おも》われます。当然《とうぜん》、それは中国語《ちゅうごくご》として入《はい》ってきたのですから、最初《さいしょ》のころ、漢字《かんじ》は漢文《かんぶん》（中国文《ちゅうごくぶん》）のみを表《あらわ》すために使《つか》われていたわけです。

中国語《ちゅうごくご》として入《はい》ってきた漢字《かんじ》は、もちろん読《よ》み方《かた》も中国式《ちゅうごくしき》しかありません。

ズバリ、この中国語読《ちゅうごくごよ》みを音読《おんよ》みといいます。でも、漢字《かんじ》が入《はい》ってくるまで文字《もじ》のなかった日本《にほん》では、なんとか漢字《かんじ》を日本語《にほんご》としても便利《べんり》に使《つか》いたいと考《かんが》えはじめ、漢字《かんじ》に日本語読《にほんごよ》みを当《あ》てはめてみたわけです。こうして日本《にほん》で生《う》まれた読《よ》み方《かた》を訓読《くんよ》みといいます。

ところで漢字《かんじ》には、「行《こう》」のように複数《ふくすう》の音読《おんよ》みを持《も》つものがあります。これは、なぜでしょうか。

中国《ちゅうごく》は広大《こうだい》な国《くに》なので、同《おな》じ字《じ》でも地域《ちいき》によって読《よ》み方《かた》がちがってきます。また、長《なが》い歴史《れきし》の中《なか》で、少《すこ》しずつ読《よ》み方《かた》が変化《へんか》したりして、複数《ふくすう》の音読《おんよ》みが生《う》まれました。

例《れい》

行
- コウ（行進《こうしん》）
- ギョウ（行列《ぎょうれつ》）
- アン（行脚《あんぎゃ》）

ニーハオ！お母《かあ》さん

ニーハオ お母《かあ》さんって中国語《ちゅうごくご》話《はな》せる？
えっ？
話《はな》せるわけないでしょ
フフフ
そーだよね まる子《こ》もさっぱりだよ
漢字《かんじ》ってもともと中国語《ちゅうごくご》なんだって だから まる子《こ》が書《か》けなくても当然《とうぜん》だね
まったく～！
あ～あ なに この点数《てんすう》
おこられた…
漢字テスト
10

↓訓読《くんよ》みのようでも実《じつ》は音読《おんよ》み。

これ全部《ぜんぶ》音読《おんよ》みです
幕《まく》
駅《えき》
愛《あい》
服《ふく》
絵《え》
肉《にく》
例外飯店《れいがいはんてん》

最初《さいしょ》の「仮名《かな》」は漢字《かんじ》だった！

文字《もじ》のなかった日本《にほん》では、最初《さいしょ》のころ、漢字《かんじ》を本来《ほんらい》の意味《いみ》と関係《かんけい》なく、その音《おん》だけを日本語《にほんご》の音《おん》に当《あ》てはめて使《つか》うことがありました。

安→あ→あ
似→い→い
宇→う→う
衣→え→え
於→お→お
漢字《かんじ》→草書体《そうしょたい》→平仮名《ひらがな》となったよ

（例《れい》）白雪《しらゆき》の　ふりしく山《やま》…
←
白雪能《しらゆきの》　布里之久山《ふりしくやま》…

このようにして使《つか》われた漢字《かんじ》を、万葉仮名《まんようがな》といいます。「仮名《かな》」とは「真名《まな》（真《まこと》の字《じ》）」である漢字《かんじ》に対《たい》して「仮《かり》の字《じ》」という意味《いみ》です。

平仮名《ひらがな》と片仮名《かたかな》

平安時代《へいあんじだい》、万葉仮名《まんようがな》を簡単《かんたん》に書《か》こうとして、二《ふた》つの字体《じたい》が生《う》まれました。

先《さき》にできたのが片仮名《かたかな》で、片仮名《かたかな》は漢字《かんじ》の一部分《いちぶぶん》から作《つく》られました。

曽→ソ　流→ル
天→テ　上→ト

その後誕生《ごたんじょう》したのが、上《うえ》の絵《え》のように、漢字《かんじ》をくずした文字《もじ》「草書体《そうしょたい》」から生《う》まれた平仮名《ひらがな》です。平仮名《ひらがな》は女性《じょせい》が短歌《たんか》をよむ時《とき》などに、よく使《つか》われたことから、「女文字《おんなもじ》」とも呼《よ》ばれます。

こうして中国《ちゅうごく》から来《き》た漢字《かんじ》を自国風《じこくふう》にアレンジしていった日本人《にほんじん》。漢字《かんじ》だけでは間《ま》に合《あ》わなかった日本語《にほんご》に合《あ》わせて、ついには「鱈《たら》」「働《どう》」「凧《たこ》」などの日本産《にほんさん》の漢字《かんじ》、「国字《こくじ》」を作《つく》ってしまいました。

日本《にほん》で生《う》まれた字《じ》なので、多《おお》くの国字《こくじ》には訓読《くんよ》み（日本語読《にほんごよ》み）しかありません。

鱈
「鱈《たら》」は「雪《ゆき》」のように白《しろ》い「魚《さかな》」
凧
「凧《たこ》」は「風《かぜ》」に「巾（きれ）」が舞《ま》うんじゃ
働
「人《ひと》」が「動《うご》」いて「働《はたら》」くか

みんなが疑問《ぎもん》に思《おも》う 漢字《かんじ》Q《キュー》&《アンド》A《エー》 ③

ここでは、Z会《ゼットかい》に送《おく》られた質問《しつもん》の中《なか》から、漢字《かんじ》の使《つか》い分《わ》けや部首《ぶしゅ》に関《かん》する疑問《ぎもん》を紹介《しょうかい》します。

Q1 「変《か》わる」と「代《か》わる」のちがいは？

A 「変《か》わる」は「空《そら》の色《いろ》が変《か》わる」など、物事《ものごと》の状態《じょうたい》や質《しつ》がちがってくる場合《ばあい》、「代《か》わる」は「バッターが代《か》わる」など、ほかのものの役目《やくめ》をかわってする意味《いみ》で使《つか》います。

Q2 「並《へい》」の部首《ぶしゅ》は「䒑(そいち)」？「立(たつ)」？

A これは辞書《じしょ》によって異《こと》なります。たとえば「聞《ぶん》」の部首《ふしゅ》が「門（もんがまえ）」になっていたり、「耳（みみ）」になっていたり、「予《よ》」の部首《ぶしゅ》が「亅（はねぼう）」や「マ（ま）」になっていることもあります。部《ぶ》首《しゅ》で引《ひ》いて字《じ》が出《で》てこなかったら、音読《おんよ》みや訓読《くんよ》みの引《ひ》き方《かた》で確《かく》認《にん》してみてください。

Q3 音《おん》と訓《くん》はどう覚《おぼ》えるの？

A 例外《れいがい》はありますが、漢字一字《かんじいちじ》だけで意味《いみ》がわかりやすいのが「訓《くん》」、わかりにくいのが「音《おん》」です。「卵」は「たまご」が訓《くん》で、「ラン」が音《おん》です。音読《おんよ》みは、中《ちゅう》国《ごく》の昔《むかし》の発音《はつおん》がもとになっていて、訓読《くんよ》みは漢字《かんじ》の持《も》つ意味《いみ》に日《に》本語《ほんご》をあてた読《よ》みです。

おもしろ漢字《かんじ》パズル ③

□に入《はい》る漢数字《かんすうじ》を合計《ごうけい》すると、いくつになるかな？

□石□鳥
□発□中
□苦□苦
→ □

※答《こた》えは179ページ。

協力《きょうりょく》：Z会《ゼットかい》

Z会《ゼットかい》からの漢字《かんじ》問題《もんだい》 ③

1 次の1〜6の熟語の対義語（反対の意味の言葉）を、あとの□の中の漢字を組み合わせて作りなさい。

1 理想→□□　2 便利→□□
3 義務→□□　4 単純→□□
5 安全→□□　6 拡大→□□

利　危　縮　複　険　便
現　権　雑　小　不　実

※同じ漢字は二回使わないこと。

2 次の1〜3の□に当てはまる漢字を、あとの□の中から一つずつ選び、書きなさい。

1 機械を□作する。
2 高□ビルが建つ。
3 新□開店の店。

層　装　操

※同じ漢字は二回使わないこと。

3 次の1〜5には、類義語（意味が似ている言葉）の組み合わせがそれぞれ一組ずつふくまれています。類義語の組み合わせを（・）に書きなさい。

1 ア反対　イ同意　ウ意見　エ賛成　オ欲求
2 ア性能　イ体格　ウ性格　エ性質　オ容姿
3 ア利用　イ流用　ウ活用　エ移動　オ作用
4 ア関連　イ興味　ウ熟知　エ工夫　オ関心
5 ア理由　イ経過　ウ結果　エ原因　オ目標

1（・）　2（・）　3（・）
4（・）　5（・）

4 次の1〜5の――の片仮名を漢字に直しなさい。

1 年賀状をハン画で作る。（　　）
2 失敗してハン省する。（　　）
3 ハン長に選ばれる。（　　）
4 難しいハン断だ。（　　）
5 防ハン対策を強化する。（　　）

5 次の文の意味を表す漢字として適切なものをアとイから選び、（　）に書きなさい。

1
- 心に深く感じる。りっぱである。（　　）
- 心を引きつけられること。（　　）

ア 関心　イ 感心

2
- あるものを除いたほかのもの。（　　）
- おもいがけないこと。（　　）

ア 以外　イ 意外

3
- さししめすこと。指図すること。（　　）
- 人の意見に賛成し、助けること。（　　）

ア 指示　イ 支持

6 次の1〜6の言葉について、送り仮名が正しいほうを選んで（　）に書きなさい。

1 ア 美しい　イ 美くしい

2 ア 必らず　イ 必ず

3 ア 暮る　イ 暮れる

4 ア 集まる　イ 集る

5 ア 新しい　イ 新らしい

6 ア 幼い　イ 幼ない

1（　　）　2（　　）　3（　　）　4（　　）　5（　　）　6（　　）

7 次の1〜5の言葉を、漢字と送り仮名で書きなさい。

1
- ア 災害にそなえる。（　　）
- イ お墓に花をそなえる。（　　）

2
- ア 道が二つにわかれる。（　　）
- イ 駅で友達とわかれる。（　　）

3
- ア 銀行につとめる。（　　）
- イ サービスにつとめる。（　　）

4
- ア あたたかい春の日。（　　）
- イ あたたかいスープ。（　　）

5
- ア 薬が早くきく。（　　）
- イ 機転がきく。（　　）

※答《こた》えは242ページ。

問題提供《もんだいていきょう》：Z会《ゼットかい》

177ページの答《こた》え　二百十五（一石二鳥・百発百中・四苦八苦）

熟

（15画《かく》）

音読《おんよ》み　ジュク

訓読《くんよ》み　うれる

部首《ぶしゅ》　灬／れんが（れっか）

成《な》り立《た》ちと意味《いみ》

灬（れんが）は火《ひ》を表《あらわ》します。孰《じゅく》がジュクの読《よ》み方《かた》を示《しめ》し、火《ひ》にかけてやわらかくにることを表《あらわ》す字《じ》です。「にる、果物《くだもの》などがうれる、じゅうぶん」の意味《いみ》に使《つか》われます。

使《つか》い方《かた》

熟語《じゅくご》・熟視《じゅくし》・熟睡《じゅくすい》・熟達《じゅくたつ》・熟知《じゅくち》・熟読《じゅくどく》・熟練《じゅくれん》・熟考《じゅっこう》・円熟《えんじゅく》・成熟《せいじゅく》・早熟《そうじゅく》・半熟《はんじゅく》・未熟《みじゅく》

「そのカキは、熟《じゅく》してないからしぶいよ。熟《う》れるまで待《ま》つんじゃよ。」

「おばあちゃん、カキのこと熟知《じゅくち》してるね。」

チェックポイント

似《に》ている字《じ》に注意《ちゅうい》しよう。

塾　ジュク

・学習塾《がくしゅうじゅく》

純

（10画《かく》）

音読《おんよ》み　ジュン

部首《ぶしゅ》　糸／いとへん

成《な》り立《た》ちと意味《いみ》

屯《とん》がジュンと変《か》わって読《よ》み方《かた》を示《しめ》し、ジュンの音《おん》には「善《ぜん》（＝よい）」の意味《いみ》があります。まじりけのない糸《いと》を表《あらわ》し、「まじりけがない」意味《いみ》に使《つか》われる字《じ》です。

使《つか》い方《かた》

純愛《じゅんあい》・純益《じゅんえき》・純金《じゅんきん》・純血《じゅんけつ》・純潔《じゅんけつ》・純情《じゅんじょう》・純真《じゅんしん》・純度《じゅんど》・純白《じゅんぱく》・純毛《じゅんもう》・清《せい》純《じゅん》・単純《たんじゅん》・不純《ふじゅん》

「さっきまで泣《な》いてたと思《おも》ったら、お菓子《かし》をもらったとたんに、きげんが直《なお》ったか。ほんとに、まる子《こ》は単純《たんじゅん》なんだな。」

チェックポイント

つくりの書《か》き方《かた》に注意《ちゅうい》。

×純　×純　○純

処

（5画《かく》）

音読《おんよ》み　ショ

訓読《くんよ》み

部首《ぶしゅ》　夂／ふゆがしら

はねる
おさえてからはらう

成《な》り立《た》ちと意味《いみ》

古《ふる》い字《じ》は處《しょ》で、虍《しょ》がショの読《よ》み方《かた》を示《しめ》します。几はこしかけ、夂は足《あし》の形《かたち》です。こしかけにしゃがんでいるということから、「いる、とどまる、くらす」意味《いみ》を持《も》つ字《じ》です。「とりさばく、あたえる」としても使《つか》われます。

使《つか》い方《かた》

処刑《しょけい》・処女《しょじょ》・処断《しょだん》・処置《しょち》・処罰《しょばつ》・処分《しょぶん》・処理《しょり》・善処《ぜんしょ》・対処《たいしょ》

「まる子《こ》、いらないものは、どんどん処分《しょぶん》しちゃいなさい。パッパと処理《しょり》していかないと、今年中《ことしじゅう》に大《おお》そうじ終《お》わらないわよ。すぐに善処《ぜんしょ》しなさい。」

チェックポイント

似《に》ている字《じ》に注意《ちゅうい》しよう。

拠　キョ　コ

証拠《しょうこ》！
めんきょしょう

署

（13画《かく》）

音読《おんよ》み　ショ

訓読《くんよ》み

部首《ぶしゅ》　罒／あみがしら

はっきりだす
目にしない

成《な》り立《た》ちと意味《いみ》

罒はあみの形《かたち》（网）で、者《しゃ》がショと変《か》わって読《よ》み方《かた》を示《しめ》します。あみをしかけるために人《ひと》を配置《はいち》することを表《あらわ》した字《じ》で、「てわけ、やくわり、役所《やくしょ》」の意味《いみ》に使《つか》われています。「書《か》きしるす」の意味《いみ》も持《も》っています。

使《つか》い方《かた》

署名《しょめい》・部署《ぶしょ》・警察署《けいさつしょ》・消防署《しょうぼうしょ》・税務署《ぜいむしょ》

「火災《かさい》は消防署《しょうぼうしょ》に、事故《こ》の時《とき》は警察署《けいさつしょ》に電話《でんわ》しましょう。」

「ズバリ！　私《わたくし》の提案《ていあん》に賛成《さんせい》の人《ひと》は、ここに署名《しょめい》してほしいでしょう！」

チェックポイント

似《に》ている字《じ》に注意《ちゅうい》しよう。

暑　ショ　あつい

似《に》ているね

諸

（15画《かく》）

音読《おんよ》み　ショ

訓読《くんよ》み

部首《ぶしゅ》　言／ごんべん

諸
はっきりだす

成《な》り立《た》ちと意味《いみ》

者《しゃ》がショと変《か》わって読《よ》み方《かた》を示《しめ》し、ショの音《おん》には「庶《しょ》（＝おおく）」の意味《いみ》があります。多《おお》くの言葉《ことば》を表《あらわ》し、「多《おお》くの、いろいろな」の意味《いみ》に使《つか》われる字《じ》です。

使《つか》い方《かた》

諸君《しょくん》・諸国《しょこく》・諸説《しょせつ》・諸島《しょとう》・諸派《しょは》・諸般《しょはん》・諸問題《しょもんだい》

「三年四組《さんねんよんくみ》の諸君《しょくん》、選挙《せんきょ》の時《とき》は、ズバリ！私《わたくし》に投票《とうひょう》してほしいでしょう！」

「大《おお》きくなったら、諸国《しょこく》をいろいろ旅《たび》してみたいね。」

「水戸黄門様《みとこうもんさま》みたいだね、まるちゃん。」

チェックポイント

「者《しゃ》」がついてショと読《よ》む字《じ》。

暑 ショ
署 ショ

伊豆諸島《いずしょとう》に台風《たいふう》が接近《せっきん》しているようですからみなさんじゅうぶん気《き》をつけてください
先生《せんせい》！・・・いずしょ島《とう》ってどこにある島《しま》ですか？
「いずしょ」という島《しま》じゃなくて諸島《しょとう》とは「たくさんの島《しま》」という意味《いみ》なんですよ
だから「たくさんの国《くに》」は諸国《しょこく》だしみなさんのことを呼《よ》ぶ時《とき》「諸君《しょくん》」といいますね
そうか〜
じゃあこの　みんなは……
諸老人《しょろうじん》
そんな言葉《ことば》ないって

シ

除

（10画《かく》）

音読《おんよ》み ジョ・ジ

訓読《くんよ》み のぞく

部首《ぶしゅ》 阝／こざとへん

成《な》り立《た》ちと意味《いみ》

阝（こざとへん）は盛《も》りあげた土《つち》（＝階段《かいだん》）を表《あらわ》し、余《よ》がジョと変《か》わって読《よ》み方《かた》を示《しめ》します。ジョの音《おん》には「いえ」の意味《いみ》があり、家《いえ》の階段《かいだん》を表《あらわ》す字《じ》だったのが、とちゅうで「とりのぞく」の意味《いみ》に借《か》りて用《もち》いられるようになりました。

使《つか》い方《かた》

除外《じょがい》・除去《じょきょ》・除雪《じょせつ》・除草《じょそう》・除法《じょほう》・除名《じょめい》・除幕式《じょまくしき》・解除《かいじょ》・乗除《じょうじょ》・排除《はいじょ》・掃除《そうじ》・除夜《じょや》の鐘《かね》・取《と》り除《のぞ》く

「雑草《ざっそう》を取《と》り除《のぞ》くのに除草剤《じょそうざい》を使《つか》うと、木《き》まで傷《いた》めてしまいます。手《て》でむしるのが、いちばんですよ。」

除除除除除除除除除除

チェックポイント

似《に》ている字《じ》に注意《ちゅうい》しよう。

徐《ジョ》

将

（10画《かく》）

音読《おんよ》み ショウ

訓読《くんよ》み ―

部首《ぶしゅ》 寸／すん

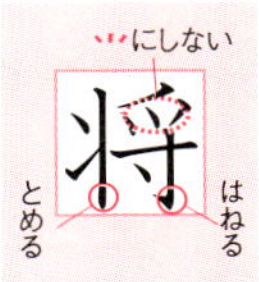

成《な》り立《た》ちと意味《いみ》

もとは將で、爿は机《つくえ》、夕は肉《にく》、又は手《て》です。机《つくえ》に肉《にく》をのせて神《かみ》にささげる役目《やくめ》をする一族《いちぞく》のかしらを表《あらわ》しています。「ひきいる、したがえる人《ひと》」として使《つか》われる字《じ》です。

使《つか》い方《かた》

将棋《しょうぎ》・将軍《しょうぐん》・将校《しょうこう》・将兵《しょうへい》・将来《しょうらい》・王将《おうしょう》・主将《しゅしょう》・大将《たいしょう》・副将《ふくしょう》

「ケンタってサッカー上手《じょうず》だよね。将来《しょうらい》、プロの選《せん》手《しゅ》になれるだろうね。」

「主将《しゅしょう》も夢《ゆめ》じゃないかもね。」

将将将将将将将将将将

ちょっとひとこと

「将《しょう》」は「まさにならんとする」という意味《いみ》でも使《つか》われる。

将来《しょうらい》

傷

（13画《かく》）

音読《おんよ》み ショウ

訓読《くんよ》み きず・いたむ・いためる

部首《ぶしゅ》 亻／にんべん

成《な》り立《た》ちと意味《いみ》

もとの字《じ》は𥏫《しょう》で、⿱𠂉昜《しょう》がショウの読《よ》み方《かた》を示《しめ》します。「矢《や》でついたきず」を意味《いみ》する字《じ》でしたが、矢《や》が人《ひと》（亻＝にんべん）に変《か》わり、すべての「きず」を表《あらわ》すようになりました。

使《つか》い方《かた》

傷害《しょうがい》・感傷《かんしょう》・軽傷《けいしょう》・重傷《じゅうしょう》・損傷《そんしょう》・中傷《ちゅうしょう》・負傷《ふしょう》・死傷者《ししょうしゃ》・致命傷《ちめいしょう》・傷口《きずぐち》・傷物《きずもの》・切《き》り傷《きず》

「もしも心《こころ》が傷《きず》ついてるなら、ボクも一緒《いっしょ》に感傷《かんしょう》にひたるよ。」

「あら、このリンゴ、傷《いた》んじゃってるわ。もったいないね。」

チェックポイント

「いたむ」の使《つか》い分《わ》け。

・痛《いた(む)》…足《あし》が痛《いた》む。

・傷《いた(む)》…家《いえ》が傷《いた》む。

障

（14画《かく》）

音読《おんよ》み ショウ

訓読《くんよ》み さわる

部首《ぶしゅ》 阝／こざとへん

成《な》り立《た》ちと意味《いみ》

阝（こざとへん）は土《つち》の盛《も》りあがった山《やま》を表《あらわ》します。章《しょう》がショウの読《よ》み方《かた》を示《しめ》し、ショウの音《おん》には「遮《しゃ》（＝さえぎる）」の意味《いみ》があります。道《みち》をはばむ山《やま》を表《あらわ》し、「さまたげる、さしさわり、へだてる」の意味《いみ》に使《つか》われる字《じ》です。

使《つか》い方《かた》

障害《しょうがい》・故障《こしょう》・支障《ししょう》・保障《ほしょう》・差《さ》し障《さわ》り

「冷蔵庫《れいぞうこ》が故障《こしょう》したみたいだね。なんだか耳《みみ》に障《さわ》る音《おと》を出《だ》してるよ。」

「運動会《うんどうかい》の障害物競走《しょうがいぶつきょうそう》、がんばるぞ。」

ちょっとひとこと

「きざ」は「気障《きざわ》り」からできた言葉《ことば》。

シ

城

（9画《かく》）

音読《おんよ》み ジョウ

訓読《くんよ》み しろ

部首《ぶしゅ》 土／つちへん

わすれない
はねる
はねる

成《な》り立《た》ちと意味《いみ》

成《じょう》には「きずきあげる」意味《いみ》があり、ジョウの読《よ》み方《かた》も示《しめ》しています。土《つち》できずいた「しろ」を表《あらわ》す字《じ》です。

使《つか》い方《かた》

城下《じょうか》・城主《じょうしゅ》・城壁《じょうへき》・城門《じょうもん》・宮城《きゅうじょう》・築城《ちくじょう》・登城《とじょう》・落城《らくじょう》・城跡《しろあと》・根城《ねじろ》

「お母《かあ》さん、花輪《はなわ》クンちって、お城《しろ》みたいに大《おお》きいんだよ。」

「徳川幕府《とくがわばくふ》が置《お》かれた江戸《えど》城《じょう》は、現在《げんざい》、皇居《こうきょ》になっています。城門《じょうもん》や城壁《じょうへき》は、今《いま》でも残《のこ》っているんですよ。」

チェックポイント

似《に》ている字《じ》に注意《ちゅうい》しよう。

域　イキ

「地域《ちいき》・区域《くいき》」に使《つか》う字《じ》

蒸

（13画《かく》）

音読《おんよ》み ジョウ

訓読《くんよ》み むす・むれる・むらす

部首《ぶしゅ》 艹／くさかんむり

丞にしない
はねる

成《な》り立《た》ちと意味《いみ》

烝《じょう》には「むす」意味《いみ》があり、ジョウの読《よ》み方《かた》を示《しめ》します。灬（れんが）は火《ひ》です。もともと「たきぎ用《よう》の草《くさ》」を表《あらわ》す字《じ》でしたが、「むす」の意味《いみ》に借《か》りて用《もち》いられるようになりました。

使《つか》い方《かた》

蒸気《じょうき》・蒸発《じょうはつ》・蒸留《じょうりゅう》・水蒸気《すいじょうき》・蒸《む》し暑《あつ》い・蒸《む》しぶろ・蒸《む》し焼《や》き

「蒸《む》し暑《あつ》いねえ。蒸《む》しぶろに入《はい》ってるみたい。」

「わしが子供《こども》のころは、まだ蒸気機関車《じょうききかんしゃ》が走《はし》っていたんじゃ。」

チェックポイント

本物《ほんもの》の「じょうきかんしゃ」は？

ア　蒸汽汽関車

イ　蒸気汽関車

ウ　蒸汽機関車

エ　蒸気機関車

（答《こた》え　エ）

針

（10画《かく》）

音読《おんよ》み シン

訓読《くんよ》み はり

部首《ぶしゅ》 金／かねへん

とめる

針

成《な》り立《た》ちと意味《いみ》

十はもと┿で、あなのある「はり」の形《かたち》を示《しめ》し、金（かねへん）がついて「かねのはり」を表《あらわ》しています。

使《つか》い方《かた》

針路《しんろ》・運針《うんしん》・検針《けんしん》・磁針《じしん》・時針《じしん》・分針《ふんしん》・秒針《びょうしん》・長針《ちょうしん》・短針《たんしん》・方針《ほうしん》・針葉樹《しんようじゅ》・針金《はりがね》・つり針《ばり》

「おばあちゃん、まる子《こ》が針《はり》に糸《いと》、通《とお》してあげるよ。」

「マツやスギなど、針《はり》のようにとがった葉《は》を持《も》つ木《き》を針葉樹《しんようじゅ》といいます。反対《はんたい》に、ブナのように広《ひろ》い葉《は》を持《も》つものは広葉樹《こうようじゅ》です。」

チェックポイント

似《に》ている字《じ》に注意《ちゅうい》しよう。

鉢 ハチ ハツ

針 針 針 針 針 針 針 針 針 針

仁

（4画《かく》）

音読《おんよ》み ジン・ニ

訓読《くんよ》み

部首《ぶしゅ》 亻／にんべん

みじかく

仁

成《な》り立《た》ちと意味《いみ》

人《ひと》（亻＝にんべん）と二《に》からでき、「二人《ふたり》が親《した》しむ、相手《あいて》になさけをかける」意味《いみ》を表《あらわ》している字《じ》です。二《に》がジンと変《か》わって読《よ》み方《かた》を示《しめ》します。

使《つか》い方《かた》

仁愛《じんあい》・仁義《じんぎ》・仁徳《じんとく》・仁王《におう》（仁王門《におうもん》・仁王立《におうだ》ち）

「仁義《じんぎ》とは、情《なさ》け深《ぶか》い心《こころ》を持《も》ち、正《ただ》しい行《おこな》いをするということです。」

「仏様《ほとけさま》を守《まも》る二人《ふたり》の強《つよ》い神様《かみさま》が仁王《におう》だよ。仁王立《におうだ》ちとは、この仁王《におう》みたいに、いかめしく立《た》つっていうことなんだね。」

ちょっとひとこと

片仮名《かたかな》の「ニ」、平仮名《ひらがな》の「に」はこの字《じ》からできた。

仁 → ニ

仁 → に → に

仁 仁 仁 仁

垂

（8画《かく》）

音読《おんよ》み スイ

訓読《くんよ》み たれる・たらす

部首《ぶしゅ》 土／つち

成《な》り立《た》ちと意味《いみ》

もとの字は𡍮で、土《つち》の上《うえ》に草木《くさき》の花《はな》や葉《は》がたれさがっている様子《ようす》を示《しめ》します。「たれさがる」意味《いみ》に使《つか》われる字《じ》です。

だす　垂　だす

使《つか》い方《かた》

垂線《すいせん》・垂直《すいちょく》・懸垂《けんすい》・垂《た》れ幕《まく》・雨垂《あまだ》れ

「おっ、どこからか肉《にく》を焼《や》くにおいが。よだれが垂《た》れちゃった。」

「地面《じめん》に垂直《すいちょく》に、くいを打《う》つのは、なかなか難《むずか》しいもんだな。」

「お父《とう》さん、また曲《ま》がってるよ。」

「よし、懸垂《けんすい》、二十回《にじっかい》に挑戦《ちょうせん》するぞ！」

チェックポイント

字《じ》の形《かたち》に注《ちゅう》意《い》。

×垂　○垂

垂垂垂垂垂垂垂垂

推

（11画《かく》）

音読《おんよ》み スイ

訓読《くんよ》み おす

部首《ぶしゅ》 扌／てへん

成《な》り立《た》ちと意味《いみ》

扌（てへん）は手《て》（𠂹）を表《あらわ》し、隹《すい》がスイの読《よ》み方《かた》を示《しめ》します。「手《て》でおす」意味《いみ》の字《じ》だったのが、後《のち》に「おしはかる」意味《いみ》に借《か》りて用《もち》いられるようになりました。

にしない　はねる

使《つか》い方《かた》

推移《すいい》・推挙《すいきょ》・推敲《すいこう》・推進《すいしん》・推薦《すいせん》・推測《すいそく》・推定《すいてい》・推理《すいり》・推量《すいりょう》

「そうじ係《がかり》に、まる子《こ》を推《お》すなんて、無理《むり》だわ。務《つと》まりっこないって、簡単《かんたん》に推測《すいそく》できそうじゃない。」

「外国《がいこく》の推理小説《すいりしょうせつ》にも、すごくおもしろいものが、たくさんあるんだよ、ベイビー。」

チェックポイント

「おす」の使《つか》い分《わ》け。

・手《て》に力《ちから》を入《い》れておすこと。ベルを押《お》す。

・すいせんする。会長《かいちょう》に推《お》す。

推推推推推推推推推推推

寸

（3画《かく》）

音読《おんよ》み スン
訓読《くんよ》み
部首《ぶしゅ》 寸／すん

成《な》り立《た》ちと意味《いみ》

もとは ⺄ で、手首《てくび》の動脈《どうみゃく》を親《おや》指《ゆび》（一）でおさえて脈《みゃく》を測《はか》っている様子《ようす》を示《しめ》します。昔《むかし》の長《なが》さの単位《たんい》「すん」を表《あらわ》す字《じ》です。一寸《いっすん》は手首《てくび》から脈《みゃく》を測《はか》るところまでの長《なが》さで、約三《やくさん》センチメートルと短《みじか》いことから、「わずか」の意味《いみ》にも使《つか》われます。

使《つか》い方《かた》

寸劇《すんげき》・寸志《すんし》・寸前《すんぜん》・寸法《すんぽう》・一寸法師《いっすんぼうし》

「やった、**試合終了寸《しあいしゅうりょうすん》前《ぜん》**に、同点《どうてん》ゴールだ！これで、延長戦《えんちょうせん》に突入《とつにゅう》だぞ！」

「まる子《こ》、じっとしてくれないと、服《ふく》の**寸《すん》法《ぽう》**が取《と》れないよ。」

ちょっとひとこと

平仮名《ひらがな》の「す」は、この字《じ》からできた。

寸→す→す

寸寸寸

盛

（11画《かく》）

音読《おんよ》み セイ・ジョウ
訓読《くんよ》み もる・さかる・さかん
部首《ぶしゅ》 皿／さら

成《な》り立《た》ちと意味《いみ》

成《せい》には「きずきあげる」という意《い》味《み》があり、セイ・ジョウの読《よ》み方《かた》を示《しめ》しています。皿《さら》に食《た》べ物《もの》をたくさんもりあげることを表《あらわ》し、「もる、さかん」の意味《いみ》に使《つか》われる字《じ》です。

使《つか》い方《かた》

盛装《せいそう》・盛大《せいだい》・全盛《ぜんせい》・繁盛《はんじょう》・盛《も》り土《つち》・酒《さか》盛《も》り・山盛《やまも》り・盛《さか》り場《ば》・花盛《はなざか》り

「お母《かあ》さん、花輪《はなわ》クンちのパーティー、すごく**盛大《せいだい》**だったよ。果物《くだもの》やお菓子《かし》が**山盛《やまも》り**で食《た》べきれなかったよ。」

「近《ちか》くの山《やま》が**花盛《はなざか》り**だそうだよ。まる子《こ》と一緒《いっしょ》に見《み》に行《い》くかね。」

チェックポイント

「成《せい》」の書《か》き順《じゅん》を再確認《さいかくにん》。

盛盛盛盛盛盛盛盛盛盛盛

聖

（13画《かく》）

音読《おんよ》み セイ
訓読《くんよ》み
部首《ぶしゅ》 耳／みみ

つきださない
ノにしない
ながく

成《な》り立《た》ちと意味《いみ》

呈《てい》がセイと変《か》わって読《よ》み方《かた》を示《しめ》し、「耳《みみ》がよくとおって声《こえ》がよく聞《き》こえること」を表《あらわ》す字《じ》です。神《かみ》の声《こえ》を聞《き》くことができるということから、「ちえや徳《とく》のすぐれた人《ひと》、きよらか」として使《つか》われる字《じ》です。

使《つか》い方《かた》

聖火《せいか》・聖歌《せいか》・聖書《せいしょ》・聖人《せいじん》・聖母《せいぼ》・神聖《しんせい》

「今日《きょう》は教会《きょうかい》に行《い》って聖歌《かか》を歌《うた》うブー。」

「サッカーの選手《せんしゅ》にとって、ピッチは神聖《しんせい》な場所《ばしょ》なんだよ。」

「オリンピックの聖火《せいか》はギリシャのアテネから運《はこ》ばれてくるんだよ。」

チェックポイント
書《か》き方《かた》に注意《ちゅうい》。
×聖
○聖

聖《せい》なる王《おう》さま

誠

（13画《かく》）

音読《おんよ》み セイ
訓読《くんよ》み まこと
部首《ぶしゅ》 言／ごんべん

わすれない
はねる

成《な》り立《た》ちと意味《いみ》

成《せい》がセイの読《よ》み方《かた》を示《しめ》し、セイの音《おん》には「精《せい》（＝まごころ）」の意味《いみ》があります。まごころのこもった言葉《ことば》を表《あらわ》し、「まこと、ほんとうに」として使《つか》われる字《じ》です。

使《つか》い方《かた》

誠意《せいい》・誠心《せいしん》・誠実《せいじつ》・忠誠《ちゅうせい》

「本日《ほんじつ》は、おぼっちゃまのパーティーに、お越《こ》しいただき、誠《まこと》に、ありがとうございました。」

「とし子《こ》ちゃんは、すごく誠実《せいじつ》だから、みんなに好《す》かれるんだね。」

「ズバリ！　誠心誠意《せいしんせいい》、クラスにつくすことをちかうでしょう！」

ちょっとひとこと
「まこと」は「真《ま》事《こと》（＝ほんとう）」からできた言葉《ことば》。

誠

宣

（9画《かく》）

音読《おんよ》み セン

訓読《くんよ》み

部首《ぶしゅ》 宀／うかんむり

宣　わすれない　ながく

成《な》り立《た》ちと意味《いみ》

亘《せん》は「めぐる」意味《いみ》を持《も》ち、センの読《よ》み方《かた》を示《しめ》します。へいをめぐらした家《いえ》（宀＝うかんむり）を表《あらわ》す字《じ》でしたが、とちゅうで「のべる、ひろめる」の意味《いみ》に借《か》りて用《もち》いられるようになりました。

使《つか》い方《かた》 宣言《せんげん》・宣告《せんこく》・宣誓《せんせい》・宣戦《せんせん》・宣伝《せんでん》・宣教師《せんきょうし》

「ズバリ！　私《わたくし》、丸尾末《まるおすえ》男《お》は学級委員選挙《がっきゅういいんせんきょ》に立候補《りっこうほ》することを宣言《せんげん》するでしょう！」

「駅《えき》で新《あたら》しい商品《しょうひん》の宣伝《せんでん》をしてたのよ。試供品《しきょうひん》を、たくさん、もらっちゃったわ。」

チェックポイント
似《に》ている字《じ》に注意《ちゅうい》しよう。

宜　ギ
・便宜《べんぎ》・適宜《てきぎ》

セ

専

（9画《かく》）

音読《おん よ》み　セン
訓読《くん よ》み　もっぱら
部首《ぶ しゅ》　寸／すん

、をつけない
だす
はねる

成《な》り立《た》ちと意味《い み》

もとの形《かたち》は　で、糸巻《いと ま》き　を手《て》　で持《も》っている様子《よう す》を表《あらわ》します。赤《あか》ん坊《ぼう》が糸巻《いと ま》きで遊《あそ》んで、なかなかはなさないということから、「ひとりじめ」の意味《い み》ができ、「ただ一《ひと》つのこと、もっぱら」として使《つか》われる字《じ》です。

使《つか》い方《かた》

専科《せんか》・専攻《せんこう》・専心《せんしん》・専制《せんせい》・専属《せんぞく》・専任《せんにん》・専念《せんねん》・専務《せんむ》・専門《せんもん》・専用《せんよう》

「野口《の ぐち》さんて、休《やす》みの日《ひ》は専《もっぱ》ら、お笑《わら》いの研究《けんきゅう》をしてるんだって。将来《しょうらい》、お笑《わら》いの専門家《せんもんか》を目指《め ざ》せるよね。」

「自分《じ ぶん》だけの部屋《へ や》で、勉強《べんきょう》に専念《せんねん》したいな。」

チェックポイント

正《ただ》しい「せんもん」は?
ア　専門
イ　専門
ウ　専問
エ　専問
（答《こた》え　ア）

専専専専専専専専専

泉

（9画《かく》）

音読《おん よ》み　セン
訓読《くん よ》み　いずみ
部首《ぶ しゅ》　水／みず

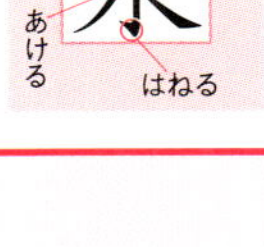
一ぽん
あける
はねる

成《な》り立《た》ちと意味《い み》

岩《いわ》のすきまから水《みず》がわき出《で》ている形《かたち》　からできた字《じ》です。「いずみ」を表《あらわ》します。

使《つか》い方《かた》

温泉《おんせん》・源泉《げんせん》・鉱泉《こうせん》

「長山《なが やま》くんと話《はな》してると、泉《いずみ》の底《そこ》から水《みず》がわいてくるみたいに、次々《つぎ つぎ》と知識《ち しき》があふれてくるね。」

「まる子《こ》と一緒《いっしょ》に温泉《おんせん》でも行《い》って、のんびりしたいもんじゃ。」

「水《みず》がわき出《で》る源《みなもと》のことを源泉《げんせん》っていうんだよ。」

チェックポイント

「白《しろ》い水《みず》わくきれいな泉《いずみ》」と覚《おぼ》える。

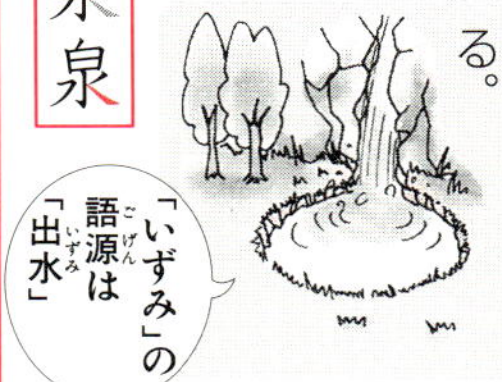
「いずみ」の語源《ご げん》は「出水《いずみ》」

泉泉泉泉泉泉泉泉泉

洗

（9画《かく》）

音読《おんよ》み セン

訓読《くんよ》み あらう

部首《ぶしゅ》 氵／さんずい

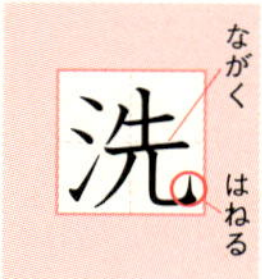

成《な》り立《た》ちと意味《いみ》

氵（さんずい）は水《みず》を表《あらわ》し、先《せん》がセンの読《よ》み方《かた》を示《しめ》します。センの音《おん》には「鮮《せん》（＝あたらしい）」の意味《いみ》があり、水《みず》をかけて新《あたら》しくするということから、「あらう」として使《つか》われる字《じ》です。

使《つか》い方《かた》

洗面《せんめん》・洗礼《せんれい》・洗練《せんれん》・水洗《すいせん》・手洗《てあら》い

洗眼《せんがん》・洗顔《せんがん》・洗剤《せんざい》・洗浄《せんじょう》・洗濯《せんたく》・洗髪《せんぱつ》・

「まる子《こ》、早《はや》く起《お》きて、洗面所《せんめんじょ》で顔《かお》を洗《あら》ってらっしゃい。」

「花輪《はなわ》クンって、ファッションだけでなく、しぐさも洗練《せんれん》されてるのね。」

チェックポイント

「水《みず》（氵）で先《さき》に洗《あら》う」と覚《おぼ》える。

染

（9画《かく》）

音読《おんよ》み セン

訓読《くんよ》み そめる・そまる・しみる・しみ

部首《ぶしゅ》 木／き

成《な》り立《た》ちと意味《いみ》

氵（さんずい）は水《みず》を表《あらわ》し、九《きゅう》は数《かず》が多《おお》いことを示《しめ》します。布《ぬの》を木《き》のしるの中《なか》へ何度《なんど》もくりかえし入《い》れることを表《あらわ》し、「そめる、しみる」の意味《いみ》に使《つか》われる字《じ》です。

使《つか》い方《かた》

染色《せんしょく》・染料《せんりょう》・汚染《おせん》・感染《かんせん》・伝染《でんせん》・染色体《せんしょくたい》・

染《そ》め物《もの》・染《し》み抜《ぬ》き

「草花《くさばな》のしるでハンカチを染《そ》めたら、すごくきれいで、染《し》みも目立《めだ》たなくなったよ。」

「ククク…。さ、さくらさんの笑《わら》いが伝染《でんせん》して…、がまんできない。」

チェックポイント

「木《き》のしる（氵）で九《きゅう》かい染《そ》める」と覚《おぼ》える。

セ・ソ

善

（12画《かく》）

音読《おんよ》み ゼン

訓読《くんよ》み よい

部首《ぶしゅ》 口／くち

成《な》り立《た》ちと意味《いみ》

もとはで、羊《よう》には「よい」の意味《いみ》があり、よい言葉《ことば》を表《あらわ》している字《じ》です。「よい」として使《つか》われます。

使《つか》い方《かた》

善政《ぜんせい》・善戦《ぜんせん》・善良《ぜんりょう》・善後策《ぜんごさく》・善男善女《ぜんなんぜんにょ》・改善《かいぜん》・最善《さいぜん》・親善《しんぜん》

対語《たいご》

悪《あく》　善人《ぜんにん》⇔悪人《あくにん》

「一日一度《いちにちいちど》、善《よ》いことをすると、自分《じぶん》に返《かえ》ってくるもんじゃよ。」

「杉山《すぎやま》くんたちのサッカーの試合《しあい》、強豪《きょうごう》チーム相《あい》手《て》に善戦《ぜんせん》したけど、負《ま》けちゃった。」

チェックポイント

「よい」の使《つか》い分《わ》け。

・良《よい》…頭《あたま》が良《よ》い。

・善《よい》…善《よ》い行《おこな》い。

奏

（9画《かく》）

音読《おんよ》み ソウ

訓読《くんよ》み かなでる

部首《ぶしゅ》 大／だい

成《な》り立《た》ちと意味《いみ》

しげった草《くさ》（）を両手《りょうて》（）で神《かみ》にささげる様子《ようす》からできました。「さしあげる、なしとげる、音楽《おんがく》をかなでる」として使《つか》われている字《じ》です。

使《つか》い方《かた》

演奏《えんそう》・合奏《がっそう》・前奏《ぜんそう》・吹奏《すいそう》・独奏《どくそう》・伴奏《ばんそう》

「これからバイオリンの独奏《どくそう》をするから、みんな、聴《き》いてくれたまえ。」

「花輪《はなわ》クンが、バイオリンを演奏《えんそう》してくれたんだよ。花輪《はなわ》クンの奏《かな》でる音《ね》色《いろ》に、みんな、うっとりしてたよ。」

チェックポイント

「天《てん》」の形《かたち》に注意《ちゅうい》。

×奏　○奏

窓

（11画《かく》）

音読《おんよ》み ソウ

訓読《くんよ》み まど

部首《ぶしゅ》 穴／あなかんむり

成《な》り立《た》ちと意味《いみ》

穴（あなかんむり）が穴《あな》を表《あらわ》し、怱《そう》がソウの読《よ》み方《かた》を示《しめ》します。ソウの音《おん》には「よくとおる」の意味《いみ》があり、明《あ》かりとりの「まど」として使《つか》われる字《じ》です。

使《つか》い方《かた》

車窓《しゃそう》・同窓《どうそう》・窓際《まどぎわ》・窓口《まどぐち》・窓辺《まどべ》・出窓《でまど》

「みなさん、窓《まど》は、ぬらしたぞうきんで、きれいにふいてください！」

「藤木《ふじき》くん、卒業《そつぎょう》して同《どう》窓会《そうかい》を開《ひら》く時《とき》までに、きみのひきょうが直《なお》っていることを、いのっているよ。」

チェックポイント

部首《ぶしゅ》は「宀（うかんむり）」ではなく、「穴（あなかんむり）」。

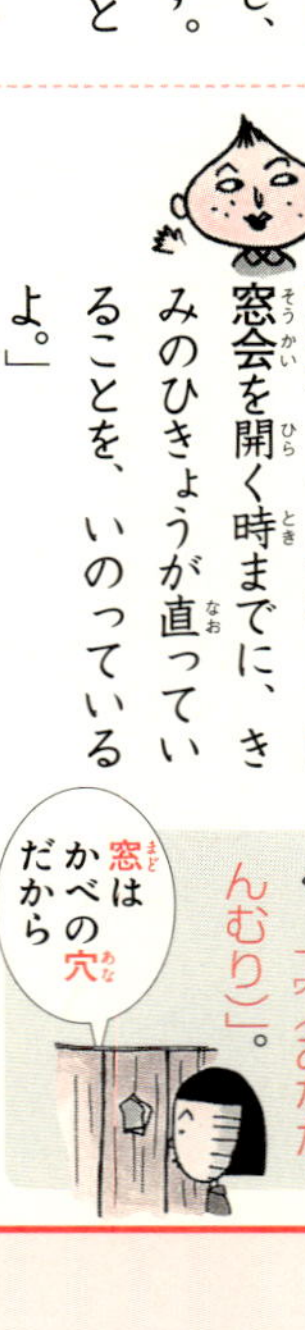

創

（12画《かく》）

音読《おんよ》み ソウ

訓読《くんよ》み

部首《ぶしゅ》 刂／りっとう

成《な》り立《た》ちと意味《いみ》

倉《そう》がソウの読《よ》み方《かた》を示《しめ》し、「刀《かたな》（刂＝りっとう）できずをつける」意味《いみ》を表《あらわ》した字《じ》です。また、「はじめる」意味《いみ》に借《か》りて用《もち》いられたため、「はじめて」の意味《いみ》も持《も》つようになりました。

使《つか》い方《かた》

創意《そうい》・創刊《そうかん》・創業《そうぎょう》・創建《そうけん》・創作《そうさく》・創傷《そうしょう》・創世《そうせい》・創設《そうせつ》・創造《そうぞう》・創立《そうりつ》・独創《どくそう》

「野口《のぐち》さん、今《いま》のお笑《わら》いのネタ、もしかして野《の》口《ぐち》さんの創作《そうさく》？」

「さすが野口《のぐち》さん、独創《どくそう》的《てき》だね。」

チェックポイント

二《ふた》つの「そうぞう」の使《つか》い分《わ》け。

・想像《そうぞう》…思《おも》いめぐらす。

・創造《そうぞう》…はじめてつくる。

ソ

装

（12画《かく》）

音読《おんよ》み ソウ・ショウ

訓読《くんよ》み よそおう

部首《ぶしゅ》 衣／ころも

ながく

成《な》り立《た》ちと意味《いみ》

壮《そう》がソウの読《よ》み方《かた》を示《しめ》し、ソウの音《おん》には「加《くわ》える」の意味《いみ》があります。衣《ころも》を身《み》につけるということから、「よそおう」として使《つか》われる字《じ》です。

使《つか》い方《かた》

装飾《そうしょく》・装置《そうち》・装備《そうび》・装身具《そうしんぐ》・仮装《かそう》・改装《かいそう》・武装《ぶそう》・変装《へんそう》・服装《ふくそう》・包装《ほうそう》・洋装《ようそう》・和装《わそう》・衣装《いしょう》

「ベイビーたち、ボクの家《いえ》で仮装《かそう》パーティーをしないかい。思《おも》い思《おも》いの装《よそお》いで、来《き》てくれたまえ。」

「花輪《はなわ》クンを夢中《むちゅう》にさせるには、どんな衣装《いしょう》がいいかしら。」

チェックポイント

「壮《そう》」の形《かたち》に注意《ちゅうい》。

× 装　○ 装

士

層

（14画《かく》）

音読《おんよ》み ソウ

訓読《くんよ》み

部首《ぶしゅ》 尸／しかばね（かばね）

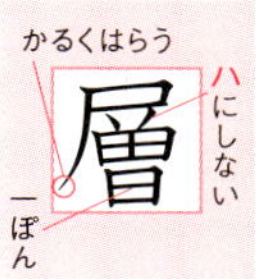
かるくはらう
ハにしない
一ぽん

成《な》り立《た》ちと意味《いみ》

曽《そう》は「かさなる」の意味《いみ》とソウの読《よ》み方《かた》を示《しめ》しています。尸（しかばね）は广（まだれ＝屋根《やね》）が変《か》わった形《かたち》です。屋根《やね》の重《かさ》なった家《いえ》を表《あらわ》す字《じ》で、「かさなり、高《たか》い建物《たてもの》」の意味《いみ》に使《つか》われます。

使《つか》い方《かた》

階層《かいそう》・高層《こうそう》・上層《じょうそう》・下層《かそう》・断層《だんそう》・地層《ちそう》

「東京《とうきょう》には高層《こうそう》ビルが、いっぱい建《た》っているんだブー。見《み》てみたいブー。」

「長《なが》い時間《じかん》をかけて、土《つち》が何層《なんそう》にも重《かさ》なってできたものが、地層《ちそう》だよ。」

チェックポイント

次《つぎ》のような時《とき》には、平仮名《ひらがな》で書《か》く。

・たいそう良《よ》い。

・いっそう良《よ》くなる。

操

（16画《かく》）

音読《おんよ》み　ソウ

訓読《くんよ》み　みさお・あやつる

部首《ぶしゅ》　扌／てへん

成《な》り立《た》ちと意味《いみ》

扌（てへん）は手《て》（𠂇）を表《あらわ》します。喿《そう》がソウの読《よ》み方《かた》を示《しめ》し、ソウの音《おん》には「一《ひと》まわり」の意味《いみ》があります。「手《て》の指《ゆび》が一《ひと》まわりしてむすび合《あ》うようにかたくにぎる」ことを表《あらわ》し、「もつ、あやつる、かたく守《まも》る」意味《いみ》に使《つか》われます。

使《つか》い方《かた》　操作《そうさ》・操縦《そうじゅう》・情操《じょうそう》・節操《せっそう》・体操《たいそう》・操《あやつ》り人形《にんぎょう》

「花輪《はなわ》クンなら何《なん》カ国語《こくご》も操《あやつ》れる国際人《こくさいじん》を目指《めざ》せるね。」

「操《みさお》を通《とお》すとは、心《こころ》を変《か》えず、志《こころざし》を守《まも》り通《とお》すこと。節操《せっそう》があるということですね。」

チェックポイント

「手《て》（扌）品《じな》で木《き》を操《あやつ》る」と覚《おぼ》える。

蔵

（15画《かく》）

音読《おんよ》み　ゾウ

訓読《くんよ》み　くら

部首《ぶしゅ》　艹／くさかんむり

成《な》り立《た》ちと意味《いみ》

古《ふる》い字《じ》は藏《ぞう》で、艹（くさかんむり）はくさ（艸）を表《あらわ》します。臧《ぞう》がゾウの読《よ》み方《かた》を示《しめ》し、ゾウの音《おん》には「しまいこむ」意味《いみ》があります。くさをかぶせておおいかくすことから、「しまう」ことを表《あらわ》し、「くら」の意味《いみ》に使《つか》われます。

使《つか》い方《かた》　蔵書《ぞうしょ》・地蔵《じぞう》・所蔵《しょぞう》・貯蔵《ちょぞう》・土蔵《どぞう》・内蔵《ないぞう》・秘蔵《ひぞう》・冷蔵庫《れいぞうこ》・酒蔵《さかぐら》

「社会科見学《しゃかいかけんがく》で、古《ふる》い蔵《くら》へ行《い》ったよ。」

「冷蔵庫《れいぞうこ》にビール、まだあったよな。」

チェックポイント

二《ふた》つの「くら」。
・倉《くら》…主《おも》に穀物《こくもつ》をしまう。
・蔵《くら》…主《おも》に品物《しなもの》をしまう。

臓

（19画《かく》）

音読《おんよ》み ゾウ

訓読《くんよ》み

部首《ぶしゅ》 月／にくづき

だす
わすれない
かるくはらう
はねる

成《な》り立《た》ちと意味《いみ》

蔵《ぞう》には「しまいこむ、おさめる」の意味《いみ》があり、ゾウの読《よ》み方《かた》を示《しめ》します。月（にくづき）は肉《にく》（⺼）のことで、体《からだ》の中《なか》に収《おさ》められた器官《きかん》「ぞうもつ」を表《あらわ》している字《じ》です。

使《つか》い方《かた》

臓器《ぞうき》・臓物《ぞうもつ》・五臓《ごぞう》（肝臓《かんぞう》・心臓《しんぞう》・腎臓《じんぞう》・肺臓《はいぞう》・脾臓《ひぞう》）・内臓《ないぞう》

「体中《からだじゅう》に染《し》み渡《わた》ることを、五臓六腑《ごぞうろっぷ》に染《し》み渡《わた》るといいます。五臓《ごぞう》とは心臓《しんぞう》や肝臓《かんぞう》など、六腑《ろっぷ》は胃《い》などの腑《ふ》（はらわた）です。」

チェックポイント

「内《ない》ぞう」を使《つか》い分《わ》けよう。

・内臓《ないぞう》

・マイク内蔵《ないぞう》

マイク内蔵
内臓

存

（6画《かく》）

音読《おんよ》み ソン・ゾン

訓読《くんよ》み

部首《ぶしゅ》 子／こ

ややつきだす
はねる
とめる

成《な》り立《た》ちと意味《いみ》

もとは孨《そん》で、才には「ふさぐ」意味《いみ》があり、子《し》がソンと変《か》わって読《よ》み方《かた》を示《しめ》します。前《まえ》がふさがれて進《すす》めなくなるということから、「目《め》の前《まえ》にある、たもつ」や「思《おも》う」の意味《いみ》に使《つか》われる字《じ》です。

使《つか》い方《かた》

存在《そんざい》・存続《そんぞく》・存亡《そんぼう》・存分《ぞんぶん》・異存《いぞん》・共存《きょうぞん》・現存《げんそん》・生存《せいぞん》・保存《ほぞん》

「ご両親《りょうしん》が海外《かいがい》で、おぼっちゃまが、さみしい思《おも》いでいるのは、よく存《ぞん》じています。」

「ズバリ！　大昔《おおむかし》は、日本《にほん》にもナウマンゾウが存在《そんざい》したでしょう。」

チェックポイント

「そんざい」を正《ただ》しく。

×在存

○存在《そんざい》

似《に》ている字《じ》だね

尊

（12画《かく》）

音読《おんよ》み ソン

訓読《くんよ》み たっとい・とうとい・たっとぶ・とうとぶ

部首《ぶしゅ》 寸／すん

わすれない だす はねる

成《な》り立《た》ちと意味《いみ》

もとの形《かたち》は 𡴲 で、酒《さけ》のたる（酉）を両手《りょうて》で神《かみ》にささげている様子《ようす》を表《あらわ》しています。神《かみ》にささげるということから、「とうとい、たっとぶ」の意味《いみ》として使《つか》われている字《じ》です。

使《つか》い方《かた》

尊敬《そんけい》・尊厳《そんげん》・尊称《そんしょう》・尊属《そんぞく》・尊大《そんだい》・尊重《そんちょう》・尊名《そんめい》・本尊《ほんぞん》・自尊心《じそんしん》

「すべての生《い》き物《もの》には、尊《とうと》い命《いのち》が宿《やど》っています。尊《とうと》いは尊《たっと》いとも読《よ》みますね。」

「お姉《ねえ》ちゃんのこと、本当《ほんとう》は尊敬《そんけい》してるんだよ。だから、まる子《こ》の意見《いけん》も尊重《そんちょう》してくれないかな。」

ちょっとひとこと

「たっとい・たっとぶ」は「とうとい・とうとぶ」の少《すこ》し古《ふる》い言《い》い方《かた》。

尊敬する人
今日《きょう》は「わたしの尊敬《そんけい》する人《ひと》」について作文《さくぶん》を書《か》いてください
わたしはナイチンゲールかな
わたしはエジソン！
ぼくは花輪《はなわ》クンだなあんなにお金持《かねも》ちの家《いえ》に生《う》まれたなんて尊敬《そんけい》するよ
……
ああ確《たし》かに尊敬《そんけい》するね
そーか花輪《はなわ》クン確《たし》かにかぁ…エジソンより身近《みぢか》だし…
まるちゃんエジソンのほうがずっとえらいって！
目をさまして
まる子《こ》よこんなたまちゃんこそ尊敬《そんけい》すべきであろう

もっとくわしく

「とうとい」の使《つか》い分《わ》け

尊《とうと》い…神《かみ》や仏《ほとけ》など。
・尊《とうと》い神《かみ》。

貴《とうと》い…値打《ねう》ちのある人《ひと》や物《もの》、ことがら。
・貴《とうと》い資料《しりょう》。

宅

（6画《かく》）

音読《おんよ》み タク

訓読《くんよ》み

部首《ぶしゅ》 宀／うかんむり

一にしない
はねる

成《な》り立《た》ちと意味《いみ》

乇《たく》にはタクの読《よ》み方《かた》と「託《たく》（＝身《み》をよせる）」の意味《いみ》があります。宀（うかんむり）は家《いえ》で、身《み》をよせる家《いえ》のことから、「すまい、いえ」を表《あらわ》します。

使《つか》い方《かた》 宅地《たくち》・宅配《たくはい》・家宅《かたく》・帰宅《きたく》・自宅《じたく》・住宅《じゅうたく》

「さくらさん、お宅《たく》のお孫《まご》さんたちは、活発《かっぱつ》そうですね。」

「帰宅《きたく》のとちゅうで寄《よ》り道《みち》してはいけません。遊《あそ》びに行《い》く時《とき》は、自宅《じたく》まで帰《かえ》り、おうちの人《ひと》に言《い》ってからにしましょう。」

チェックポイント

「乇《たく》」の形《かたち》に注《ちゅう》意《い》。

×宅　○宅

よくまちがえますね

担

（8画《かく》）

音読《おんよ》み タン

訓読《くんよ》み かつぐ・になう

部首《ぶしゅ》 扌／てへん

はねる
旦にしない

成《な》り立《た》ちと意味《いみ》

扌（てへん）は手《て》（𠂇）を表《あらわ》し、旦《たん》がタンの読《よ》み方《かた》を示《しめ》します。もとはちがう意味《いみ》の字《じ》でしたが、擔《たん》（＝になう）の字《じ》に借《か》りて用《もち》いられるようになり、手《て》で「になう、かつぐ」意味《いみ》を持《も》つようになりました。

使《つか》い方《かた》 担架《たんか》・担当《たんとう》・担任《たんにん》・加担《かたん》・負担《ふたん》・分担《ぶんたん》

「今度《こんど》のお祭《まつ》り、おみこしは次《つぎ》の時代《じだい》を担《にな》う子供《こども》たちに担《かつ》がせませんか？」

「担任《たんにん》の戸川先生《とがわせんせい》ですが、本日《ほんじつ》かぜのため、お休《やす》みです。」

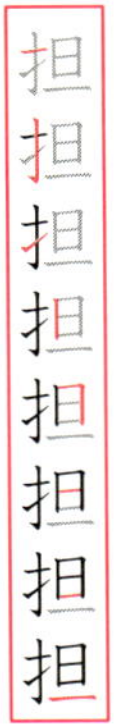

チェックポイント

「旦《たん》」の書《か》き方《かた》に注意《ちゅうい》。

×担　○担

元旦《がんたん》のたん・だよ
元旦

ソ
タ

探

音読《おんよ》み　タン

訓読《くんよ》み　さぐる・さがす

部首《ぶしゅ》　扌／てへん

（11画《かく》）

成《な》り立《た》ちと意味《いみ》

扌(てへん)は手《て》(⺘)を表《あらわ》し、罙《たん》は「さぐる、ふかい」の意《い》味《み》とタンの読《よ》み方《かた》を示《しめ》します。深《ふか》い穴《あな》を手《て》でさぐることを表《あらわ》し、「さぐる、さがす」意味《いみ》に使《つか》われる字《じ》です。

使《つか》い方《かた》

探求《たんきゅう》・探究《たんきゅう》・探検《たんけん》・探偵《たんてい》・探知《たんち》・探訪《たんぼう》・手探《てさぐ》り

「まる子《こ》、いつまで探《さが》してるの？　早《はや》くしないと、ちこくしちゃうわよ。」

「神社《じんじゃ》の裏《うら》に、ふしぎな洋館《ようかん》を見《み》つけたブー。みんなで探検《たんけん》に行《い》くブー。」

チェックポイント

二《ふた》つの「さがす」。
・あるかないかさがす…探《さが》す。
・あるはずのものをさがす…捜《さが》す。

誕

音読《おんよ》み　タン

訓読《くんよ》み

部首《ぶしゅ》　言／ごんべん

（15画《かく》）

成《な》り立《た》ちと意味《いみ》

延《えん》には「のばす」の意味《いみ》があり、タンと変《か》わって読《よ》み方《かた》を示《しめ》します。事実《じじつ》を大《おお》きく引《ひ》きのばして言《い》うことを表《あらわ》す字《じ》だったのが、後《のち》に「うまれる」の意味《いみ》に使《つか》われるようになりました。

使《つか》い方《かた》

誕生《たんじょう》・降誕《こうたん》・生誕《せいたん》

「ベイビーたち、誕生日《たんじょうび》には、年《とし》の数《かず》だけバラの花《はな》を贈《おく》るよ。」

「おじいちゃん、うんと長生《ながい》きして、絶対《ぜったい》、生誕百周年《たんひゃくしゅうねん》のパーティーしようね。」

チェックポイント

「正」を正《ただ》しく書《か》こう。

×誕

○誕

段

（9画《かく》）

音読《おんよ》み ダン

訓読《くんよ》み

部首《ぶしゅ》 殳／ほこづくり（るまた）

成《な》り立《た》ちと意味《いみ》

𠂤《だん》には「わける」意味《いみ》があり、ダンの読《よ》み方《かた》を示《しめ》します。殳（ほこづくり）は手《て》（又）に武器《ぶき》（几）を持《も》っている形《かたち》（几又）からできました。武器《ぶき》で切《き》りわけることを表《あらわ》し、「くぎり、だん、てだて」の意味《いみ》に使《つか》われています。

使《つか》い方《かた》

段位《だんい》・段階《だんかい》・段落《だんらく》・段段畑《だんだんばたけ》・石段《いしだん》・階《かい》段《だん》・格段《かくだん》・初段《しょだん》・上段《じょうだん》・中段《ちゅうだん》・下段《げだん》・値段《ねだん》・普段《ふだん》・段違《だんちが》い

「このお肉《にく》、値段《ねだん》が高《たか》いだけあって、すごくうまいな。」

「普段《ふだん》食《た》べてるのとは、格《かく》段《だん》の差《さ》だね。段違《だんちが》いのおいしさだよ。」

チェックポイント

「𠂤」の形《かたち》を正《ただ》しく。

暖

（13画《かく》）

音読《おんよ》み ダン

訓読《くんよ》み あたたか・あたたかい・あたたまる・あたためる

部首《ぶしゅ》 日／ひへん

成《な》り立《た》ちと意味《いみ》

爰《えん》がダンと変《か》わって読《よ》み方《かた》を示《しめ》し、エンの音《おん》には「温《おん》（＝あたたかい）」の意味《いみ》があります。日《ひ》が当《あ》たってあたたかいことを表《あらわ》す字《じ》です。

使《つか》い方《かた》

暖房《だんぼう》・暖流《だんりゅう》・暖炉《だんろ》・温暖《おんだん》・寒暖計《かんだんけい》

「やっぱり日本人《にほんじん》は、こたつだね〜。暖《あたた》かいね〜。」

「地球温暖化《ちきゅうおんだんか》によって、世界各地《せかいかくち》の平均気温《へいきんきおん》が上《あ》がっています。」

「やけに暑《あつ》いと思《おも》って寒暖計《かんだんけい》を見《み》たら、三十《さんじゅう》二度《にど》もあったよ。」

チェックポイント

「あたたかい」の使《つか》い分《わ》け。

温《あたた(かい)》…水《みず》が温《あたた》かい。

暖《あたた(かい)》…日《ひ》が暖《あたた》かい。

値

（10画《かく》）

音読《おんよ》み チ

訓読《くんよ》み ね・あたい

部首《ぶしゅ》 亻／にんべん

値
おさえてからみぎに

成《な》り立《た》ちと意味《いみ》

直《ちょく・ち》は「正《ただ》しく見《み》る、あたる」の意《い》味《み》と、チの読《よ》み方《かた》を示《しめ》しています。人《ひと》（亻＝にんべん）が物《もの》のねうちを正《ただ》しく見《み》るということから、「その物《もの》に相当《そうとう》するねうち」の意味《いみ》に使《つか》われる字《じ》です。

使《つか》い方《かた》 価値《かち》・数値《すうち》・値段《ねだん》・売値《うりね》・買値《かいね》・高値《たかね》・安値《やすね》・半値《はんね》・値上《ねあ》げ・値下《ねさ》げ・値打《ねう》ち・値切《ねぎ》る・言《い》い値《ね》

「お父《とう》さん、いくら半値《はんね》だからって、どうしてこんな価《か》値《ち》のないもの、買《か》ったの!?」

「まったく、しかられるのに値《あたい》する買《か》い物《もの》じゃのう。」

値値値値値値値値値値

チェックポイント

「あたい」には「価《あたい》」もある。

23ページ参照《さんしょう》！

大野《おおの》くんと杉山《すぎやま》くん昨日《きのう》いじめっ子《こ》の上級生《じょうきゅうせい》をやっつけたんだって
へえ――度胸あるねえ
男《おとこ》の値打《ねう》ちは度胸《どきょう》じゃねぇよ顔《かお》でもな!
フン
じゃあ何《なに》?お金持《かねも》ちとか?
成績《せいせき》?
じゃあ食欲《しょくよく》?
成績《せいせき》
お金持《かね も》ち
いやどちらもちがうな
暗《くら》さ?
食欲《しょくよく》
暗《くら》さ
そうしたらなんだろうねー
う～ん…
いずれにしても男《おとこ》の値打《ねう》ちがないことを思《おも》い知《し》る はまじであった

宙

（8画《かく》）

音読《おんよ》み　チュウ

訓読《くんよ》み

部首《ぶしゅ》　宀／うかんむり

宙
はっきりだす

成《な》り立《た》ちと意味《いみ》

由《ゆう》がチュウと変《か》わって読《よ》み方《かた》を示《しめ》し、チュウの音《おん》には「ひろがり」の意味《いみ》があります。宀（うかんむり）は家《いえ》の屋根《やね》で、屋《や》根《ね》の下《した》のひろがりということから「空間《くうかん》」や、「大空《おおぞら》」を表《あらわ》す字《じ》です。また、「宇宙《うちゅう》」の場合《ばあい》、宇《う》が空間《くうかん》のみを指《さ》すのに対《たい》し、宙《ちゅう》は「かぎりのない時間《じかん》」も表《あらわ》します。

使《つか》い方《かた》

宇宙《うちゅう》・宙返《ちゅうがえ》り・宙《ちゅう》づり

「まるちゃん、初雪《はつゆき》だよ。花《はな》びらが宙《ちゅう》に舞《ま》っているみたいだね。」

「いくらボクだって、そうそう簡単《かんたん》に宇宙旅行《うちゅうりょこう》なんてできないよ、ベイビー。」

宙宙宙宙宙宙宙宙

チェックポイント

「うちゅう」を正《ただ》しく書《か》こう。

×宇宙

○宇《う》宙《ちゅう》

よくまちがえる

忠

（8画《かく》）

音読《おんよ》み　チュウ

訓読《くんよ》み

部首《ぶしゅ》　心／こころ

忠
だす
とめる
はねる

成《な》り立《た》ちと意味《いみ》

心《こころ》のまん中《なか》を表《あらわ》した字《じ》で、中《ちゅう》がチュウの読《よ》み方《かた》を示《しめ》します。「まごころ、まじめ」として使《つか》われています。

使《つか》い方《かた》

忠義《ちゅうぎ》・忠犬《ちゅうけん》・忠言《ちゅうげん》・忠孝《ちゅうこう》・忠告《ちゅうこく》・忠実《ちゅうじつ》・忠臣《ちゅうしん》・忠誠《ちゅうせい》・不忠《ふちゅう》

「しまった、また、ちこくだよ！」

「だから早《はや》く寝《ね》なさいって言《い》ったでしょ。人《ひと》の忠告《ちゅうこく》、聞《き》かないからよ。」

「ヒデは、おぼっちゃまに忠実《ちゅうじつ》であることを、常《つね》に心《こころ》がけております。」

「シュートの時《とき》は、基本《きほん》に忠実《ちゅうじつ》にな。」

忠忠忠忠忠忠忠忠

チェックポイント

「ちゅう告《こく》」の書《か》き方《かた》。

×注告

○忠《ちゅう》告《こく》

直《なお》すようにと注意《ちゅうい》してくれることさ

著

（11画《かく》）

音読《おんよ》み　チョ
訓読《くんよ》み　あらわす・いちじるしい
部首《ぶしゅ》　艹／くさかんむり

成《な》り立《た》ちと意味《いみ》

もとは「箸《はし》」と同《おな》じ意味《いみ》でしたが、とちゅうで「あらわす、めだつ、いちじるしい」として使《つか》われるようになりました。者《しゃ》がチョと変《か》わって読《よ》み方《かた》を示《しめ》します。

使《つか》い方《かた》

著作《ちょさく》・著者《ちょしゃ》・著述《ちょじゅつ》・著書《ちょしょ》・著名《ちょめい》・共著《きょうちょ》

「気温《きおん》の変化《へんか》が著《いちじる》しいので、かぜをひかないように、注意《ちゅうい》してください。」

「夏目漱石《なつめそうせき》は『吾輩《わがはい》は猫《ねこ》である』や『坊《ぼ》っちゃん』などの著書《ちょしょ》を著《あらわ》した作家《さっか》だよ。日本文《にほんぶん》学《がく》の中《なか》でも、特《とく》に著名《ちょめい》な人《ひと》なんだ。」

チェックポイント

「著《あらわ》す」は本《ほん》を書《か》くこと。「現《あらわ》す・表《あらわ》す」と区《く》別《べつ》しよう。

著著著著著著著著著著著

庁

（5画《かく》）

音読《おんよ》み　チョウ
訓読《くんよ》み
部首《ぶしゅ》　广／まだれ

成《な》り立《た》ちと意味《いみ》

古《ふる》い字《じ》は廳《ちょう》です。「人《ひと》びとの声《こえ》を聴《き》（聽）く家《いえ》（广＝まだれ）」からでき、「役所《やくしょ》」の意味《いみ》を表《あらわ》した字《じ》です。聴《ちょう》がチョウの読《よ》み方《かた》を示《しめ》します。

使《つか》い方《かた》

官庁《かんちょう》・都庁《とちょう》・道庁《どうちょう》・府庁《ふちょう》・県庁《けんちょう》・登庁《とうちょう》・退庁《たいちょう》・気象庁《きしょうちょう》・宮内庁《くないちょう》・警察庁《けいさつちょう》・消防庁《しょうぼうちょう》

「ズバリ！　県庁《けんちょう》がある都《と》市《し》を県庁所在地《けんちょうしょざいち》というでしょう！　東京《とうきょう》には都庁《とちょう》、北海道《ほっかいどう》には道庁《どうちょう》、京都《きょうと》には府庁《ふちょう》があるでしょう！」

「各地《かくち》の警察署《けいさつしょ》をまとめるのが警察庁《けいさつちょう》、消防署《しょうぼうしょ》をまとめるのが消防庁《しょうぼうちょう》です。」

ちょっとひとこと

「廳《ちょう》」は難《むずか》しいので、「广（まだれ）」の下《した》に「丁《ちょう》」が入《はい》って新《あたら》しい字《じ》ができた。廳《ちょう》→庁《ちょう》

庁庁庁庁庁

頂

音読《おんよ》み チョウ

訓読《くんよ》み いただく・いただき

部首《ぶしゅ》 頁／おおがい（いちのかい）

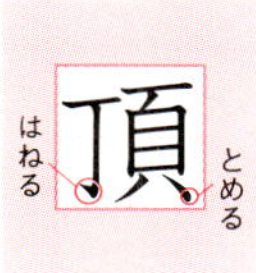

（11画《かく》）

成《な》り立《た》ちと意味《いみ》

頁（おおがい）は「頭《あたま》」を表《あらわ》し、丁《ちょう》がチョウの読《よ》み方《かた》を示《しめ》します。頭《あたま》のいただきを表《あらわ》し、「いただき、いちばん高《たか》い所《ところ》」の意味《いみ》に使《つか》われる字《じ》です。

使《つか》い方《かた》

頂角《ちょうかく》・頂上《ちょうじょう》・頂点《ちょうてん》・山頂《さんちょう》・絶頂《ぜっちょう》・登頂《とうちょう》・頂《いただ》き物《もの》・山《やま》の頂《いただき》

「頂《いただ》き物《もの》のイチゴが、いつのまにか減《へ》ってるわ…。まる子《こ》！」

「まずいね、お母《かあ》さんの怒《いか》りが頂点《ちょうてん》に達《たっ》してるよ。」

「登山《とざん》は、登頂《とうちょう》の間《あいだ》は苦《くる》しいですが、頂上《ちょうじょう》につくと大《おお》きな感動《かんどう》があります。」

チェックポイント

山《やま》の「いただき」の時《とき》は、送《おく》り仮名《がな》をつけない。

潮

音読《おんよ》み チョウ

訓読《くんよ》み しお

部首《ぶしゅ》 氵／さんずい

（15画《かく》）

成《な》り立《た》ちと意味《いみ》

氵（さんずい）は水《みず》を表《あらわ》します。朝《ちょう》がチョウの読《よ》み方《かた》と「あさ」の意味《いみ》を示《しめ》し、さらに𠦝には「あつめる」意味《いみ》があります。「あさの海《うみ》の水《みず》のあつまり」ということから、「しおのみちひ、うしお（海《うみ》の水《みず》）」を表《あらわ》す字《じ》です。

使《つか》い方《かた》

潮流《ちょうりゅう》・干潮《かんちょう》・満潮《まんちょう》・潮風《しおかぜ》・潮路《しおじ》・潮時《しおどき》・赤潮《あかしお》・大潮《おおしお》・小潮《こしお》・親潮《おやしお》・黒潮《くろしお》・高潮《たかしお》・血潮《ちしお》・潮干狩《しおひが》り

「潮干狩《しおひが》りは干潮《かんちょう》で海《うみ》の水《みず》が引《ひ》くのを利用《りよう》するんだよ。新月《しんげつ》や満月《まんげつ》のころの大潮《おおしお》の日《ひ》は、干潮《かんちょう》と満潮《まんちょう》の差《さ》が大《おお》きく、最《もっと》も潮《しお》が引《ひ》くから最適《さいてき》だね。」

チェックポイント

からい味《あじ》の「塩《しお》」と区別《くべつ》して使《つか》おう。

賃

（13画《かく》）

音読《おんよ》み チン

訓読《くんよ》み

部首《ぶしゅ》 貝／かい

成《な》り立《た》ちと意味《いみ》

任《にん》には「仕事《しごと》」の意味《いみ》があり、チンと変《か》わって読《よ》み方《かた》を示《しめ》します。貝《かい》は「お金《かね》」です。「仕事《しごと》におうじたお金《かね》」を表《あらわ》している字《じ》です。

使《つか》い方《かた》 賃金《ちんぎん》・賃貸《ちんたい》・家賃《やちん》・工賃《こうちん》・運賃《うんちん》・船賃《ふなちん》・電車賃《でんしゃちん》・手間賃《てまちん》

「子供《こども》の電車賃《でんしゃちん》って、何歳《なんさい》まで半額《はんがく》なの？」

「小学校《しょうがっこう》を卒業《そつぎょう》するまでじゃよ。」

「まる子《こ》、もし大工仕事《だいくしごと》を手伝《てつだ》ってくれたら、**手間賃《てまちん》**やるぞ。」

チェックポイント

「壬《にん》」の書《か》き方《かた》に注意《ちゅうい》。

×賃　○賃

痛

（12画《かく》）

音読《おんよ》み ツウ

訓読《くんよ》み いたい・いたむ・いためる

部首《ぶしゅ》 疒／やまいだれ

成《な》り立《た》ちと意味《いみ》

疒（やまいだれ）は人《ひと》（卜）が寝台《しんだい》（爿）でねている形《かたち》（疒）からでき、「病気《びょうき》」の意味《いみ》を表《あらわ》します。甬（つう）には「つきとおる」意味《いみ》があり、「つきとおるようにいたい、ひどく」の意味《いみ》に使《つか》われる字《じ》です。

使《つか》い方《かた》 痛快《つうかい》・痛感《つうかん》・痛切《つうせつ》・痛打《つうだ》・痛烈《つうれつ》・苦痛《くつう》・鎮痛《ちんつう》・悲痛《ひつう》・無痛《むつう》・頭痛《ずつう》・腹痛《ふくつう》・痛手《いたで》・痛痛《いたいた》しい

「イタタタ…。冷《つめ》たいものを食《た》べたら、胃腸《いちょう》が痛《いた》くなってきた…。」

「大野《おおの》くんが、弱《よわ》い者《もの》いじめする子《こ》を、しかったよ。**痛快《つうかい》**だったな。」

チェックポイント

「いたむ」には「傷《いた》む」もある。

展

（10画《かく》）

音読《おんよ》み テン

訓読《くんよ》み

部首《ぶしゅ》 尸／しかばね（かばね）

成《な》り立《た》ちと意味《いみ》

丧《てん》はテンの読《よ》み方《かた》を示《しめ》し、「転《てん》（＝ころがる）」と同《おな》じ意味《いみ》があります。尸（しかばね）は人《ひと》の姿《すがた》で「人《ひと》がころがる」意味《いみ》の字《じ》だったのが、後《のち》に「ひろげる、つらねる、見《み》る」として使《つか》われるようになりました。

使《つか》い方《かた》

展開《てんかい》・展示《てんじ》・展望《てんぼう》・展覧《てんらん》・進展《しんてん》・発展《はってん》

「まる子《こ》の絵《え》がコンクールに入賞《にゅうしょう》して、展覧会《てんらんかい》に出《で》るのかい。そりゃ、すごいね。」

「よく見《み》える場所《ばしょ》に展示《てんじ》されるといいのう。」

「花輪《はなわ》クンとの恋《こい》が、なかなか進展《しんてん》しないのは、なぜかしら。」

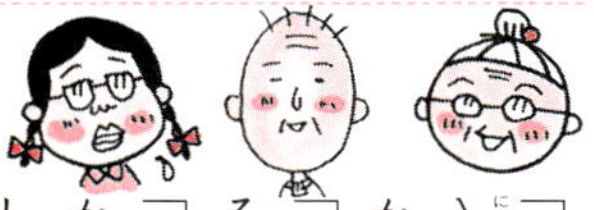

チェックポイント 書《か》き方《かた》に注意《ちゅうい》。

○展 ×展

討

（10画《かく》）

音読《おんよ》み トウ

訓読《くんよ》み うつ

部首《ぶしゅ》 言／ごんべん

成《な》り立《た》ちと意味《いみ》

寸は肘《ちゅう》が略《りゃく》された形《かたち》で、トウと変《か》わって読《よ》み方《かた》を示《しめ》します。「言葉《ことば》で追及《ついきゅう》してとがめる」意味《いみ》を表《あらわ》し、「うつ、たずねる、しらべる」として使《つか》われる字《じ》です。

使《つか》い方《かた》

討議《とうぎ》・討論《とうろん》・検討《けんとう》・追討《ついとう》・討《う》ち入《い》り・討《う》ち死《じ》に・敵討《かたきう》ち・手討《てう》ち

「ズバリ！　忠臣蔵《ちゅうしんぐら》は、主君《しゅくん》の敵討《かたきう》ちをする物語《ものがたり》でしょう。」

「テストの点数《てんすう》が良《よ》かったから、おこづかいの値上《ねあ》げ、検討《けんとう》してほしいな。」

討討討討討討討討討討

チェックポイント

「うつ」を使《つか》い分《わ》けよう。

・くぎを打《う》つ。

・弾《たま》を撃《う》つ。

・敵《てき》を討《う》つ。

党

（10画《かく》）

音読《おんよ》み トウ

部首《ぶしゅ》 ⺍／しょう

成《な》り立《た》ちと意味《いみ》

古《ふる》い字《じ》は黨《とう》で、「なかま」の意味《いみ》で使《つか》われていました。後《のち》に略字《りゃくじ》として党《とう》が用《もち》いられ、「なかま」、特《とく》に「政治家《せいじか》などの集《あつ》まり」の意味《いみ》に使《つか》われています。黨《とう》の上《うえ》の尚《しょう》がトウと変《か》わって読《よ》み方《かた》を示《しめ》します。

使《つか》い方《かた》

党員《とういん》・党首《とうしゅ》・党派《とうは》・悪党《あくとう》・結党《けっとう》・残党《ざんとう》・政党《せいとう》・入党《にゅうとう》・与党《よとう》・野党《やとう》・徒党《ととう》

「さくらさんと、わたしが政党《せいとう》を作《つく》るとしたら、お笑《わら》い党《とう》だね。」

「はまじも入党《にゅうとう》するかもね。」

党党党党党党党党党党

チェックポイント

上《うえ》は「尚《しょう》」なので「⺍」を書《か》く。

×党

○党

党《とう》　常《じょう》　堂《どう》　賞《しょう》

ト

糖

（16画《かく》）

音読《おんよ》み　トウ

訓読《くんよ》み

部首《ぶしゅ》　米／こめへん

成《な》り立《た》ちと意味《いみ》

唐《とう》がトウの読《よ》み方《かた》を示《しめ》し、発芽《はつが》した米《こめ》を表《あらわ》す字《じ》です。この米《こめ》を使《つか》ってあめを作《つく》ったことから、「あまみのあるもの（＝とうるい）」の意味《いみ》に使《つか》われています。

使《つか》い方《かた》

糖分《とうぶん》・糖衣錠《とういじょう》・砂糖《さとう》・乳糖《にゅうとう》・麦芽糖《ばくがとう》

「このトウモロコシ、糖《とう》分《ぶん》が多《おお》くて、すごく甘《あま》いんだよ。」

「砂糖《さとう》を入《い》れないコーヒーは、ほろ苦《にが》い大人《おとな》の味《あじ》がするんだよ、ベイビー。」

チェックポイント

細《こま》かい部分《ぶぶん》に注意《ちゅうい》して書《か》く。

○糖　×糖　×糖

届

（8画《かく》）

音読《おんよ》み

訓読《くんよ》み　とど**ける**・とど**く**

部首《ぶしゅ》　尸／しかばね（かばね）

成《な》り立《た》ちと意味《いみ》

古《ふる》い字《じ》は屆で、凷には「しりぞく」、尸（しかばね）には「体《からだ》がぐったりしている」意味《いみ》があります。「体《からだ》がおとろえてしりぞく」ことを表《あらわ》す字《じ》だったのが、後《のち》に「とどく」の意味《いみ》に借《か》りて用《もち》いられるようになりました。

使《つか》い方《かた》

届《とど》け先《さき》・届《とど》け出《で》・無《む》届《とど》け・欠席《けっせき》届《とど》け・聞《き》き届《とど》ける

「あっ、まる子《こ》、また忘《わす》れ物《もの》してる！　学校《がっこう》に届《とど》けなくちゃ。」

「お父《とう》さん、一生《いっしょう》のお願《ねが》いを、どうかお聞《き》き届《とど》けください。」

チェックポイント

「由《ゆう》」の書《か》き方《かた》に注意《ちゅうい》。

○届　×届

難

（18画《かく》）

音読《おんよ》み　ナン

訓読《くんよ》み　かたい・むずかしい

部首《ぶしゅ》　隹／ふるとり

廿にしない
とめる

成《な》り立《た》ちと意味《いみ》

隹（ふるとり）は鳥《とり》を表《あらわ》し、鳥《とり》の名《な》を表《あらわ》す字《じ》だったのが、後《のち》に「艱《かん》＝むずかしい」の代《か》わりとして用《もち》いられたため、「むずかしい、わざわい、なじる」の意味《いみ》を持《も》つようになりました。

使《つか》い方《かた》

難易《なんい》・難解《なんかい》・難関《なんかん》・難所《なんしょ》・難点《なんてん》・難破《なんぱ》・難病《なんびょう》・難民《なんみん》・難問《なんもん》・苦難《くなん》・困難《こんなん》・災難《さいなん》・非難《ひなん》・無難《ぶなん》

対語《たいご》　易《やさ(しい)》

難《むずか》しい⇕易《やさ》しい

「ズバリ、難《むずか》しい問題《もんだい》をなんとかクリアしました！」

「ズバリ、また難問《なんもん》です。どうしてこう続《つづ》くのか、理解《りかい》し難《がた》いでしょう！」

チェックポイント

正《ただ》しいのはどれ？

ア　難かしい

イ　難しい

ウ　難い

（答《こた》え　イ）

「難《むずか》しい」も「優《やさ》しい」も「易《やさ》しい」も「しい」

乳

（8画《かく》）

音読《おんよ》み　ニュウ

訓読《くんよ》み　ちち・ち

部首《ぶしゅ》　乙／おつ（おつにょう）

かどをつけない
むきにきをつける
とめない

成《な》り立《た》ちと意味《いみ》

左側《ひだりがわ》は、手《て》（爫）でたまごから子《こ》供《ども》をかえすことを示《しめ》します。右側《みぎがわ》のし（おつ）は、ツバメの形《かたち》を表《あらわ》し、子供《こども》を産《う》んで育《そだ》てることから、「ちち」の意味《いみ》に使《つか》われる字《じ》です。

使《つか》い方《かた》

乳液《にゅうえき》・乳牛《にゅうぎゅう》・乳酸《にゅうさん》・乳歯《にゅうし》・乳白色《にゅうはくしょく》・牛乳《ぎゅうにゅう》・授乳《じゅにゅう》・母乳《ぼにゅう》・乳首《ちくび》・乳房《ちぶさ》・乳《ち》飲《の》み子《ご》・乳《ちち》しぼり・乳母《うば》

「夏休《なつやす》みに、牧場《ぼくじょう》で乳《ちち》しぼりを手伝《てつだ》ったんだよ。おもしろかったな。」

「バターやヨーグルトは、牛乳《ぎゅうにゅう》から作《つく》られるんですよ。」

チェックポイント

「乳母《うば》」は特別《とくべつ》に許《ゆる》された読《よ》み方《かた》。

認

（14画《かく》）

音読《おんよ》み ニン

訓読《くんよ》み みと**める**

部首《ぶしゅ》 言／ごんべん

わすれない
はねる

成《な》り立《た》ちと意味《いみ》

忍《にん》がニンの読《よ》み方《かた》を示《しめ》し、音《おん》には「ゆるす」の意味《いみ》があります。「うん」と言《い》って許《ゆる》すことを表《あらわ》し、「みとめる、はっきり見《み》わける」として使《つか》われる字《じ》です。

使《つか》い方《かた》 認可《にんか》・認識《にんしき》・認定《にんてい》・確認《かくにん》・誤認《ごにん》・公認《こうにん》・自認《じにん》・承認《しょうにん》・是認《ぜにん》・否認《ひにん》・黙認《もくにん》・容認《ようにん》・認《みと》め印《いん》

「藤木《ふじき》くん、自分《じぶん》がひきょうなことを素直《すなお》に認《みと》めて、楽《らく》になったほうがいいと思《おも》うよ。」

「まる子《こ》、出《で》かける前《まえ》に、忘《わす》れ物《もの》がないか、よく確認《かくにん》しなさい。」

チェックポイント

「忍《にん》」の〻を忘《わす》れないように。

×認 ○認

納

（10画《かく》）

音読《おんよ》み ノウ・ナッ・ナ・ナン・トウ

訓読《くんよ》み おさ**める**・おさ**まる**

部首《ぶしゅ》 糸／いとへん

ださない
とめる
はねない
はねる

成《な》り立《た》ちと意味《いみ》

もとは「ぬれた糸《いと》」を表《あらわ》す字《じ》だったのが、とちゅうで「内《ない》（＝いれる）」の意味《いみ》に借《か》りて用《もち》いられ、「いれる、おさめる」の意味《いみ》で使《つか》われるようになりました。

使《つか》い方《かた》 納税《のうぜい》・納入《のうにゅう》・納品《のうひん》・格納《かくのう》・収納《しゅうのう》・滞納《たいのう》・返納《へんのう》・未納《みのう》・納豆《なっとう》・納得《なっとく》・納屋《なや》・納戸《なんど》・出納《すいとう》

「お母《かあ》さん、給食費《きゅうしょくひ》を納《おさ》めるの、明日《あす》までだって。」

「納豆《なっとう》をたくさんいただいたけど、冷蔵庫《れいぞうこ》に収《しゅう》納《のう》しきれるかしら。」

チェックポイント

音読《おんよ》みが五《いつ》つ。

納涼《のうりょう》 納豆《なっとう》 納屋《なや》 納戸《なんど》 出納《すいとう》

ズバリ！
五《いつ》つも

ナ・ニ・ノ

脳

（11画《かく》）

音読《おんよ》み　ノウ

訓読《くんよ》み

部首《ぶしゅ》　月／にくづき

㐫にしない
はねる
とめる

成《な》り立《た》ちと意味《いみ》

㐫《のう》はもと㐫で、かみの毛《け》の生《は》えた頭《あたま》を表《あらわ》します。月（にくづき）は肉《にく》（⺼）を表《あらわ》し、「のう、あたま」として使《つか》われる字《じ》です。

使《つか》い方《かた》　脳天《のうてん》・脳波《のうは》・脳裏《のうり》・首脳《しゅのう》・頭脳《ずのう》・大脳《だいのう》・小脳《しょうのう》

「南《みなみ》の島《しま》でプサディーと過《す》ごした時《とき》のことが、今《いま》も脳《のう》裏《り》に焼《や》きついてるよ。」

「各国《かっこく》の首脳《しゅのう》が集《あつ》まる会議《かいぎ》をサミットっていうよ。」

「主《おも》に体《からだ》の動《うご》きをつかさどるのが小脳《しょうのう》、神経《しんけい》や記憶《きおく》に関《かん》連《れん》するのが大脳《だいのう》です。」

チェックポイント

似《に》ている字《じ》に注《ちゅう》意《い》しよう。

悩　ノウ　なやむ　なやます

「心《こころ》（忄＝りっしんべん）で悩《なや》む」と覚《おぼ》える

派

（9画《かく》）

音読《おんよ》み　ハ

訓読《くんよ》み

部首《ぶしゅ》　⺡／さんずい

イにしない
かるくはらう
とめる

成《な》り立《た》ちと意味《いみ》

𠂢《は》はもと𠂢で、川《かわ》が本流《ほんりゅう》から支流《しりゅう》へ分《わ》かれていく形《かたち》を表《あらわ》し、ハの読《よ》み方《かた》を示《しめ》します。⺡（さんずい）は水《みず》です。「川《かわ》のわかれ」を表《あらわ》し、「わかれる、つかわす」意味《いみ》に使《つか》われている字《じ》です。

使《つか》い方《かた》　派遣《はけん》・派手《はで》・派兵《はへい》・一派《いっぱ》・宗派《しゅうは》・党派《とうは》・分派《ぶんぱ》・流派《りゅうは》・派出所《はしゅつじょ》・特派員《とくはいん》

「お茶《ちゃ》や生《い》け花《ばな》なんかには、いろいろな流派《りゅうは》があるんじゃよ。」

「外国《がいこく》に派遣《はけん》されてニュースを集《あつ》める人《ひと》を特派員《とくはいん》っていうのさ。」

チェックポイント

「𠂢」の書《か》き方《かた》に注意《ちゅうい》。

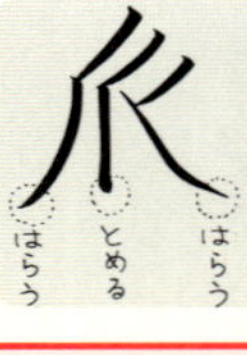

はらう
とめる
はらう

拝

（8画《かく》）

音読《おんよ》み ハイ

訓読《くんよ》み おがむ

部首《ぶしゅ》 扌／てへん

ほかよりながく
はねる

成《な》り立《た》ちと意味《いみ》

扌（てへん）は手《て》（𢪏）を表《あらわ》し、𠦃《ひ》がハイと変《か》わって読《よ》み方《かた》を示《しめ》します。匕の音《おん》には「比《ひ》（＝ならべる）」の意味《いみ》があり、手《て》をならべてそろえることを表《あらわ》し、「おがむ」として使《つか》われる字《じ》です。

使《つか》い方《かた》

拝観《はいかん》・拝見《はいけん》・拝借《はいしゃく》・拝殿《はいでん》・参拝《さんぱい》・崇拝《すうはい》・礼拝《らいはい》・礼拝《れいはい》・拝《おが》み倒《たお》す

「お姉《ねえ》ちゃんを拝《おが》み倒《たお》して、最新号《さいしんごう》の雑誌《ざっし》、貸《か》してもらおうっと。」

「おじいさん、せっかく神《じん》社《じゃ》の前《まえ》を通《とお》ったんだから、参拝《さんぱい》していきましょう。」

「おお、立派《りっぱ》な拝殿《はいでん》じゃ。」

チェックポイント 書《か》き方《かた》に注《ちゅう》意《い》。

×拝　×拝　○拝

よくまよう

あれ おじいちゃん お手紙《てがみ》書《か》いてるの？
拝啓《はいけい》 五郎《ごろう》さん ……と
ハイケイって なぁに？ 後《うし》ろの ハイケイ？
それは 背景《はいけい》である
拝啓《はいけい》と いうのは 手紙《てがみ》の 最初《さいしょ》に書《か》く 言葉《ことば》なんじゃよ
ふ〜ん どういう 意味《いみ》？
いや… 意味《いみ》と いうか… これは 決《き》まり文句《もんく》 みたいなもんで…
意味《いみ》も 知《し》らないのに 書《か》いてるの？
ガーン
うう…
今日《きょう》もまた 孫《まご》の 何気《なにげ》ない一言《ひとこと》に傷《きず》つく 友蔵《ともぞう》であった——

背

（9画《かく》）

音読《おんよ》み　ハイ

訓読《くんよ》み　せ・せい・そむく・そむける

部首《ぶしゅ》　月／にくづき

成《な》り立《た》ちと意味《いみ》

北《ほく》は人《ひと》がせなかを向《む》けあっている形《かたち》（𠔁）からできました。反《はん》対《たい》の意味《いみ》を表《あらわ》し、ホクがハイと変《か》わって読《よ》み方《かた》を示《しめ》します。月（にくづき）は肉《にく》（⺼）で、体《からだ》の反対側《はんたいがわ》「せなか」を表《あらわ》し、「せ、そむく」の意味《いみ》に使《つか》われます。

使《つか》い方《かた》

背泳《はいえい》・背景《はいけい》・背後《はいご》・背信《はいしん》・背任《はいにん》・背面《はいめん》・背筋《せすじ》・背丈《せたけ》・背広《せびろ》・背骨《せぼね》・上背《うわぜい》・背負《せお》う・背伸《せの》び・背比《せいくら》べ

「人《ひと》の信頼《しんらい》に背《そむ》くことを、背《はい》信《しん》といいます。信頼《しんらい》に、背《せ》を向《む》けてしまうんですね。」

「たまえ、今度《こんど》の日曜日《にちようび》、富士山《ふじさん》を背景《はいけい》に写真《しゃしん》をとってあげよう。」

背背背背背背背背背

チェックポイント

似《に》ている字《じ》に注意《ちゅうい》しよう。

脊　セキ　せ

肺

（9画《かく》）

音読《おんよ》み　ハイ

訓読《くんよ》み

部首《ぶしゅ》　月／にくづき

成《な》り立《た》ちと意味《いみ》

市《はい》には「分《わ》かれる」という意味《いみ》があり、ハイの読《よ》み方《かた》を示《しめ》します。月（にくづき）は肉《にく》（⺼）です。左右二《さゆうふた》つに分《わ》かれている器官《きかん》ということから、「はい」を表《あらわ》す字《じ》です。

使《つか》い方《かた》

肺炎《はいえん》・肺臓《はいぞう》・肺活量《はいかつりょう》・肺結核《はいけっかく》

「魚《さかな》は、えらで呼吸《こきゅう》するけど、カエルやサンショウウオみたいな両生類《りょうせいるい》は肺《はい》で呼吸《こきゅう》するんだよ。」

「あしたは身体検査《しんたいけんさ》の日《ひ》だな。肺活量《はいかつりょう》があるところを見《み》せて、みんなを、びっくりさせてやるぞ。」

肺肺肺肺肺肺肺肺肺

ちょっとひとこと

「肺活量《はいかつりょう》」は、肺《はい》の中《なか》に吸《す》い込《こ》める最大《さいだい》の空気《くうき》の量《りょう》。

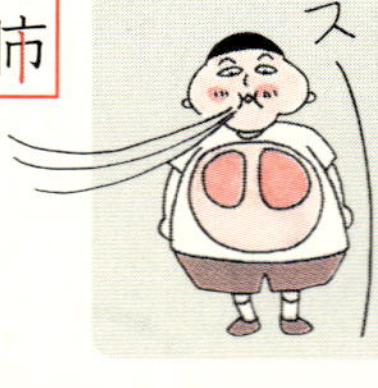

俳

（10画《かく》）

音読《おんよ》み ハイ

訓読《くんよ》み

部首《ぶしゅ》 イ／にんべん

とめる
かるくはらう

成《な》り立《た》ちと意味《いみ》

非《ひ》は、右《みぎ》と左《ひだり》に分《わ》かれておたがいそむきあうことを表《あらわ》し、ハイと変《か》わって読《よ》み方《かた》を示《しめ》します。変《か》わったことをして人《ひと》をおもしろがらせる人《ひと》（イ＝にんべん）の意味《いみ》で、「芸人《げいにん》」を表《あらわ》し、「俳句《はいく》」の意味《いみ》にも使《つか》われる字《じ》です。

使《つか》い方《かた》

俳句《はいく》・俳人《はいじん》・俳優《はいゆう》

「松尾芭蕉《まつおばしょう》という人《ひと》は、日本《にほん》中《じゅう》を旅《たび》して俳句《はいく》を作《つく》った俳人《はいじん》なんじゃよ。『奥《おく》の細道《ほそみち》』という有名《ゆうめい》な本《ほん》を残《のこ》しとるんじゃ。」

「お母《かあ》さんの好《す》きな俳優《はいゆう》はね、ほら、あの時代劇《じだいげき》に出《で》てた、ええと…。」

チェックポイント

似《に》ている字《じ》に注意《ちゅうい》しよう。

排 ハイ

排気《はいき》ガス

班

（10画《かく》）

音読《おんよ》み ハン

訓読《くんよ》み

部首《ぶしゅ》 王／おうへん（たまへん）

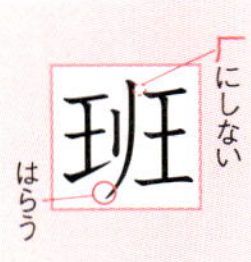
にしない
はらう

成《な》り立《た》ちと意味《いみ》

リ《ふん》は分《ふん》（＝わける）のもとの形《かたち》（[illegible]）を略《りゃく》したもので、ハンと変《か》わって読《よ》み方《かた》を示《しめ》します。王《おう》は、もとは「玉《たま》」の意味《いみ》でした。「二《ふた》つの玉《たま》をわける」ことを表《あらわ》し、「わける、わけたもの」の意味《いみ》に使《つか》われる字《じ》です。

使《つか》い方《かた》

班員《はんいん》・班長《はんちょう》・班田《はんでん》・救護班《きゅうごはん》・通信班《つうしんはん》

「ズバリ！ 来週《らいしゅう》は待《ま》ちに待《ま》った遠足《えんそく》でしょう。これからみんなで、班《はん》を決《き》めるでしょう！」

「班長《はんちょう》なんて、めんどくさいものになるの、あたしゃ、まっぴらごめんだね。」

チェックポイント

「リ」をきちんと書《か》こう。

×班　○班

きちんと

ハ

晩

（12画《かく》）

音読《おんよ》み バン
訓読《くんよ》み
部首《ぶしゅ》 日／ひへん

成《な》り立《た》ちと意味《いみ》

免《めん》には「なくす」の意味《いみ》があり、バンと変《か》わって読《よ》み方《かた》を示《しめ》します。日《ひ》がなくなるということから、「日《ひ》ぐれ、よる」を表《あらわ》し、「おそい、おわり」としても使《つか》われる字《じ》です。

使《つか》い方《かた》

晩春《ばんしゅん》・晩秋《ばんしゅう》・晩生《ばんせい》・晩成《ばんせい》・晩年《ばんねん》・晩飯《ばんめし》・今晩《こんばん》・昨晩《さくばん》・明晩《みょうばん》

対語《たいご》

晩秋《ばんしゅう》⇔初秋《しょしゅう》
晩熟《ばんじゅく》⇔早熟《そうじゅく》

「さくらさん、今晩《こんばん》、お笑《わら》いの特別番組《とくべつばんぐみ》があるよ。」

「落《お》ち葉《ば》の舞《ま》い散《ち》る晩秋《ばんしゅう》の公園《こうえん》を散歩《さんぽ》してみたいねえ。」

ちょっとひとこと

二《ふた》つの「晩《ばん》せい」の区別《くべつ》。
・晩生《ばんせい》…植物《しょくぶつ》のできがおそい。
・晩成《ばんせい》…物《もの》や人《ひと》のできあがりがおそい。

否

（7画《かく》）

音読《おんよ》み ヒ
訓読《くんよ》み いな
部首《ぶしゅ》 口／くち

成《な》り立《た》ちと意味《いみ》

不《ふ》には「反対《はんたい》」の意味《いみ》があり、口《くち》で反対《はんたい》することを表《あらわ》している字《じ》です。もとはヒとも読《よ》んだ不《ふ》が読《よ》み方《かた》を示《しめ》します。

使《つか》い方《かた》

否決《ひけつ》・否定《ひてい》・否認《ひにん》・拒否《きょひ》・安否《あんぴ》・可否《かひ》・合否《ごうひ》・賛否《さんぴ》・真否《しんぴ》・正否《せいひ》

「自由研究《じゆうけんきゅう》のテーマは、本当《ほんとう》にできるか否《いな》か、よく考《かんが》えてから選《えら》んでください。」

「ズバリ！ 学級委員《がっきゅういいん》になったのに、いきなり案《あん》を否決《ひけつ》されたでしょう！」

「まるちゃん、はまじと、うわさになってるよ。みんなに、はっきり否定《ひてい》しなきゃ。」

チェックポイント

「非《ひ》」と混同《こんどう》しないように。
×否難→○非難《ひなん》
×非決→○否決《ひけつ》
×非認→○否認《ひにん》

批

（7画《かく》）

音読《おんよ》み ヒ

訓読《くんよ》み

部首《ぶしゅ》 扌／てへん

成《な》り立《た》ちと意味《いみ》

扌（てへん）は手《て》（⺘）を表《あらわ》し、比《ひ》がヒの読《よ》み方《かた》を示《しめ》します。もとは「手《て》でうつ」意味《いみ》でしたが、現在《げんざい》は「くらべてよしあしをきめる」として使《つか》われる字《じ》です。

使《つか》い方《かた》 批准《ひじゅん》・批判《ひはん》・批評《ひひょう》

「人《ひと》を**批判**《ひはん》する前《まえ》に、自分《じぶん》に落《お》ち度《ど》がなかったか、よく考《かんが》えるんだよ。」

「まる子《こ》、おじいちゃんの作《つく》った俳句《はいく》を、**批評**《ひひょう》しておくれ。」

「うん、いいよ。」

「外国《がいこく》との条約《じょうやく》を国《くに》が認《みと》めることを**批准**《ひじゅん》といいます。」

チェックポイント

「手《て》(扌)にとって比《くら》べて批《ひ》ひょうする」と覚《おぼ》える。

批批批批批批批

秘

（10画《かく》）

音読《おんよ》み ヒ

訓読《くんよ》み ひめる

部首《ぶしゅ》 禾／のぎへん

成《な》り立《た》ちと意味《いみ》

古《ふる》い字《じ》は祕《ひ》です。示《じ》は神《かみ》に供《そな》え物《もの》をする机《つくえ》の形《かたち》からできました。必《ひつ》がヒと変《か》わって読《よ》み方《かた》を示《しめ》し、ヒの音《おん》には「入《い》り口《ぐち》をとじてかくす」意味《いみ》があります。「かくれた神《かみ》」を表《あらわ》し、「かくす、はかりしれない」として使《つか》われる字《じ》です。

使《つか》い方《かた》 秘境《ひきょう》・秘策《ひさく》・秘書《ひしょ》・秘密《ひみつ》・極秘《ごくひ》・神秘《しんぴ》・便秘《べんぴ》

「野口《のぐち》さんって、なんだか**神秘的**《しんぴてき》な力《ちから》を**秘**《ひ》めてる気《き》がするね。」

「**秘書**《ひしょ》という言葉《ことば》は、えらい人《ひと》のために重要《じゅうよう》な**秘**《ひ》密書類《みつしょるい》を取《と》り扱《あつか》うところから、できたんだよ。」

チェックポイント

似《に》ている字《じ》に注《ちゅう》意《い》しよう。

泌 ヒツ ヒ

・分泌《ぶんぴつ》（にじみ出《で》ること）

秘秘秘秘秘秘秘秘秘秘

ハ・ヒ

腹

（13画《かく》）

音読《おんよ》み フク
訓読《くんよ》み はら
部首《ぶしゅ》 月／にくづき

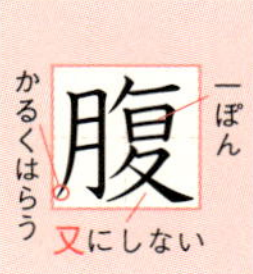

一ぽん
かるくはらう
又にしない

成《な》り立《た》ちと意味《いみ》

月（にくづき）は肉《にく》（⺼）を表《あらわ》します。复《ふく》がフクの読《よ》み方《かた》を示《しめ》し、フクの音《おん》には「覆《ふく》（＝おおう）」の意味《いみ》があります。体《からだ》の器官《きかん》をおおいつつむということから、「はら」を表《あらわ》す字《じ》です。

使《つか》い方《かた》

腹痛《ふくつう》・開腹《かいふく》・空腹《くうふく》・満腹《まんぷく》・山腹《さんぷく》・中腹《ちゅうふく》・船腹《せんぷく》・立腹《りっぷく》・腹帯《はらおび》・腹鼓《はらつづみ》・腹黒《はらぐろ》い・腹巻《はらま》き

「いたた…。冷《つめ》たいものを飲《の》んだら腹《はら》が痛《いた》くなってきた。」
「お母《かあ》さん、空腹《くうふく》で宿題《しゅくだい》ができないよ。」
「満腹《まんぷく》になると、今度《こんど》は眠《ねむ》くなって、宿題《しゅくだい》ができないって言《い》うでしょ。」

チェックポイント

「复《ふく》」のつく字《じ》を区別《くべつ》しよう。
・復《ふく》…往復《おうふく》
・複《ふく》…複数《ふくすう》
・腹《ふく》…腹痛《ふくつう》

腹《はら》時計《どけい》が夕食《ゆうしょく》の時間《じかん》を知《し》らせてる…
グォ〜
えっ
まだ四時《よじ》だよ
ちょっと小腹《こばら》がすいたなあ
今《いま》給食《きゅうしょく》終《お》わったばかりだブー
腹《はら》ペコだよー
はいはい
う〜ん満腹《まんぷく》♡幸《しあわ》せ〜
一日中《いちにちじゅう》「腹《はら》」がつく言葉《ことば》を使《つか》い続《つづ》ける小杉《こすぎ》だが彼《かれ》の辞書《じしょ》に「腹八分《はらはちぶ》」という言葉《ことば》はない—

奮

（16画《かく》）

音読《おんよ》み フン

訓読《くんよ》み ふるう

部首《ぶしゅ》 大／だい

はっきりだす

成《な》り立《た》ちと意味《いみ》

隹（ふるとり）は鳥《とり》の形《かたち》からできました。鳥《とり》が田《た》の上《うえ》で大《おお》きく羽《は》ばたくことを表《あらわ》し、「ふるう」の意味《いみ》に使《つか》われる字《じ》です。

使《つか》い方《かた》

奮起《ふんき》・奮闘《ふんとう》・奮発《ふんぱつ》・奮励《ふんれい》・興奮《こうふん》・発奮《はっぷん》・奮《ふる》い立《た》つ

「大野《おおの》くんってステキだわ。勇気《ゆうき》を奮《ふる》って、告白《こくはく》してみようかしら。」

「興奮《こうふん》しないで、よく考《かんが》えてからにしなよ。」

「今日《きょう》は、まる子《こ》の誕生日《たんじょうび》だから、奮発《ふんぱつ》して、とびっきり上等《じょうとう》のお肉《にく》、買《か》ってきたわよ。」

チェックポイント

似《に》ている字《じ》に注意《ちゅうい》しよう。

奪 ダツ うばう

・奪《うば》い取《と》る

並

（8画《かく》）

音読《おんよ》み ヘイ

訓読《くんよ》み なみ・ならべる・ならぶ・ならびに

部首《ぶしゅ》 䒑／そいち

ながく

成《な》り立《た》ちと意味《いみ》

人《ひと》が二人《ふたり》、横《よこ》にならんだ形《かたち》（→竝）からでき、「ならぶ」意《い》味《み》を表《あらわ》している字《じ》です。

使《つか》い方《かた》

並行《へいこう》・並立《へいりつ》・並列《へいれつ》・並木《なみき》・並製《なみせい》・足並《あしな》み・家並《いえな》み・軒並《のきな》み・人並《ひとな》み・毛並《けな》み・歯並《はなら》び

「並木道《なみきみち》を、花輪《はなわ》クンと並《なら》んで、どこまでも歩《ある》いてゆきたいわ。」

「べ、ベイビー、二人《ふたり》の歩《あゆ》む道《みち》は、並行《へいこう》なままにしておこうよ。」

「つまり並行《へいこう》したまま、決《けっ》して交《まじ》わらないってことだね。」

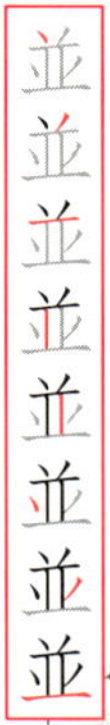

チェックポイント

「並木《なみき》・並製《なみせい》」は特別《とくべつ》に送《おく》り仮名《がな》をつけない。

フ・ヘ

陛

（10画《かく》）

音読《おんよ》み　ヘイ

訓読《くんよ》み

部首《ぶしゅ》　阝／こざとへん

陛　はねる　士にしない

成《な》り立《た》ちと意味《いみ》

阝（こざとへん）は盛《も》りあがった土《つち》を表《あらわ》します。坒《へい》がヘイの読《よ》み方《かた》を示《しめ》し、ヘイの音《おん》には「並《へい》（＝ならぶ）」の意味《いみ》があります。土《つち》を積《つ》み並《なら》べた階段《かいだん》を表《あらわ》し、天子《てんし》をうやまっていう名《な》「陛下《へいか》」として使《つか》われる字《じ》です。

使《つか》い方《かた》

陛下《へいか》（天皇陛下《てんのうへいか》・皇后陛下《こうごうへいか》・皇太后《こうたいごう》陛下《へいか》・女王陛下《じょおうへいか》）

「今日《きょう》、**天皇陛下《てんのうへいか》**がたくさんのお客《きゃく》さんを招《まね》かれる、春《はる》の園遊会《えんゆうかい》が行《おこな》われたんだって。」

「わたしは、テレビでイギリスの**女王陛下《じょおうへいか》**を見《み》たよ。」

チェックポイント

似《に》ている字《じ》に注意《ちゅうい》しよう。

階　カイ

陛陛陛陛陛陛陛陛陛陛

閉

（11画《かく》）

音読《おんよ》み　ヘイ

訓読《くんよ》み　とじる・とざす・しめる・しまる

部首《ぶしゅ》　門／もんがまえ

閉　はねない　はねる

成《な》り立《た》ちと意味《いみ》

才《さい》がヘイと変《か》わって読《よ》み方《かた》を示《しめ》し、サイの音《おん》には「塞《さい》（＝ふさぐ）」の意味《いみ》があります。門《もん》をふさぐことから、「とじる、しめる」として使《つか》われる字《じ》です。

使《つか》い方《かた》

閉会《へいかい》・閉館《へいかん》・閉口《へいこう》・閉校《へいこう》・閉鎖《へいさ》・閉山《へいざん》・閉場《へいじょう》・閉廷《へいてい》・閉店《へいてん》・閉幕《へいまく》・開閉《かいへい》・密閉《みっぺい》

対語《たいご》

開《かい》　閉門《へいもん》⇔開門《かいもん》

「いつものパン屋《や》さん、閉《し》まってたよ。**閉店時《へいてんじ》**間《かん》が早《はや》くなったみたい。」

「ジャムを食《た》べ終《お》わったら、ふたをしっかり閉《と》じて、**密閉《みっぺい》**しておきなさい。」

ちょっとひとこと

「閉口《へいこう》」は、言葉《ことば》に出《だ》せないほど困《こま》った様子《ようす》。

閉閉閉閉閉閉閉閉閉閉閉

片

（4画《かく》）

音読《おんよ》み ヘン

訓読《くんよ》み かた

部首《ぶしゅ》 片／かた

成《な》り立《た》ちと意味《いみ》

木（木《き》）を半分《はんぶん》に分《わ》けた右《みぎ》側《がわ》の形《かたち》（片）からできました。「かたほう」の意味《いみ》を表《あらわ》し、「きれはし、わずか」の意味《いみ》にも使《つか》われる字《じ》です。

使《つか》い方《かた》

一片《いっぺん》・断片《だんぺん》・破片《はへん》・片腕《かたうで》・片側《かたがわ》・片言《かたこと》・片時《かたとき》・片方《かたほう》・片道《かたみち》・片面《かためん》・片一方《かたいっぽう》・片仮名《かたかな》

「片言《かたこと》の英語《えいご》でも、身《み》ぶりを交《まじ》えれば意外《いがい》に通《つう》じるし、片仮名《かたかな》みたいな発音《はつおん》だって、はずかしがることないのさ。」

「まる子《こ》がコップを割《わ》っちゃったから、みんな、破片《はへん》に気《き》をつけてね。」

片片片片

チェックポイント

きちんと書《か》こう。

○片 ×片 ×片

補

（12画《かく》）

音読《おんよ》み ホ

訓読《くんよ》み おぎなう

部首《ぶしゅ》 衤／ころもへん

成《な》り立《た》ちと意味《いみ》

甫《ほ》がホの読《よ》み方《かた》を示《しめ》し、ホの音《おん》には「付《ふ》（＝つける）」の意味《いみ》があります。「衣《ころも》（衤＝ころもへん）のやぶれをぬいつけること」を表《あらわ》し、「つくろう、おぎなう、たすける」意味《いみ》に使《つか》われます。

使《つか》い方《かた》

補給《ほきゅう》・補強《ほきょう》・補欠《ほけつ》・補習《ほしゅう》・補充《ほじゅう》・補助《ほじょ》・補償《ほしょう》・補足《ほそく》・補導《ほどう》・補聴器《ほちょうき》・候補《こうほ》・立候補《りっこうほ》

「お母《かあ》さん、欲《ほ》しいものがあるんだけど、貯金《ちょきん》で足《た》りない分《ぶん》、補《おぎな》ってくれない？」

「ズバリ！　立候補《りっこうほ》といえば、この私《わたくし》が出《で》ていかないわけにいかないでしょう！」

補補補補補補補補補補補補

チェックポイント

「衤」をきちんと書《か》く。

○補 ×補

暮

（14画《かく》）

音読《おんよ》み　ボ

訓読《くんよ》み　くれる・くらす

部首《ぶしゅ》　日／ひ

だす
ながく

成《な》り立《た》ちと意味《いみ》

くさ（艹）とくさ（艹）の間《あいだ》に日《ひ》がかくれる「日《ひ》ぐれ」を表《あらわ》す字《じ》です（もとは「莫《ぼ》」だけで日《ひ》ぐれを表《あらわ》していましたが、ほかの意味《いみ》に使《つか》われるようになったため、「日《ひ》」を加《くわ》えて新《あら》たに「暮《ぼ》」の字《じ》を作《つく》りました）。

使《つか》い方《かた》

暮色《ぼしょく》・歳暮《せいぼ》・日暮《ひぐ》れ・夕暮《ゆうぐ》れ

「秋《あき》になって日《ひ》が暮《く》れるのが早《はや》くなったと思《おも》ったら、もう年《とし》の暮《く》れか。一年《いちねん》がたつのは早《はや》いな。」

「お父《とう》さん、お歳暮《せいぼ》が届《とど》いたんでしょ。開《あ》けてもいい？」

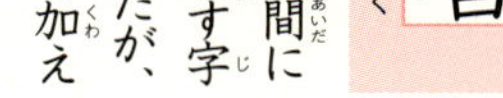

チェックポイント

「莫《ぼ》」のつく字《じ》の使《つか》い分《わ》け。

・墓《ぼ》…墓地《ぼち》
・募《ぼ》…募集《ぼしゅう》
・暮《ぼ》…歳暮《せいぼ》

宝

（8画《かく》）

音読《おんよ》み　ホウ

訓読《くんよ》み　たから

部首《ぶしゅ》　宀／うかんむり

ながく

成《な》り立《た》ちと意味《いみ》

古《ふる》い字《じ》は寶《ほう》です。家《いえ》（宀＝うかんむり）と貝《かい》（＝お金《かね》）と缶《ふ》（＝酒《さけ》を入《い》れるかめ）からでき、「家《いえ》の中《なか》にあるたいせつなもの」を示《しめ》します。「たから」を表《あらわ》す字《じ》で、缶《ふ》がホウと変《か》わって読《よ》み方《かた》を示《しめ》します。

使《つか》い方《かた》

宝玉《ほうぎょく》・宝庫《ほうこ》・宝石《ほうせき》・宝刀《ほうとう》・家宝《かほう》・国宝《こくほう》・財宝《ざいほう》・重宝《ちょうほう》・宝物《たからもの》・宝船《たからぶね》・宝《たから》くじ・子宝《こだから》

「わしのいちばんの宝物《たからもの》といえば、なんといっても、まる子《こ》じゃよ。」

「近所《きんじょ》にお店《みせ》があると、何《なに》かと重宝《ちょうほう》するね。おじいちゃん。」

チェックポイント

寶（古《ふる》い字《じ》）→宝（新《あたら》しい字《じ》）

やさしくなったね
べんりだから昔《むかし》も使《つか》っていたらしいぞ

訪

（11画《かく》）

音読《おんよ》み ホウ

訓読《くんよ》み おとずれる・たずねる

部首《ぶしゅ》 言／ごんべん

はねる

成《な》り立《た》ちと意味《いみ》

方《ほう》がホウの読《よ》み方《かた》を示《しめ》し、ホウの音《おん》には「謀《ぼう》（＝はかる）」という意味《いみ》があります。言（＝ごんべん）がついて「相談《そうだん》する」ことを表《あらわ》し、「たずねる、おとずれる」などの意味《いみ》に使《つか》われる字《じ》です。

使《つか》い方《かた》

訪日《ほうにち》・訪問《ほうもん》・探訪《たんぼう》・来訪《らいほう》・歴訪《れきほう》

「あしたは家庭訪問《かていほうもん》だから、先生《せんせい》が、うちを訪《たず》ねてくるのよ。」

「雪国《ゆきぐに》で春《はる》の訪《おとず》れを告《つ》げるのは、雨《あめ》の音《おと》なんだよ。」

「イギリスの著名《ちょめい》な政治家《せいじか》が訪日《ほうにち》して、あちこちの史跡《しせき》を歴訪《れきほう》するんじゃよ。」

チェックポイント

「訪《ほう》もん」の書《か》き方《かた》は？

×訪門

○訪問《ほうもん》

今日《きょう》は先生《せんせい》の家庭訪問《かていほうもん》の日《ひ》――
あ！ケーキ
先生《せんせい》のだから絶対《ぜったい》に食《た》べちゃだめよ
この上《うえ》にのってるチェリーだけでも食《た》べちゃだめ？
ヒソ…
ダメです
まる子《こ》いいものがあるんじゃよ
あっチェリーが梅干《うめぼ》しになってる！
このあとお母《かあ》さんの雷《かみなり》が落《お》ちたのは言《い》うまでもない

もっとくわしく

「たずねる」の使《つか》い分《わ》け

訪《たず》ねる…出《で》かけていく。
・友達《ともだち》の家《いえ》を訪《たず》ねる。

尋《たず》ねる…質問《しつもん》する。
・道《みち》を尋《たず》ねる。

小山《こやま》さんの家《いえ》はどこですか

小山《こやま》さんこんにちは

亡

（3画《かく》）

音読《おんよ》み ボウ・モウ

訓読《くんよ》み な**い**

部首《ぶしゅ》 亠／なべぶた

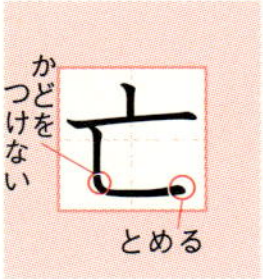

かどをつけない
とめる

成《な》り立《た》ちと意味《いみ》

もとの形《かたち》は亾で、人《ひと》が囲《かこ》いの中《なか》にかくれている様子《ようす》を表《あらわ》します。「うしなう、ほろびる、死《し》ぬ」の意味《いみ》に使《つか》われる字《じ》です。

使《つか》い方《かた》

亡国《ぼうこく》・亡命《ぼうめい》・亡霊《ぼうれい》・興亡《こうぼう》・死亡《しぼう》・存亡《そんぼう》・逃亡《とうぼう》・滅亡《めつぼう》・亡者《もうじゃ》

対語《たいご》

興《こう》亡《ぼう》⇕興《こう》

存《そん》亡《ぼう》⇕存《そん》

「お盆《ぼん》には、亡《な》くなった人《ひと》の魂《たましい》が、家《いえ》に帰《かえ》ってくるといわれてるよ。」

「逃亡《とうぼう》していた犯人《はんにん》がつかまったか。そりゃあ、良《よ》かった。」

○○さんのお通夜のもようです
しくしくしくしく

チェックポイント

「亡《な》い」は死《し》んだ時《とき》にだけ使《つか》う。

・亡《な》き人《ひと》

忘

（7画《かく》）

音読《おんよ》み ボウ

訓読《くんよ》み わす**れる**

部首《ぶしゅ》 心／こころ

だす
はねる

成《な》り立《た》ちと意味《いみ》

亡《ぼう》には「なくなる」意味《いみ》があり、ボウの読《よ》み方《かた》を示《しめ》します。心《こころ》がなくなるということから、「わすれる」の意味《いみ》に使《つか》われる字《じ》です。

使《つか》い方《かた》

忘恩《ぼうおん》・忘我《ぼうが》・忘却《ぼうきゃく》・忘年会《ぼうねんかい》・健忘症《けんぼうしょう》・忘《わす》れ物《もの》・度忘《どわす》れ

「まる子《こ》、また教科書《きょうかしょ》、忘《わす》れたでしょう。これだけしょっちゅう忘《わす》れ物《もの》してるんだから、度忘《どわす》れなんて言《い》い訳《わけ》、しないでよね。」

「今日《きょう》は忘年会《ぼうねんかい》だから、たぶん帰《かえ》りが遅《おそ》くなると思《おも》うよ。」

チェックポイント

成《な》り立《た》ちが似《に》ている字《じ》。

忙 ボウ いそが**しい**

心《こころ》（忄）＋亡→忙

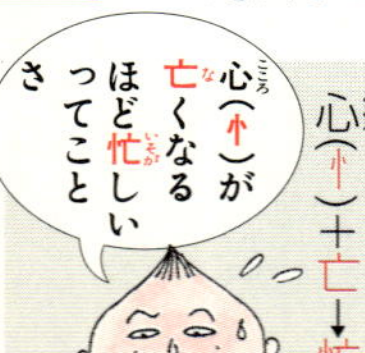

心《こころ》（忄）が亡《な》くなるほど忙《いそが》しいってことさ

棒

（12画《かく》）

音読《おんよ》み ボウ

訓読《くんよ》み

部首《ぶしゅ》 木／きへん

成《な》り立《た》ちと意味《いみ》

奉《ほう》がボウと変《か》わって読《よ》み方《かた》を示《しめ》し、ホウの音《おん》には「たたく」意味《いみ》があります。たたく時《とき》に使《つか》う木《き》ということから、「ぼう」を表《あらわ》す字《じ》です。

使《つか》い方《かた》

棒暗記《ぼうあんき》・相棒《あいぼう》・金棒《かなぼう》・警棒《けいぼう》・心棒《しんぼう》・鉄棒《てつぼう》・棒《ぼう》立《だ》ち・棒読《ぼうよ》み・棒《ぼう》グラフ・棒高跳《ぼうたかと》び・延《の》べ棒《ぼう》

「朗読《ろうどく》する時《とき》は、棒読《ぼうよ》みではなく、しっかり感情《かんじょう》をこめて読《よ》みましょう。」

「まるちゃん、放課後《ほうかご》、鉄《てつ》棒《ぼう》の練習《れんしゅう》しよう。」

「わたしの大切《たいせつ》な相棒《あいぼう》は、たまちゃんだね。」

棒棒棒棒棒棒棒棒棒棒棒棒

チェックポイント

似《に》ている字《じ》に注意《ちゅうい》しよう。

俸　ホウ

・俸給《ほうきゅう》

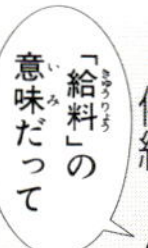

枚

（8画《かく》）

音読《おんよ》み マイ

訓読《くんよ》み

部首《ぶしゅ》 木／きへん

成《な》り立《た》ちと意味《いみ》

攵（ぼくにょう）は手《て》（彐）に棒《ぼう》（卜）を持《も》った形《かたち》（攴）からできました。木《き》（きへん）を加《くわ》えて「木《き》の棒《ぼう》」を表《あらわ》し、もとは棒《ぼう》を数《かぞ》える言葉《ことば》だったのが、平《ひら》たい物《もの》を数《かぞ》える言葉《ことば》に借《か》りて用《もち》いられ、「紙《かみ》や板《いた》の数《かず》を表《あらわ》すことば、かぞえる」として使《つか》われるようになりました。

使《つか》い方《かた》

枚数《まいすう》・大枚《たいまい》・二枚舌《にまいじた》・二枚目《にまいめ》・三枚目《さんまいめ》

「おばあちゃん、映画《えいが》のチケットが二枚《にまい》あるから、おじいちゃんと行《い》ってきたら。」

「まあ、この俳優《はいゆう》は二枚《にまい》目《め》だねえ。」

枚枚枚枚枚枚枚枚

ちょっとひとこと

「大枚《たいまい》」は大《おお》きな金額《きんがく》。

・大枚《たいまい》をはたく。

・大枚《たいまい》を投《とう》ずる。

幕

（13画《かく》）

音読《おんよ》み　マク・バク

訓読《くんよ》み

部首《ぶしゅ》　巾／はば

成《な》り立《た》ちと意味《いみ》

莫《ばく》がバクの読《よ》み方《かた》を示《しめ》します。巾《きん》は「ぬの」を表《あらわ》し、「まく」の意《い》味《み》に使《つか》われる字《じ》です。また「幕末《ばくまつ》」「倒幕《とうばく》」のように、「幕府《ばくふ》」の意味《いみ》にも使《つか》われます。

幕
だす
はねる

使《つか》い方《かた》

幕内《まくうち》・幕下《まくした》・暗幕《あんまく》・開幕《かいまく》・閉幕《へいまく》・銀幕《ぎんまく》・黒幕《くろまく》・字幕《じまく》・幕府《ばくふ》・幕末《ばくまつ》・幕切《まくぎ》れ・垂《た》れ幕《まく》

「今日《きょう》は卒業式《そつぎょうしき》だから、校舎《こうしゃ》に紅白《こうはく》の垂《た》れ幕《まく》が張《は》ってあったわ。」

「徳川家康《とくがわいえやす》が開《ひら》いた江戸《えど》幕府《ばくふ》は二百六十五年《にひゃくろくじゅうごねん》も続《つづ》き、江戸幕府《えどばくふ》の末期《まっき》を幕末《ばくまつ》といいます。」

幕幕幕幕幕幕幕幕幕幕幕幕幕

チェックポイント　似《に》ている字《じ》に注意《ちゅうい》しよう。

墓《はか》　ボ　はか

・墓《はか》・幕《まく》

「巾《ぬの》」で幕《まく》
「土《つち》」で墓《はか》

密

（11画《かく》）

音読《おんよ》み　ミツ

訓読《くんよ》み

部首《ぶしゅ》　宀／うかんむり

成《な》り立《た》ちと意味《いみ》

宓《みつ》には「しずか、すきまがない」の意味《いみ》があり、ミツの読《よ》み方《かた》を示《しめ》します。山《やま》がついて、山《やま》のしずけさということから「ひそか」の意味《いみ》に使《つか》われます。

密
とめる
はねる

使《つか》い方《かた》

密航《みっこう》・密告《みっこく》・密室《みっしつ》・密集《みっしゅう》・密生《みっせい》・密接《みっせつ》・密度《みつど》・密封《みっぷう》・密閉《みっぺい》・密輸《みつゆ》・密林《みつりん》・親密《しんみつ》・秘密《ひみつ》・綿密《めんみつ》

「たまちゃん、このことは二人《ふたり》だけの秘密《ひみつ》にしておこうね。」

「今年《ことし》こそ夏休《なつやす》みの計《けい》画《かく》を綿密《めんみつ》に立《た》て、有意《ゆうい》義《ぎ》に過《す》ごすぞ。」

密密密密密密密密密密密

チェックポイント　似《に》ている字《じ》に注意《ちゅうい》しよう。

蜜　ミツ

虫《むし》が集《あつ》まる「みつ」だよ

盟

（13画《かく》）

音読《おんよ》み メイ

訓読《くんよ》み

部首《ぶしゅ》 皿／さら

はねる
だす

成《な》り立《た》ちと意味《いみ》

明《めい》には「あかしをたてる」の意味《いみ》があり、メイの読《よ》み方《かた》を示《しめ》します。昔《むかし》、皿《さら》に入《い》れて神《かみ》にささげた、いけにえの血《ち》をすりあって約束《やくそく》を交《か》わしたことから、「約束《やくそく》、ちかい」として使《つか》われる字《じ》です。

使《つか》い方《かた》

盟主《めいしゅ》・盟約《めいやく》・加盟《かめい》・同盟《どうめい》・連盟《れんめい》

「藤木《ふじき》くん、人気《にんき》のないもの同士《どうし》で**同盟《どうめい》**を組《く》まないかい？」

「それは名案《めいあん》だね。」

「なんとも暗《くら》い**同盟《どうめい》**だね。あたしゃ絶対《ぜったい》、**加盟《かめい》**したくないよ。」

ちょっとひとこと

同盟《どうめい》の頭《かしら》となる国《くに》や人《ひと》を「盟主《めいしゅ》」という。

模

（14画《かく》）

音読《おんよ》み モ・ボ

訓読《くんよ》み

部首《ぶしゅ》 木／きへん

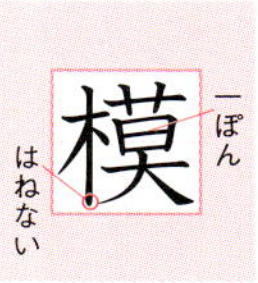

一ぽん
はねない

成《な》り立《た》ちと意味《いみ》

莫《ぼ》がボの読《よ》み方《かた》を示《しめ》し、ボの音《おん》には「ひとしい」の意味《いみ》があります。同《おな》じ形《かたち》の物《もの》を作《つく》るための木型《きがた》を表《あらわ》し、「にせる、てほん、ありさま」の意味《いみ》に使《つか》われます。

使《つか》い方《かた》

模擬《もぎ》・模型《もけい》・模写《もしゃ》・模範《もはん》・模様《もよう》・規模《きぼ》

「飛行機《ひこうき》の**模型《もけい》**だぞ。すごく、かっこいいだろう。翼《つばさ》の**模様《もよう》**なんかも、本物《ほんもの》そっくりなんだ。」

「隣町《となりまち》に**大規模《だいきぼ》**なショッピングセンターができるんだって。まるちゃん、一緒《いっしょ》に行《い》こう。」

チェックポイント

似《に》ている字《じ》に注意《ちゅうい》しよう。

漠 バク

・砂漠《さばく》

水《みず》（氵）があっても砂《さ》漠《ばく》でしょう

訳

（11画《かく》）

音読《おんよ》み　ヤク

訓読《くんよ》み　わけ

部首《ぶしゅ》　言／ごんべん

訳　おさえてから　はらう

成《な》り立《た》ちと意味《いみ》

古《ふる》い字《じ》は譯《やく》です。睪《えき》がヤクと変《か》わって読《よ》み方《かた》を示《しめ》します。エキの音《おん》には「易《えき》（＝かえる）」の意味《いみ》があり、言葉《ことば》をほかの言葉《ことば》にかえることを表《あらわ》し、「やくす、わけ」として使《つか》われます。

使《つか》い方《かた》

訳者《やくしゃ》・意訳《いやく》・誤訳《ごやく》・対訳《たいやく》・直訳《ちょくやく》・通訳《つうやく》・名訳《めいやく》・和訳《わやく》・英訳《えいやく》・内訳《うちわけ》・言《い》い訳《わけ》・申《もう》し訳《わけ》

「へたな言《い》い訳《わけ》するよりも、素直《すなお》に申《もう》し訳《わけ》ありませんって言《い》ったほうがいいわよ。」

「英語《えいご》の歌詞《かし》なら、ボクが訳《やく》してあげるよ、ベイビー。」

ちょっとひとこと

ほかの国《くに》の言葉《ことば》を日本《にほん》の言葉《ことば》に直《なお》すのが「和訳《わやく》」、英語《えいご》に直《なお》すのが「英訳《えいやく》」。

訳 訳 訳 訳 訳 訳 訳 訳 訳 訳 訳

郵

（11画《かく》）

音読《おんよ》み　ユウ

訓読《くんよ》み

部首《ぶしゅ》　阝／おおざと

郵　垂にしない　阝にしない

成《な》り立《た》ちと意味《いみ》

阝（おおざと）は「むら」を表《あらわ》し、垂《すい》には「国《くに》のはて」の意味《いみ》があります。「国《くに》のはてにあるむら」を意味《いみ》し、そのような場所《ばしょ》には、よく宿駅《しゅくえき》があったことから、「宿場《しゅくば》、駅《えき》」を意味《いみ》する字《じ》です。手紙《てがみ》などを中継《ちゅうけい》する場所《ばしょ》ということから、現在《げんざい》は主《おも》に「ゆうびん」の意味《いみ》に使《つか》われます。

使《つか》い方《かた》

郵便《ゆうびん》（郵便局《ゆうびんきょく》・郵便物《ゆうびんぶつ》・郵便切手《ゆうびんきって》・郵便貯金《ゆうびんちょきん》・郵便番号《ゆうびんばんごう》・郵便受《ゆうびんう》け・郵便《ゆうびん》ポスト）・郵送《ゆうそう》

「年賀状《ねんがじょう》出《だ》しに、おじいちゃんと郵便《ゆうびん》ポストまで行《い》ってくるね。」

チェックポイント

「ゆう便《びん》」をきちんと書《か》こう。

×郵便

○郵便《ゆうびん》

郵 郵 郵 郵 郵 郵 郵 郵 郵 郵 郵

優

（17画《かく》）

音読《おんよ》み ユウ

訓読《くんよ》み やさしい・すぐれる

部首《ぶしゅ》 亻／にんべん

目にしない
うえにですぎない
そろえる

成《な》り立《た》ちと意味《いみ》

憂《ゆう》には「ゆるやか」の意味《いみ》があり、ユウの読《よ》み方《かた》を示《しめ》します。「人《ひと》（亻＝にんべん）の心《こころ》がゆたかなこと」を表《あらわ》し、「すぐれる、やさしい」として、また、「役者《やくしゃ》」としても使《つか》われます。

使《つか》い方《かた》 優位《ゆうい》・優秀《ゆうしゅう》・優勝《ゆうしょう》・優勢《ゆうせい》・優先《ゆうせん》・優待《ゆうたい》・優等《ゆうとう》・優美《ゆうび》・優良《ゆうりょう》・優劣《ゆうれつ》・俳優《はいゆう》・女優《じょゆう》・声優《せいゆう》

対語《たいご》 劣《おと(る)》 優《すぐ》れる⇔劣《おと》る

「敵《てき》のチームのほうが、守備《しゅび》が優《すぐ》れているけど、なんとかがんばって、杉山《すぎやま》くんたちのチームに優勝《ゆうしょう》してほしいな。」

「かよちゃん、優《やさ》しいね。」

チェックポイント 「憂《ゆう》」の部分《ぶぶん》を正《ただ》しく書《か》く。

×憂 ○憂

父《ちち》ヒロシは
ジャイアンツファンだ
ジャイアンツ
優勝〜〜
うお—
やった—
かあさん
今日《きょう》は
赤飯《せきはん》だ！
今日《きょう》の ご飯《はん》は
もう
できて
ますよ
優勝だぞ
よーし
じゃあ
あしたは
絶対《ぜったい》
赤飯《せきはん》だぞ！
次《つぎ》の日《ひ》の夜《よる》——
お赤飯《せきはん》か
今日《きょう》は
だれかの
誕生日《たんじょうび》
か？
忘《わす》れっぽい
ヒロシであった——

もっとくわしく

「やさしい」の使《つか》い分《わ》け

優《やさ》しい…思《おも》いやりがある。
・優《やさ》しい人《ひと》がら。

易《やさ》しい…わかりやすい。
・易《やさ》しい問題《もんだい》。

優

幼

（5画《かく》）

音読《おんよ》み　ヨウ

訓読《くんよ》み　おさない

部首《ぶしゅ》　幺／いとがしら（よう）

糸にしない
はっきりだす
はねる

成《な》り立《た》ちと意味《いみ》

古《ふる》い糸《いと》の字《じ》は絲《いと》と書《か》きます。糸《いと》は絲《いと》の半分《はんぶん》、幺《よう》は、そのまた半分《はんぶん》なので、「ちいさい」という意味《いみ》を持《も》ちます。力《ちから》がちいさいことから、「おさない」意味《いみ》を表《あらわ》した字《じ》です。

使《つか》い方《かた》

幼児《ようじ》・幼稚《ようち》・幼虫《ようちゅう》・老幼《ろうよう》・幼子《おさなご》・幼友達《おさなともだち》

「聖徳太子《しょうとくたいし》は幼《おさな》いころから頭《あたま》が良《よ》くて、七人《しちにん》が同時《どうじ》に話《はな》すことを聞《き》き分《わ》けたって。」

「トンボの幼虫《ようちゅう》をヤゴというんだ。子供《こども》のころ、よくとったなあ。」

「幼稚園《ようちえん》の時《とき》の先生《せんせい》に、道《みち》でバッタリ会《あ》ったよ。」

チェックポイント

どれが正《ただ》しい？

ア　幼さななじみ

イ　幼ななじみ

ウ　幼なじみ

（答《こた》え　ウ）

おさななじみは？

幼 幼 幼 幼 幼

欲

（11画《かく》）

音読《おんよ》み　ヨク

訓読《くんよ》み　ほっする・ほしい

部首《ぶしゅ》　欠／あくび（けつ）

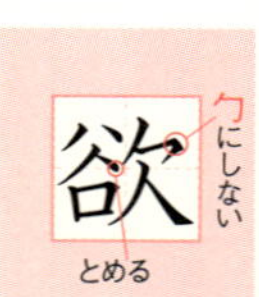

ケにしない
とめる

成《な》り立《た》ちと意味《いみ》

欠《けつ》は人《ひと》が口《くち》をあけている形《かたち》（⼕）で、谷《こく》がヨクと変《か》わって読《よ》み方《かた》を示《しめ》します。コクの音《おん》には「穀《こく》（＝こくもつ）」の意味《いみ》があり、食《た》べ物《もの》の前《まえ》で口《くち》をあけている様子《ようす》から、「ほしがる、よく」の意味《いみ》に使《つか》われる字《じ》です。

使《つか》い方《かた》

欲求《よっきゅう》・欲深《よくふか》・欲望《よくぼう》・意欲《いよく》・私欲《しよく》・食欲《しょくよく》・無欲《むよく》・知識欲《ちしきよく》・欲張《よくば》り

「お父《とう》さん、犬《いぬ》が欲《ほ》しいよ～。うちで飼《か》おうよ～。」

「長山《ながやま》くんって、知識欲《ちしきよく》が旺盛《おうせい》だよね。いつも本《ほん》を持《も》ち歩《ある》いてるもの。」

「おれは食欲《しょくよく》が旺盛《おうせい》。」

チェックポイント

谷《こく》がヨクと変《か》わって読《よ》み方《かた》を示《しめ》す例《れい》に、「浴《よく》」もある。

なるほどなー

欲 欲 欲 欲 欲 欲 欲 欲 欲 欲 欲

翌

（11画《かく》）

音読《おんよ》み ヨク

訓読《くんよ》み

部首《ぶしゅ》 羽／はね

ながく
はねる

成《な》り立《た》ちと意味《いみ》

立《りゅう》がヨクと変《か》わって読《よ》み方《かた》を示《しめ》します。もとは鳥《とり》が飛《と》ぶことを表《あらわ》す字《じ》でしたが、「あくる日《ひ》」の意味《いみ》の昱《よく》の字《じ》の代《か》わりに用《もち》いられたため、「あくる日《ひ》、つぎの」の意味《いみ》を持《も》つようになりました。

使《つか》い方《かた》 翌朝《よくあさ》・翌年《よくねん》・翌月《よくげつ》・翌週《よくしゅう》・翌日《よくじつ》・翌朝《よくちょう》

「まる子《こ》、夜《よ》ふかしすると翌朝《よくあさ》起《お》きるのがつらいって、わかってるでしょ。いつまでもテレビ見《み》てないで早《はや》く寝《ね》なさい。」

「もしも運動会《うんどうかい》の日《ひ》が雨《あめ》だったら、翌週《よくしゅう》に延期《えんき》になりますよ。」

チェックポイント

似《に》ている字《じ》に注意《ちゅうい》しよう。

習 シュウ なら**う**

翼 ヨク つばさ

下《した》をよく見《み》よう

翌翌翌翌翌翌翌翌翌翌翌

乱

（7画《かく》）

音読《おんよ》み ラン

訓読《くんよ》み みだ**れる**・みだ**す**

部首《ぶしゅ》 乙／おつ（おつにょう）

しっかりはねる
かどをつけない

成《な》り立《た》ちと意味《いみ》

古《ふる》い字《じ》は亂《らん》です。爫と又は手《て》を示《しめ》し、みだれた糸《いと》をひっぱる様子《ようす》を表《あらわ》します。乚（おつ）には、「おさめる」の意味《いみ》がありましたが、この意味《いみ》がうすくなり、「みだれる」だけの意味《いみ》になりました。

使《つか》い方《かた》 乱雑《らんざつ》・乱世《らんせい》・乱戦《らんせん》・乱入《らんにゅう》・乱筆《らんぴつ》・乱暴《らんぼう》・混乱《こんらん》・散乱《さんらん》・戦乱《せんらん》・動乱《どうらん》・内乱《ないらん》・反乱《はんらん》・一心不乱《いっしんふらん》

「ベイビー、かみが乱《みだ》れたんなら、ブラシを貸《か》そうかい？」

「ウサギは、とても神経《しんけい》質《しつ》な生《い》き物《もの》だから、乱暴《らんぼう》に扱《あつか》わないよう、気《き》をつけてね。」

チェックポイント

「舌《した》」がまがって（乚）ことばが乱《みだ》れる」と覚《おぼ》える。

アハハ
アハハ

乱乱乱乱乱乱乱

ヨ

ラ

卵

（7画《かく》）

音読《おんよ》み ラン

訓読《くんよ》み たまご

部首《ぶしゅ》 卩／ふしづくり

成《な》り立《た》ちと意味《いみ》

もとの形《かたち》はで、カエルや魚《さかな》の「たまご」を表《あらわ》しています。「どうぶつのたまご」の意味《いみ》に使《つか》われます。

使《つか》い方《かた》

卵黄《らんおう》・卵白《らんぱく》・卵生《らんせい》・卵子《らんし》・鶏卵《けいらん》・産卵《さんらん》・生卵《なまたまご》・卵焼《たまごや》き

「公園《こうえん》の鳥《とり》の巣《す》に卵《たまご》がかえってたよ。かわいいから、見《み》に行《い》かない？」

「卵《たまご》の白身《しろみ》は卵白《らんぱく》といって、たんぱく質《しつ》が豊富《ほうふ》なんだって。」

「黄身《きみ》は卵黄《らんおう》というんですよ。」

ちょっとひとこと

食《た》べ物《もの》としてのニワトリの卵《たまご》を「玉《たま》子《ご》」と書《か》くことがある。

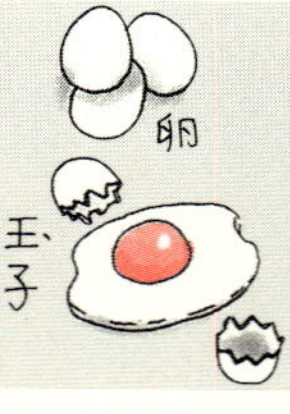

覧

（17画《かく》）

音読《おんよ》み ラン

訓読《くんよ》み 見／みる

部首《ぶしゅ》 見／みる

成《な》り立《た》ちと意味《いみ》

古《ふる》い字《じ》は覽《らん》です。監《かん》（＝みる）と見《けん》（＝みる）からでき、監《かん》がランと変《か》わって読《よ》み方《かた》を示《しめ》します。「みる、みわたす」として使《つか》われる字《じ》です。

使《つか》い方《かた》

一覧《いちらん》・回覧《かいらん》・観覧《かんらん》・展覧会《てんらんかい》・博覧会《はくらんかい》

「買《か》ってきてほしいものを一覧《いちらん》にしたから、おつかい、たのんだわよ。」

「遊園地《ゆうえんち》で観覧車《かんらんしゃ》に乗《の》ったぞ。おもしろかったぜ。」

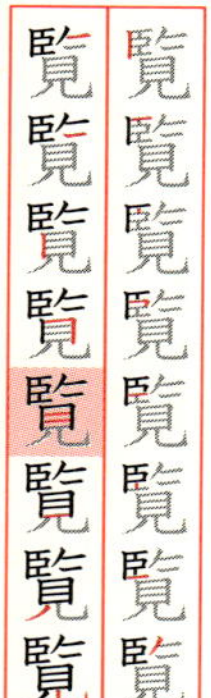

チェックポイント

次《つぎ》のような「らん」は平仮名《ひらがな》で書《か》く。

・食《た》べてごらん。

・来《き》てごらん。

裏

（13画《かく》）

音読《おんよ》み　リ

訓読《くんよ》み　うら

部首《ぶしゅ》　衣／ころも

ださない
ながく
はねる

成《な》り立《た》ちと意味《いみ》

里《り》がリの読《よ》み方《かた》を示《しめ》し、リの音《おん》に「うら」の意味《いみ》があります。衣《ころも》のうらがわを表《あらわ》し、「うちがわ、うら」として使《つか》われる字《じ》です。

使《つか》い方《かた》

裏面《りめん》・表裏《ひょうり》・裏面《うらめん》・裏表《うらおもて》・裏方《うらかた》・裏声《うらごえ》・裏作《うらさく》・裏地《うらじ》・裏切《うらぎ》る・裏付《うらづ》け

対語《たいご》

表《おもて》　裏通《うらどお》り⇕表通《おもてどお》り

「社会《しゃかい》の裏面《うらめん》とか、あの話《はなし》には裏《うら》があるとか、あまりいい意味《いみ》に使《つか》われないよ。」

「農作物《のうさくぶつ》の収穫後《しゅうかくご》、次《つぎ》の種《たね》まきまでの間《あいだ》に別《べつ》の作物《さくもつ》を育《そだ》てるのが、裏作《うらさく》です。」

チェックポイント

表《おもて》も裏《うら》も「衣《ころも》」がもと。

昔《むかし》の「表《おもて》」の字《じ》
「裏《うら》」は昔《むかし》からこの字《じ》

律

（9画《かく》）

音読《おんよ》み　リツ・リチ

訓読《くんよ》み

部首《ぶしゅ》　彳／ぎょうにんべん

だす
ながく

成《な》り立《た》ちと意味《いみ》

聿《りつ》には「一《ひと》つ」の意味《いみ》があり、リツの読《よ》み方《かた》を示《しめ》します。彳（ぎょうにんべん）は道《みち》（亅亻）です。「一《ひと》つの道《みち》」を表《あらわ》す字《じ》で、「きまり、（音楽《おんがく》の）調子《ちょうし》」の意味《いみ》に使《つか》われます。

使《つか》い方《かた》

律動《りつどう》・律令《りつりょう》・一律《いちりつ》・音律《おんりつ》・規律《きりつ》・自律《じりつ》・旋律《せんりつ》・調律《ちょうりつ》・法律《ほうりつ》・律儀《りちぎ》（義《ぎ》）

「おぼっちゃまのバイオリンの旋律《せんりつ》に、ゆっくり耳《みみ》を傾《かたむ》けてくださいませ。」

「ヒデじいは、律儀《りちぎ》な人《ひと》だねえ。」

「律儀《りちぎ》っていうのは、義理《ぎり》堅《がた》いってことだね。」

チェックポイント

二《ふた》つの「じりつ」。
・自立《じりつ》…助《たす》けを受《う》けないでひとり立《だ》ちする。
・自律《じりつ》…自分《じぶん》の判断《はんだん》で行動《こうどう》する。

臨

（18画《かく》）

音読《おんよ》み　リン

訓読《くんよ》み　のぞむ

部首《ぶしゅ》　臣／しん

したの口よりひろいはばで

成《な》り立《た》ちと意味《いみ》

臥《が》と品《ひん》からでき、品《ひん》がリンと変《か》わって読《よ》み方《かた》を示《しめ》します。臥《が》には「うつむいて見《み》る」の意味《いみ》があり、「のぞむ（＝面《めん》する、おさめる、その場《ば》に出《で》る、その時《とき》になる）」として使《つか》われる字《じ》です。

使《つか》い方《かた》

臨海《りんかい》・臨時《りんじ》・臨終《りんじゅう》・臨機応変《りんきおうへん》

「練習《れんしゅう》は、これで終《お》わり。ゆっくり休《やす》んで万全《ばんぜん》の態《たい》勢《せい》で試合《しあい》に臨《のぞ》もう。」

「台風《たいふう》のせいであしたは臨《りん》時休校《じきゅうこう》だって。のんびりテレビでも見《み》ようっと。」

チェックポイント

二《ふた》つの「のぞむ」。

・海《うみ》に臨《のぞ》む…面《めん》している。

・海《うみ》を望《のぞ》む…ながめる、見《み》える。

おはよーー
ねえ 聞《き》いた？ 大《だい》スターが婚約《こんやく》だってね
うん テレビのとちゅうで臨時《りんじ》ニュースが入《はい》ったもんね
臨時《りんじ》ニュース？
……そりゃすごいね…
うん なんだか大事件《だいじけん》って感《かん》じがするよねー
あーー臨時《りんじ》ニュース見《み》てみたいな〜
そのうちやるわよ
テレビ局《きょく》ですか？臨時《りんじ》ニュース今度《こんど》はいつやりますか？
おバカ！

朗

（10画《かく》）

音読《おんよ》み　ロウ

訓読《くんよ》み　ほがらか

部首《ぶしゅ》　月／にくづき

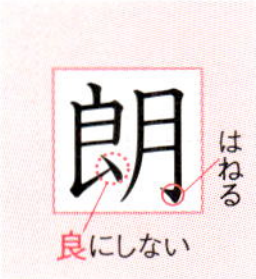
はねる
良にしない

成《な》り立《た》ちと意味《いみ》

古《ふる》い字《じ》は朗《ろう》で、良《りょう》がロウと変《か》わって読《よ》み方《かた》を示《しめ》します。月《つき》のあきらかなことを表《あらわ》し、「あかるい、ほがらか、声《こえ》が高《たか》くすみとおる」の意味《いみ》に使《つか》われる字《じ》です。

使《つか》い方《かた》

朗読《ろうどく》・朗報《ろうほう》・清朗《せいろう》・明朗《めいろう》

「まるちゃんは、おっちょこちょいだけど、明《あか》るくて朗《ほが》らかなところが魅力《みりょく》だと思《おも》うよ。」

「では、さくらさん、物語《ものがたり》の続《つづ》きを朗読《ろうどく》してください。感《かん》激《げき》して涙《なみだ》を流《なが》す場面《ばめん》からですね。」

朗朗朗朗朗朗朗朗朗朗

チェックポイント

似《に》ている字《じ》に注意《ちゅうい》しよう。

郎　ろう

一郎《いちろう》
一朗《いちろう》

論

（15画《かく》）

音読《おんよ》み　ロン

訓読《くんよ》み

部首《ぶしゅ》　言／ごんべん

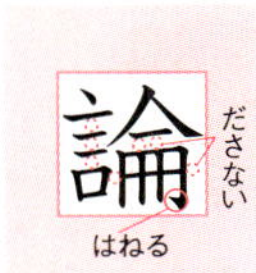
だ さ な い
はねる

成《な》り立《た》ちと意味《いみ》

侖《りん》には「倫《りん》（＝すじみち）」の意味《いみ》があり、ロンと変《か》わって読《よ》み方《かた》を示《しめ》します。すじみちをたてて述《の》べる（言《い》う）ことを表《あらわ》し、「考《かんが》えを述《の》べる、ろんじる」として使《つか》われる字《じ》です。

使《つか》い方《かた》

論議《ろんぎ》・論争《ろんそう》・論文《ろんぶん》・議論《ぎろん》・結論《けつろん》・言論《げんろん》・口論《こうろん》・世論《よろん》・討論《とうろん》・反論《はんろん》・評論《ひょうろん》・弁論《べんろん》・理論《りろん》

「ズバリ！　激《はげ》しい議論《ぎろん》の末《すえ》に、やっと結論《けつろん》が出《で》たでしょう！　これで討論《とうろん》会《かい》を終《お》わるでしょう！」

「この問題《もんだい》、A《エー》が正解《せいかい》かな、それともB《ビー》かな。なかなか結論《けつろん》が出《で》ないね。」

論論論論論論論論論論論論論論

チェックポイント

似《に》ている字《じ》に注意《ちゅうい》しよう。

輪　リン　わ

車《くるま》の輪《りん》
言《こと》ばの論《ろん》
論

Z会《ゼットかい》からの漢字《かんじ》問題《もんだい》 ❹

ここでは☆のテーマに沿って、中学受験にも役立つ漢字の問題を出題します。

☆たとえば「達」は、ふつうは「タツ」と読みますが、「友達」の場合だけは「ダチ」と読みます。このように、本来の読みにはない特別な読み方をするのが「熟字訓」です。

1 次の――の漢字の読みを平仮名で書きなさい。

1 入学祝いに時計をもらった。（　　）
2 あの人は絵が上手だ。（　　）
3 昨日から雨が続いている。（　　）
4 今日は五月晴れだ。（　　）
5 お土産にケーキを買った。（　　）
6 小豆をにて、あんこを作る。（　　）
7 美しい景色に見とれる。（　　）
8 学校は二十日から冬休みだ。（　　）
9 十二月を師走という。（　　）
10 八百屋さんで、ねぎを買った。（　　）

☆同じ熟字訓でも、もう少し難しい問題にチャレンジ！　よく耳にする言葉も多いはずです。

2 次の――の漢字の読みを平仮名で書きなさい。

1 迷子にならないように。（　　）
2 夏祭りは浴衣を着ていく。（　　）
3 素人は手を出してはいけない。（　　）
4 静かに五月雨が降る。（　　）
5 紅葉のような赤ちゃんの手。（　　）
6 兄は眼鏡をかけている。（　　）
7 七月七日は七夕です。（　　）
8 竹刀は剣道で使う道具だ。（　　）
9 いいお日和です。（　　）
10 時雨に降られる。（　　）

こんな問題もあるよ！

こんな漢字見たことないかな？　どう読むんだろう。どれも、よく目にしてるはずだよ。

1「南瓜」（　　）　2「刷毛」（　　）
3「薔薇」（　　）　4「凸凹」（　　）

☆今度は、小学校では習わないけれど覚えておくとよい、少し難しい読み取り問題です。

3 **次の――の漢字の読みを平仮名で書きなさい。**

1 かぜをひいたのか、悪寒がする。（　　）
2 老若男女に好まれる花。（　　）
3 緑青とは銅のさびのことである。（　　）
4 悲しい映画をみて号泣した。（　　）
5 願いが成就する。（　　）
6 精進して身をつつしむ。（　　）
7 せめて一矢報いたい。（　　）
8 美しい装束に身を包む。（　　）
9 定石にしたがって行動する。（　　）
10 解毒作用がある薬草。（　　）

☆次は「音読み」は習ったけれど、「訓読み」は習っていない漢字の読み取り問題です。

4 **――の漢字の訓読みを、（　）の下の送り仮名に続く形で書きなさい。**

例 図工　（はか）る

1 因果（　　）る
2 貴重（　　）い
3 推測（　　）す
4 損失（　　）う
5 訪問（　　）れる
6 優美（　　）しい
7 専門（　　）ら
8 知覚（　　）える
9 必要（　　）る
10 著書（　　）す

☆ここでは、熟語がどんな構成でできているか考えながら、問題を解いていきましょう。

5 **次の□に「不・無・非・未」のどれかを入れて、三字の熟語を完成させなさい。**

1 □常識　2 □十分　3 □完成
4 □意識　5 □健康　6 □公式
7 □成年　8 □関心　9 □完全

答《こた》えは242～243ページ。

問題提供《もんだいていきょう》：Z会《ゼットかい》

6 次の三字熟語の構成として適切なものをア～エの中から選び、（　）に書きなさい。

1 国際化（　　）　2 市役所（　　）　3 未解決（　　）
4 上中下（　　）　5 無回答（　　）　6 発表会（　　）
7 短距離（　　）　8 不自然（　　）　9 貴金属（　　）
10 非公開（　　）　11 市町村（　　）　12 不死身（　　）

ア 二字熟語の下に一字つけたもの。
例 科学者＝科学＋者
イ 二字熟語の上に一字つけたもの。
例 高学年＝高＋学年
ウ 二字熟語の上に打ち消しの意味を持つ字をつけたもの。
例 未完成＝未＋完成
エ 関連した意味を持つ三つの字が対等に並んでいるもの。
例 衣食住＝衣＋食＋住

7 次の四字以上の熟語の成り立ちを図で表したものをア～キの中から選び、（　）に書きなさい。

1 都道府県（　　）　2 非効率的（　　）
3 積極的態度（　　）　4 地球温暖化（　　）
5 無重力状態（　　）　6 芸術的文化事業（　　）
7 弁論大会日程表（　　）

例 交通安全＝交通＋安全＝□□＋□□

ア □＋□□＋□　　イ □＋□□＋□□
ウ □＋□＋□＋□　　エ □□＋□＋□□
オ □□＋□□＋□　　カ □□＋□□＋□□＋□
キ □□＋□＋□□＋□□

※同じ記号は二回使わないこと。

こんな問題もあるよ！

□の中に漢字を一字ずつ入れて、漢字のしりとりを完成させよう。

例 言→□→書→□→前（言葉→葉書→書面→面前）

合→□→別→□→気→□→説→□→白→□→面→□→合

☆ここからは、特別な意味や教訓をたった四字で伝えることができる四字熟語の問題です。

8 **次の四字熟語には、まちがった漢字が一字ずつ、ふくまれています。すべてを正しく書き直しなさい。**

1 空然絶後（　　）
2 自給自則（　　）
3 短刀直入（　　）
4 異句同音（　　）
5 日新月歩（　　）
6 大器万成（　　）
7 絶対絶命（　　）
8 針少棒大（　　）
9 半真半疑（　　）
10 電光切火（　　）
11 同行異曲（　　）
12 危機一発（　　）
13 不現実行（　　）
14 自由自済（　　）
15 我伝引水（　　）
16 無実乾燥（　　）

9 **次のそれぞれの□に反対の意味になる漢字を入れ、四字熟語を完成させなさい。**

1 □往□往
2 起□回□
3 □寒□熱
4 □同□異
5 □名□実
6 □肉□食

☆数字が入った四字熟語を使って、足し算に挑戦《ちょうせん》しましょう。計算をまちがえないように。

10 **□に漢数字を入れて四字熟語を作り、□の漢数字の合計がそれぞれいくつになるか数字で書きなさい。**

1 □心不乱　首尾□貫
2 □里霧中　□方美人
3 □発□中　□苦□苦
4 □寒□温　□石□鳥
5 □転□倒　□人□色
6 □者択□　□者□様
7 □差□別　再□再□
8 □載□遇　□束□文　□捨□入

1 □　2 □　3 □　4 □
5 □　6 □　7 □　8 □

答《こた》えは243ページ。

☆ふだんから四字熟語を書いて親しんでおけば、もし試験に出てきても、だいじょうぶ。

11 次の読みの四字熟語を漢字で書きなさい。

1 ここんとうざい（　　）
2 ごんごどうだん（　　）
3 じごうじとく（　　）
4 ひんこうほうせい（　　）
5 ゆうがいむえき（　　）
6 おんこちしん（　　）
7 こうめいせいだい（　　）
8 いんがおうほう（　　）
9 じゆうじざい（　　）
10 りんきおうへん（　　）

☆最後はちょっと難しい問題。あせらずに、じっくりやってみましょう。

12 □に同じ漢字を入れて、熟語を完成させなさい。ただし、同じ漢字でも、読み方は完成した熟語によって、それぞれ異なります。

1 ア □暗　イ □晩
2 ア 望□　イ 近□
3 ア □産　イ □布
4 ア 能□　イ □量　ウ □技
5 ア 本□　イ □声　ウ □札
6 ア □税　イ □豆　ウ 出□

13 線を結ぶと二字熟語が完成するように、ア～エの四つの□に漢字一字を入れ、四つの字を並べかえてできる四字熟語を□□□□に書きなさい。

ア □ ― 験　物　力　感
イ 断　発　名　伝 ― □
ウ □ ― 意　要　利　正
エ 興　銀　修　旅 ― □

四字熟語 □□□□

答《こた》えは243ページ。

Z会《ゼットかい》ってどんなとこ？

練習問題提供《れんしゅうもんだいていきょう》のZ会《ゼットかい》は、自宅《じたく》で好《す》きな時間《じかん》に勉強《べんきょう》できる、便利《べんり》な通信教育《つうしんきょういく》の会社《かいしゃ》です。

Z会《ゼットかい》では自《みずか》ら考《かんが》え、自《みずか》ら学《まな》ぶことを知《し》った子供《こども》こそが一生伸《いっしょうの》びてゆく、と考《かんが》えているといいます。毎月届《まいつきとど》く教材《きょうざい》「エブリスタディ」には、練習問題《れんしゅうもんだい》の他《ほか》、勉強《べんきょう》のポイントなどがやさしく丁寧《ていねい》に紹介《しょうかい》され、保護者《ほごしゃ》向《む》けのサポートや子供《こども》へのアドバイスも充実《じゅうじつ》しています。

答案《とうあん》を送《おく》ると赤字《あかじ》が入《はい》って戻《もど》ってくる、てんさく問題《もんだい》がついているので、自分《じぶん》の苦手《にがて》なところがよくわかります。

【小学生向《しょうがくせいむ》けコース】
・小学一《しょうがくいち》・二年生《にねんせい》コース
・小学三《しょうがくさん》～六年生標準《ろくねんせいひょうじゅん》コース
・小学三《しょうがくさん》～六年生《ろくねんせい》受験《じゅけん》コース
※六年生受験《ろくねんせいじゅけん》コースは、二〇〇九年開講《ねんかいこう》
☆他《ほか》にも中学《ちゅうがく》コース、高校《こうこう》コース、大学《だいがく》・社会人《しゃかいじん》コースがあります。

これが毎月届《まいつきとど》く「エブリスタディ」

ホームページ　http://www.zkai.co.jp
資料請求先《しりょうせいきゅうさき》　0120-77-1039（通話料無料《つうわりょうむりょう》）

●●●● 満点《まんてん》ゲットホームページ ●●●●

http://kids.shueisha.co.jp/manten/

こち亀《かめ》の両《りょう》さん、ちびまる子《こ》ちゃん、アラレちゃんやキャプテン翼《つばさ》まで、満点《まんてん》ゲットシリーズの情報《じょうほう》がぎっしり。
両《りょう》さんや、まるちゃんが出題《しゅつだい》するクイズコーナーもあります。

答《こた》えのページ

54ページの答《こた》え

1 1しゅうかん 2じょうぎ 3とういつ 4げっしゃ 5せんとう

2 1競技 2読書 3留学 4成功 5必要 6採用 7非常

3 1 ア復 イ複 2 ア講 イ構 3 ア群 イ郡 4 ア則 イ測 5 ア受 イ授

55ページの答《こた》え

4 糸+田=細 言+正=証 糸+責=績 弓+長=張 石+皮=破 木+各=格 田+各=略 米+青=精 木+支=枝など

5 1ア 2ク 3ケ 4ス 5オ 6サ 7コ 8イ 9キ 10ウ 11エ 12シ

6 1氵・さんずい・エ 2⺮・たけかんむり・イ 3扌・てへん・ア 4艹・くさかんむり・オ 5木・きへん・ウ

127ページの答《こた》え

1 1イ 2イ 3ア 4イ

2 1四 2十三 3九 4十二 5十 6十三 7十二 8十二

3 1情 2安 3空

4 1九 2十 3十 4八

128ページの答《こた》え

5 1だいどころ・ウ 2てほん・エ 3ちょうさ・ア 4ものがたり・イ 5ばめん・エ 6へいわ・ア

6 1イ 2エ 3ア 4ア 5オ

7 1オ 2カ 3エ 4ア 5ウ 6イ 7エ 8カ 9ア

178ページの答《こた》え

1 1現実 2不便 3権利 4複雑 5危険 6縮小

2 1操 2層 3装

3 1イ・エ 2ウ・エ 3ア・ウ 4イ・オ 5ア・エ

4 1版 2反 3班 4判 5犯

179ページの答《こた》え

5 1イ・ア 2ア・イ 3ア・イ

6 1ア 2イ 3イ 4ア 5ア 6ア

7 1 ア備える イ供える 2 ア分かれる イ別れる 3 ア勤める イ努める 4 ア暖かい イ温かい 5 ア効く イ利く

236ページの答《こた》え

1 1とけい 2じょうず 3きのう 4さつき 5みやげ 6あずき 7けしき 8はつか 9しわす(しはす) 10やおや

2 1まいご 2ゆかた 3しろうと 4さみだれ 5もみじ 6めがね 7たなばた 8しない 9ひより 10しぐれ

こんな問題《もんだい》もあるよ

1かぼちゃ 2はけ 3ばら 4でこぼこ

237ページの答《こた》え

3
1おかん　2ろうにゃくなんにょ
3ろくしょう　4ごうきゅう
5じょうじゅ　6しょうじん
7いっし　8しょうぞく　9じょうせき　10げどく

4
1(よ)る　2(とうと・たっと)い　3(お)す　4(そこな)う
5(おとず)れる　6(やさ)しい
7(もっぱ)ら　8(おぼ)える
9(い)る　10(あらわ)す

5
1非　2不　3未　4無　5不
6非　7未　8無　9不

238ページの答《こた》え

6
1ア　2イ　3ウ　4エ　5ウ
6ア　7イ　8ウ　9イ　10ウ
11エ　12ア

7
1ウ　2ア　3エ　4オ　5イ
6キ　7カ

こんな問題《もんだい》もあるよ

合↓格↓別
↓人↓気↓力↓説↓明↓白↓紙(書)
↓面↓会(談・接)↓合

239ページの答《こた》え

8
1空前絶後　2自給自足　3単刀直入
4異口同音　5日進月歩
6大器晩成　7絶体絶命　8針小棒大
9半信半疑　10電光石火
11同工異曲　12危機一髪　13不言実行
14自由自在　15我田引水
16無味乾燥

9
1右往左往　2起死回生　3頭寒足熱
4大同小異　5有名無実
6弱肉強食

10
1(一心不乱・首尾一貫で2)
2(五里霧中・八方美人で13)
3(百発百中・四苦八苦で212)
4(三寒四温・一石二鳥で10)
5(七転八倒・十人十色で35)
6(二者択一・三者三様で9)
7(千差万別・再三再四で1107)
8(千載一遇・二束三文・四捨五入で1015)

240ページの答《こた》え

11
1古今東西　2言語道断　3自業自得
4品行方正　5有害無益
6温故知新　7公明正大　8因果応報
9自由自在　10臨機応変

12
1明(ア明暗《めいあん》・イ明晩《みょうばん》)　2郷(ア望郷《ぼうきょう》・イ近郷《きんごう》)　3財(ア財産《ざいさん》・イ財布《さいふ》)
4力(ア能力《のうりょく》・イ力量《りきりょう》・ウ力技《ちからわざ》)
5名(ア本名《ほんみょう》・イ名声《めいせい》・ウ名札《なふだ》)
6納(ア納税《のうぜい》・イ納豆《なっとう》・ウ出納《すいとう》)

13
ア実(実験・実物・実力・実感)
イ言(断言・発言・名言・伝言)
ウ不(不意・不要・不利・不正)
エ行(興行・銀行・修行・旅行)
※並べかえてできる四字熟語は、「不言実行」

音《おん》訓《くん》さくいん

・読《よ》み方《かた》がわかる時《とき》に使《つか》うさくいんです。
・いちばん上《うえ》の赤《あか》い数字《すうじ》は、その漢字《かんじ》を習《なら》う学年《がくねん》、いちばん下《した》の数字《すうじ》は、その漢字《かんじ》が出《で》ているページです。
・音読《おんよ》みは、片仮名《かたかな》、訓読《くんよ》みは、平仮名《ひらがな》で表示《ひょうじ》してあります。
・平仮名《ひらがな》の赤《あか》い文字《もじ》の部分《ぶぶん》は、送《おく》り仮名《がな》を示《しめ》します。
・配列《はいれつ》は五十音順《ごじゅうおんじゅん》で、読《よ》みが同《おな》じ場合《ばあい》は、音読《おんよ》み、訓読《くんよ》みの順《じゅん》です。音読《おんよ》み、訓読《くんよ》みの中《なか》で読《よ》みが同《おな》じ場合《ばあい》は、画数順《かくすうじゅん》に並《なら》んでいます。

あ

5	あずかる	預	121
5	あずける	預	121
5	あたい	価	23
6	あたい	値	202
6	あたたか	暖	201
6	あたたかい	暖	201
6	あたたまる	暖	201
6	あたためる	暖	201
5	アツ	圧	14
5	あつい	厚	47
6	あな	穴	149
5	あばく	暴	117
5	あばれる	暴	117
6	あぶない	危	141
5	あます	余	121
5	あまる	余	121
5	あむ	編	113
6	あやうい	危	141
6	あやつる	操	196
6	あやぶむ	危	141
5	あやまち	過	24
5	あやまつ	過	24
6	あやまる	誤	154
5	あやまる	謝	70
6	あらう	洗	192
5	あらわす	現	44
6	あらわす	著	204
5	あらわれる	現	44
5	ある	在	60

い

5	イ	易	17
5	イ	移	14
6	イ	異	130
6	イ	遺	130
6	イキ	域	131
5	いきおい	勢	80
5	いさぎよい	潔	41
6	いずみ	泉	191
6	いたい	痛	206
6	いただき	頂	205
6	いただく	頂	205
6	いたむ	痛	206
6	いたむ	傷	184
6	いためる	痛	206
6	いためる	傷	184
6	いたる	至	163
6	いちじるしい	著	204
5	いとなむ	営	16
6	いな	否	216
5	いる	居	36
6	いる	射	167
5	イン	因	15

う

6	ウ	宇	131
5	うけたまわる	承	74
6	うたがう	疑	143
6	うつ	討	208
6	うつす	映	132
5	うつす	移	14
6	うつる	映	132
5	うつる	移	14
6	うやまう	敬	147
6	うら	裏	233
6	うれる	熟	180

え

5	エイ	永	16
6	エイ	映	132
5	エイ	営	16
5	エイ	衛	17
5	エキ	易	17
5	エキ	益	18
5	エキ	液	18
5	えだ	枝	65
6	エン	延	133
6	エン	沿	133
5	エン	演	19

お

5	オウ	応	19
5	オウ	往	20
6	オウ	皇	155
5	オウ	桜	21
5	おかす	犯	104
6	おがむ	拝	213
6	おぎなう	補	221
5	おこす	興	49

⑤	⑤	⑤	⑤	⑤	**か**	⑤	⑥	⑤	⑥	⑥	⑥	⑥	⑥	⑤	⑥	⑥	⑤	⑥	⑥	⑥	⑥
カ	カ	カ	カ	カ		オン	おろす	おる	おりる	おのれ	おとずれる	おす	おさめる	おさめる	おさめる	おさまる	おさまる	おさない	おこる	おごそか
過	河	価	仮	可		恩	降	織	降	己	訪	推	納	修	収	納	修	収	幼	興	厳
24	24	23	22	22		21	156	77	156	153	223	187	211	71	170	211	71	170	230	49	152

⑤	⑤	⑥	⑥	⑥	⑥	⑤	⑥	⑥	⑤	⑤	⑤	⑥	⑤	⑥	⑥	⑤	⑤	⑥	⑤	⑥	⑥
かまえる	かまう	かぶ	かなでる	かつぐ	カツ	かたき	かたい	かた	かす	ガク	カク	カク	カク	カク	カク	かぎる	かう	カイこ	カイ	カイ	ガ	ガ
構	構	株	奏	担	割	敵	難	片	貸	額	確	閣	格	革	拡	限	飼	蚕	解	快	灰	賀	我
49	49	138	193	199	137	99	210	221	93	29	28	137	28	135	135	43	66	163	27	26	134	26	134

⑤	⑤	⑥	⑥	⑤	⑤	⑤	⑥	⑥	**き**	⑤	⑥	⑤	⑤	⑥	⑥	⑤	⑥	⑤	⑤
ギ	ギ	キ	キ	キ	キ	キ	キ	キ		ガン	カン	カン	カン	カン	カン	カン	かわ	かわ	かり
義	技	貴	揮	規	寄	基	机	危	己		眼	簡	慣	幹	看	巻	刊	干	革	河	仮
34	33	142	142	33	32	31	141	141	153		31	140	30	30	140	139	29	139	135	24	22

⑥	⑥	⑥	⑤	⑤	⑤	⑤	⑤	⑥	⑥	⑥	⑤	⑤	⑤	⑥	⑤	⑤	⑤	⑥	⑤	⑥
キン	キン	キン	キン	きわ	キョウ	キョウ	キョウ	キョウ	キョウ	キョウ	キョ	キュウ	キュウ	キュウ	ギャク	きびしい	きぬ	きずく	きず	きざむ	きく	ギ
禁	筋	勤	均	際	興	経	境	郷	胸	供	許	居	吸	旧	久	逆	厳	絹	築	傷	刻	効	疑
38	146	146	38	60	49	40	37	145	144	144	37	36	143	36	35	34	152	150	96	184	158	47	143

⑥	⑥	⑤	⑤	⑥	⑥	⑤	⑤	**け**	⑤	⑥	⑥	⑤	⑥	⑥	⑥	⑥	⑤	⑤	**く**
ゲキ	ケイ	ケイ	ケイ	ケイ	ケイ	ゲキ	ケ		グン	くれる	くれない	くらべる	くらす	くら	ク	ク	ク	ク	
劇	警	経	境	敬	系	解	仮		群	暮	紅	比	暮	蔵	紅	供	句	久	
148	148	40	37	147	147	27	22		40	222	156	106	222	196	156	144	39	35	

⑤	⑤	⑥	⑥	**こ**	⑥	⑥	⑤	⑤	⑤	⑤	⑥	⑥	⑥	⑤	⑤	⑤	⑤	⑤	⑥	⑥	⑥
コ	コ	コ	コ		ゲン	ゲン	ゲン	ゲン	ゲン	ゲン	ケン	ケン	ケン	ケン	ケン	ケン	ケン	けわしい	ケツ	ケツ	ゲキ
個	故	呼	己		厳	源	減	現	眼	限	憲	権	絹	検	険	券	件	険	潔	穴	激
46	45	153	153		152	152	45	44	31	43	151	151	150	43	42	42	41	42	41	149	149

6 ゴ 誤 154
5 ゴ 護 46
5 コウ 后 154
6 コウ 孝 155
5 コウ 効 47
5 コウ 厚 47
6 コウ 皇 155
6 コウ 紅 156
5 コウ 格 28
5 コウ 耕 48
6 コウ 降 156
5 コウ 鉱 48
5 コウ 構 49
5 コウ 興 49
6 コウ 鋼 157
5 コウ 講 56
6 ゴウ 郷 145
5 こえ 肥 106
5 こえる 肥 106
6 コク 刻 158
6 コク 穀 158
5 こころざし 志 64
5 こころざす 志 64
5 こころよい 快 26

6 コツ 骨 159
6 こと 異 130
5 ことわる 断 95
6 こまる 困 159
5 こやし 肥 106
5 こやす 肥 106
6 コン 困 159
5 コン 混 56
6 ゴン 勤 146
6 ゴン 権 151
6 ゴン 厳 152

さ

5 サ 再 58
5 サ 査 57
6 サ 砂 160
6 ザ 座 160
5 サイ 再 58
5 サイ 災 58
5 サイ 妻 59
5 サイ 財 61
5 サイ 採 59
6 サイ 済 161

6 サイ 裁 161
5 サイ 際 60
5 ザイ 在 60
5 ザイ 財 61
5 ザイ 罪 61
5 さか 逆 34
5 さかい 境 37
6 さがす 探 200
5 さからう 逆 34
6 さかる 盛 188
6 さかん 盛 188
6 サク 冊 162
6 サク 策 162
6 さく 割 137
5 さくら 桜 21
6 さぐる 探 200
5 さげる 提 97
5 ささえる 支 63
5 さずかる 授 70
5 さずける 授 70
6 サツ 冊 162
5 ザツ 雑 62
6 さばく 裁 161
6 さわる 障 184

6 サン 蚕 163
5 サン 酸 62
5 サン 賛 63

し

5 シ 支 63
5 シ 示 67
6 シ 至 163
5 シ 志 64
6 シ 私 164
5 シ 枝 65
6 シ 姿 165
5 シ 師 65
6 シ 視 165
6 シ 詞 166
5 シ 資 66
5 シ 飼 66
6 シ 誌 166
5 ジ 示 67
5 ジ 似 67
6 ジ 除 183
6 ジ 磁 167
6 しお 潮 205

5 シキ 織 77
5 シキ 識 68
5 した 舌 84
6 したがう 従 172
6 したがえる 従 172
5 シチ 質 68
5 シツ 質 68
6 しまる 閉 220
6 しみ 染 192
6 しみる 染 192
5 しめす 示 67
6 しめる 閉 220
5 シャ 舎 69
6 シャ 砂 160
6 シャ 射 167
6 シャ 捨 168
5 シャ 謝 70
6 シャク 尺 168
6 ジャク 若 169
5 シュ 修 71
6 シュ 衆 172
6 ジュ 従 172
5 ジュ 授 70
6 ジュ 就 171

6 ジュ 樹 169
6 シュウ 収 170
6 シュウ 宗 170
5 シュウ 修 71
6 シュウ 就 171
6 シュウ 衆 172
6 ジュウ 従 172
6 ジュウ 縦 173
6 シュク 縮 173
6 ジュク 熟 180
5 ジュツ 述 71
5 ジュツ 術 72
6 ジュン 純 180
5 ジュン 準 72
6 ショ 処 181
6 ショ 署 181
6 ショ 諸 182
5 ジョ 序 73
6 ジョ 除 183
5 ショウ 招 73
5 ショウ 承 74
5 ショウ 性 79
5 ショウ 政 79
6 ショウ 従 172

⑥ ショウ 将 183
⑤ ショウ 証 74
⑥ ショウ 装 195
⑥ ショウ 傷 184
⑤ ショウ 精 81
⑥ ショウ 障 184
⑤ ジョウ 条 75
⑤ ジョウ 状 76
⑥ ジョウ 城 185
⑤ ジョウ 常 76
⑤ ジョウ 情 77
⑥ ジョウ 盛 188
⑥ ジョウ 蒸 185
⑤ ショク 織 77
⑤ ショク 職 78
⑤ しりぞく 退 92
⑤ しりぞける 退 92
⑥ しろ 城 185
⑥ シン 針 186
⑥ ジン 仁 186

す

⑤ ス 素 87
⑥ スイ 垂 187
⑥ スイ 推 187
⑤ すい 酸 62
⑥ すう 吸 143
⑥ すがた 姿 165
⑤ すぎる 過 24
⑥ すぐれる 優 229
⑤ すごす 過 24
⑥ すじ 筋 146
⑥ すてる 捨 168
⑥ すな 砂 160
⑤ すべる 統 99
⑥ すます 済 161
⑥ すむ 済 161
⑥ すわる 座 160
⑥ スン 寸 188

せ

⑥ せ 背 214
⑤ セイ 制 78
⑤ セイ 性 79
⑤ セイ 政 79
⑥ せい 背 214
⑤ セイ 情 77
⑥ セイ 盛 188
⑤ セイ 勢 80
⑥ セイ 聖 189
⑥ セイ 誠 189
⑤ セイ 精 81
⑤ セイ 製 81
⑤ ゼイ 税 82
⑤ セキ 責 82
⑤ セキ 績 83
⑤ セツ 接 83
⑤ セツ 設 84
⑥ ゼツ 舌 84
⑤ ゼツ 絶 85
⑤ ぜに 銭 86
⑤ せめる 責 82
⑥ セン 宣 190
⑥ セン 専 191
⑥ セン 泉 191
⑥ セン 洗 192
⑥ セン 染 192
⑤ セン 銭 86
⑥ ゼン 善 193

そ

⑤ ソ 祖 86
⑤ ソ 素 87
⑥ そう 沿 133
⑥ ソウ 宗 170
⑥ ソウ 奏 193
⑥ ソウ 窓 194
⑥ ソウ 創 194
⑥ ソウ 装 195
⑤ ソウ 総 87
⑥ ソウ 層 195
⑥ ソウ 操 196
⑤ ゾウ 造 88
⑤ ゾウ 雑 62
⑤ ゾウ 像 88
⑤ ゾウ 増 89
⑥ ゾウ 蔵 196
⑥ ゾウ 臓 197
⑤ ソク 則 89
⑤ ソク 測 90
⑤ ゾク 属 91
⑤ そこなう 損 92
⑤ そこねる 損 92
⑤ ソツ 率 91
⑥ そなえる 供 144
⑤ そなえる 備 107
⑤ そなわる 備 107
⑥ そまる 染 192
⑥ そむく 背 214
⑥ そむける 背 214
⑥ そめる 染 192
⑥ ソン 存 197
⑥ ソン 尊 198
⑤ ソン 損 92
⑥ ゾン 存 197

た

⑤ タイ 退 92
⑤ タイ 貸 93
⑤ タイ 態 93
⑤ たえる 絶 85
⑤ たがやす 耕 48
⑥ たから 宝 222
⑥ タク 宅 199
⑤ たしか 確 28
⑤ たしかめる 確 28
⑥ たずねる 訪 223
⑤ たつ 断 95
⑤ たつ 絶 85
⑥ たつ 裁 161
⑥ たっとい 貴 142
⑥ たっとい 尊 198
⑥ たっとぶ 貴 142
⑥ たっとぶ 尊 198
⑥ たて 縦 173
⑥ たまご 卵 232
⑤ たもつ 保 114
⑤ たやす 絶 85
⑥ たらす 垂 187
⑥ たれる 垂 187
⑤ たわら 俵 108
⑥ タン 担 199
⑥ タン 探 200
⑥ タン 誕 200
⑤ ダン 団 95
⑥ ダン 段 201
⑤ ダン 断 95
⑥ ダン 暖 201

も

- 6 モ 模 227
- 6 モウ 亡 224
- 5 もうける 設 84
- 5 もえる 燃 102
- 6 もしくは 若 169
- 5 もす 燃 102
- 6 もっぱら 専 191
- 5 もと 基 31
- 5 もとい 基 31
- 5 もやす 燃 102
- 6 もる 盛 188

や

- 5 ヤク 益 18
- 6 ヤク 訳 228
- 5 やさしい 易 17
- 6 やさしい 優 229
- 5 やぶる 破 103
- 5 やぶれる 破 103

ゆ

- 5 ユ 輸 120
- 6 ユイ 遺 130
- 6 ユウ 郵 228
- 6 ユウ 優 229
- 5 ゆえ 故 45
- 5 ゆたか 豊 116
- 5 ゆめ 夢 119
- 5 ゆるす 許 37

よ

- 5 ヨ 余 121
- 5 ヨ 預 121
- 6 よい 善 193
- 6 ヨウ 幼 230
- 5 ヨウ 容 122
- 6 ヨク 欲 230
- 6 ヨク 翌 231
- 5 よせる 寄 32
- 6 よそおう 装 195
- 6 よぶ 呼 153
- 5 よる 因 15
- 5 よる 寄 32

ら

- 6 ラン 乱 231
- 6 ラン 卵 232
- 6 ラン 覧 232

り

- 6 リ 裏 233
- 6 リチ 律 233
- 6 リツ 律 233
- 5 リツ 率 91
- 5 リャク 略 122
- 5 リュウ 留 123
- 5 リョウ 領 123
- 6 リン 臨 234

る

- 5 ル 留 123

ろ

- 6 ロウ 朗 235
- 6 ロン 論 235

わ

- 6 わ 我 134
- 6 わかい 若 169
- 6 わけ 訳 228
- 5 わざ 技 33
- 5 わざわい 災 58
- 6 わすれる 忘 224
- 5 わた 綿 120
- 6 わたくし 私 164
- 6 わり 割 137
- 6 わる 割 137
- 6 われ 我 134
- 6 われる 割 137

画《かく》数《すう》さくいん

- 読《よ》み方《かた》がわからない時《とき》に画数《かくすう》で引《ひ》くためのさくいんです。
- いちばん上《うえ》の赤《あか》い数字《すうじ》は、その漢字《かんじ》を習《なら》う学年《がくねん》、いちばん下《した》の数字《すうじ》は、その漢字《かんじ》が出《で》ているページです。
- 配列《はいれつ》は画数順《かくすうじゅん》で、同《おな》じ画数《かくすう》の中《なか》では、音読《おんよ》みの五十音順《ごじゅうおんじゅん》、訓読《くんよ》みしかない漢字《かんじ》は、訓読《くんよ》みで配列《はいれつ》してあります。

【3画《かく》】

- 6 干 139
- 5 久 35
- 6 己 153
- 6 寸 188
- 6 亡 224

❻	❻	❺	❻	❻	❺	❺	❺	❺	❺	❺		❻	❺	❺	❻	❻	❻	❺	
庁	処	示	冊	穴	句	旧	刊	可	永	圧	【5画】	片	仏	比	仁	収	尺	支	【4画】
204	181	67	162	149	39	36	29	22	16	14		221	113	106	186	170	168	63	

❺	❺	❻	❻	❺	❻	❺	❺	❺	❺	❻	❻	❻	❻	❺	❺		❻	❺	❺	❺
任	団	宅	存	舌	至	在	再	后	件	吸	机	危	灰	仮	宇	因	【6画】	幼	弁	布	犯
102	95	199	197	84	163	60	58	154	41	143	141	141	134	22	131	15		230	114	109	104

❻	❻	❺	❻	❻	❻	❺	❺	❺	❺	❻	❺	❻	❺	❺	❻	❺	❺	❺	
余	忘	防	批	否	判	状	条	序	似	私	志	災	困	孝	系	均	技	快	我	応	【7画】
121	224	116	217	216	104	76	75	73	67	164	64	58	159	155	147	38	33	26	134	19

❺	❻	❻	❺	❺	❺	❺	❺	❺	❺	❺	❺	❺	❺	❺	❺	❺		❻	❻
述	宗	若	舎	枝	妻	刻	劾	呼	券	供	居	拡	河	価	往	沿	延	易	【8画】	卵	乱
71	170	169	69	65	59	158	47	153	42	144	36	135	24	23	20	133	133	17		232	231

❻	❻	❻		❻	❻	❻	❻	❺	❺	❺	❺	❺	❻	❻	❻	❻	❻	❺	❺	❻	❺	❺
巻	革	映	【9画】	枚	宝	並	武	非	肥	版	拝	乳	届	忠	宙	担	性	制	垂	承	招
139	135	132		225	222	219	111	107	106	105	213	210	209	203	203	199	79	78	187	74	73

❻	❺	❻	❺	❺	❻	❺	❺	❻	❻	❻	❻	❺	❻	❻	❻	❻	❻	❺	❺	❺	❺	❻
派	独	段	退	則	奏	祖	染	洗	泉	専	宣	政	城	姿	砂	査	紅	皇	厚	故	限	逆	看
212	101	201	92	89	193	86	192	192	191	191	190	79	185	165	160	57	156	155	47	45	43	34	140

❺	❻	❺	❺	❻	❻	❻	❺	❻	❻	❺	❻	❻	❻	❺	❺	❺	❺	❺	❻	❻	❺	❺
夢	幕	豊	墓	腹	賃	暖	損	誠	聖	勢	蒸	傷	署	準	飼	資	罪	鉱	源	絹	群	禁	義
119	226	116	115	218	206	201	92	189	189	80	185	184	181	72	66	66	61	48	152	150	40	38	34

❺	❺	❺	❺	❻	❻	❻	❺	❻	❺	❻	❻	❺	❻	❺	❻		❻	❺	❻
総	銭	製	精	障	磁	誌	酸	雑	際	穀	構	誤	境	疑	慣	閣	演	【14画】	裏	預	盟
87	86	81	81	184	167	166	62	62	60	158	49	154	37	143	30	137	19		233	121	227

❻	❺	❺	❻	❺	❻	❻	❻		❺	❻	❻	❻	❻	❺	❺	❺	❺	❺	❺	❻
熟	賓	賛	権	潔	劇	確	遺	【15画】	領	模	綿	暮	複	認	徳	銅	適	態	増	像	層
180	68	63	151	41	148	28	130		123	227	120	222	112	211	101	100	98	93	89	88	195

❻	❺	❺	❻	❻	❻	❻	❻	❺	❻	❻	❺		❻	❺	❺	❺	❻	❻	❻	❻
奮	燃	糖	築	操	縦	樹	鋼	興	憲	激	衛	【16画】	論	暴	編	導	敵	潮	誕	蔵	諸
219	102	209	96	196	173	169	157	49	151	149	17		235	117	113	100	99	205	200	196	182

❺		❻	❻	❺	❻	❺	❺	❻		❺
額	【18画】	覧	優	績	縮	謝	講	厳	【17画】	輸
29		232	229	83	173	70	56	152		120

❺		❻	❺	❻		❻	❻	❺	❺	❻
護	【20画】	臓	識	警	【19画】	臨	難	職	織	簡
46		197	68	148		234	210	78	77	140

小学生《しょうがくせい》からのまんが勉強本《べんきょうぼん》 満点《まんてん》ゲットシリーズ

ちびまる子《こ》ちゃんの

暗《あん》誦《しょう》百《ひゃく》人《にん》一《いっ》首《しゅ》
コラム暗誦新聞《あんしょうしんぶん》入《い》り

慣《かん》用《よう》句《く》教《きょう》室《しつ》
コラム慣用句《かんようく》新聞《しんぶん》入り

続《ぞく》四《よ》字《じ》熟《じゅく》語《ご》教《きょう》室《しつ》
さらに四字熟語《よじじゅくご》にくわしくなれる

四《よ》字《じ》熟《じゅく》語《ご》教《きょう》室《しつ》
コラム四字熟語《よじじゅくご》新聞《しんぶん》入り

続《ぞく》ことわざ教《きょう》室《しつ》
いろはカルタまんが入り

ことわざ教《きょう》室《しつ》
コラムことわざ新聞《しんぶん》入り

作《さく》文《ぶん》教《きょう》室《しつ》
中学入試《ちゅうがくにゅうし》にも対応《たいおう》

敬《けい》語《ご》教《きょう》室《しつ》
コラム敬語新聞《けいごしんぶん》入《い》り

語《ご》源《げん》教《きょう》室《しつ》
語源《ごげん》たんけんニュース入《い》り

俳《はい》句《く》教《きょう》室《しつ》
俳人《はいじん》の伝記《でんき》まんが入《い》り

読《よ》めるとたのしい難《なん》読《どく》漢《かん》字《じ》教《きょう》室《しつ》
難《むずか》しい読《よ》み方《かた》や特別《とくべつ》な読《よ》み方《かた》の漢字《かんじ》

似《に》たもの漢《かん》字《じ》使《つか》い分《わ》け教《きょう》室《しつ》
同音異義語《どうおんいぎご》、反対語《はんたいご》、類語《るいご》など

英《えい》語《ご》教《きょう》室《しつ》
CD《シーディー》付《つ》き

表《ひょう》現《げん》力《りょく》をつけることば教《きょう》室《しつ》
長文読解《ちょうぶんどっかい》、記述《きじゅつ》問題《もんだい》の対策《たいさく》にも

短《たん》歌《か》教《きょう》室《しつ》
短歌《たんか》100首《しゅ》を解説《かいせつ》

漢《かん》字《じ》辞《じ》典《てん》③
五、六年生《ごろくねんせい》向《む》き

漢《かん》字《じ》辞《じ》典《てん》②
二～四年生《によねんせい》向き

かん字《じ》じてん①
一、二年生《いちにねんせい》向き

なぞなぞ 3年生《ねんせい》
まる子新聞《こしんぶん》ふろく入《い》り

なぞなぞ 2年生《ねんせい》
まるちゃんのなんでもノート入《い》り

なぞなぞ 1年生《ねんせい》
けんきゅうはっぴょう入《い》り

なぞなぞ ようちえん
おやくだちべんきょうページいり

文《ぶん》法《ぽう》教《きょう》室《しつ》
文《ぶん》の基本《きほん》をまんがで読《よ》む

春《しゅん》夏《か》秋《しゅう》冬《とう》教《きょう》室《しつ》
季節《きせつ》のことばと行事《ぎょうじ》を楽《たの》しむ

満点《まんてん》ゲット SPORTS《スポーツ》シリーズ

キャプテン翼《つばさ》の 必勝《ひっしょう》！サッカー

ちびまる子《こ》ちゃんの 音《おん》読《どく》暗《あん》誦《しょう》教《きょう》室《しつ》

齋藤孝《さいとうたかし》 著《ちょ》

四《よ》字《じ》熟《じゅく》語《ご》かるた
あそびながら四字熟語《よじじゅくご》がまなべる

ことわざかるた
わかりやすいかいせつブック入《い》り

手《て》作《づく》り教《きょう》室《しつ》
はじめてのお料理《りょうり》、おかし作《づく》り、工作《こうさく》、手芸《しゅげい》など

ホームページ「エスキッズランド」も見《み》てね！ アドレスは http://kids.shueisha.co.jp/

店頭《てんとう》にない場合《ばあい》は、書店《しょてん》にお申《もう》し込みください。

満点ゲットシリーズ

ちびまる子ちゃんの **漢字辞典③**

2008年3月31日　第1刷発行
2013年11月6日　第3刷発行

●キャラクター原作／さくらももこ
●著者／川嶋 優
●まんが原案／フォルスタッフ（今村恵子）
●ちびまる子ちゃんまんが・イラスト／相川 晴
●カバー・表紙イラスト／小泉晃子
●問題提供／Z会
●編集協力／稲垣 純・黒木督之
●カバー・表紙デザイン／ZOO（飯塚加奈）
●本文・カバー裏デザイン／ICE
●写植・製版／昭和ブライト写植部

発行人　鈴木晴彦
発行所　株式会社　集英社
〒101-8050　東京都千代田区一ツ橋2丁目5番地10号
電話　03-3230-6024（編集）
03-3230-6393（販売）
03-3230-6080（読者係）

印刷製本所　大日本印刷株式会社

ISBN978-4-08-314043-3　C8381